改訂版

新・医療福祉学概論

利用者主体の保健医療サービスをめざして

佐藤　俊一
竹内　一夫
村上須賀子

編著

川島書店

は　し　が　き

　保健・医療・福祉にかかわる社会環境の変化にともない、保健医療制度が大きく改変された。そのため、このたび2010年発刊の「新・医療福祉学概論」の改訂版として、テキストの大幅な改訂を行った。

　本格的に少子・高齢社会が進んでいく中で、これまであたりまえにしてきた暮らし、さらには生きることが、これまでのようにできにくくなっている。そうした状況のなかで、私たちが生きていくための基本となる健康は、国としても政策的テーマとして取りあげているが、個々の人生における生きることの意味としても問われる課題となっている。

　本書では、私たちが健康をどのように考えたらいいのか、また、病気になるということをどのように受けとめたらいいのかを基本に据え、医療福祉の考えを明らかにしている。そのことを基に保健医療サービスの法や制度とその実践現状を学ぶことと、また、ただ知るのではなく、どのような視点から学べばいいのかをできるかぎり提示している。一例をあげれば、実践のところで紹介している地域連携をベースにした今日の大きな保健医療サービスの動きのなかで、医療ソーシャルワーカーは自分たちの視点を明確にしていかないと、その流れの中に飲み込まれてしまう危険がある。地域連携システムの単なる一部を担うだけの者となるのか、それとも全体を見据えた利用者の利益、そして副題である主体性を大切にした支援ができるかが現在、問われているのである。

　これまでも医療ソーシャルワーカーは、保健医療サービスが提供されることで生ずるさまざまな問題に対応したり、抜け落ちている課題をとりあげ、利用者のQOL（人生の質）を高めることを行ってきた。したがって、保健医療サービスの動きにただ追従するのではなく、自分たちの視点を明確にして進めていくということは、どの時代でも変わらない。そのことが、今日ほど大切なときはないだろう。

　さて、社会福祉士養成課程が改正されたことにより、2009年度（平成21年）より教育カリキュラムが大幅に見直された。すでに周知のように、「保健医療

サービス」が必修科目として新たに取り入れられている。ただし、この科目のねらいは、あくまでも保健医療サービスについて学ぶものであり、従来の医療福祉論とは異なるものであることが、提示されているシラバスにおいてもハッキリしている。私たちは悩みながらも、単に保健医療サービスとしてのテキストを作成するのではなく、できるだけ医療福祉の視点を明確にし、同時に保健医療サービスのテキストとして使えるものを作ろうと大胆な試みを行った。そのため、シラバスにはない医療福祉の基本的な考え方を「保健医療サービスに対するソーシャルワークの視点」として最初に提示している。

　今日の保健医療サービスの置かれている状況のなかで、従来よりも医療ソーシャルワーカーが必要とされ、そのかかわりを活かせる方向に進んでいる。そのために増員がなされ、象徴的なこととして、医療福祉相談室から、地域連携相談室等へと所属する部署の名称が変わっているという現実もある。先にも指摘したように、そうしたなかでソーシャルワークの視点を活かした業務をしていくためにはどうしたらいいかは、最終的には個々の学びと実践における決断にかかっている。

　これまで示してきた本書の発想をより見えるものにしてくれているのが、現場の医療ソーシャルワーカーの実践から執筆された章である。また、他の多くの執筆者も、かつては現場で医療ソーシャルワークを実践していた教育・研究者である。その意味で、編者を含めて、まさしくお互いの連携によって仕上がっている。ただし、言い訳になるが、時間の関係からもまだ取り組むべき課題は残っている。多くの人たちからのご批判をいただき、より確かなものにしていければと思っている。

　これから、社会福祉士、また精神保健福祉士をめざす人たちが、このテキストを活用して保健医療サービスを学び、現実の制度やサービスとのかかわりのなかで、ソーシャルワークの視点を活かせる学習をしていただければ幸いである。

　　2018 年 8 月

　　　　　　　執筆者代表　佐藤俊一・竹内一夫・村上須賀子

iii

目　　次

第Ⅰ部　保健医療サービスに対するソーシャルワークの視点

第1章　サービスとしての発想とQOL

1. 医療福祉の基礎となる考え ……………………………………… 3
   1) 自分らしくあることと健康 ……………………………… 3
   2) 生活者をトータルに支援する …………………………… 4
   3) 利用者の利益 ……………………………………………… 6
2. サービスとしての発想 …………………………………………… 7
   1) 保健医療にとってのサービスとは ……………………… 7
   2) 難しいサービス …………………………………………… 9
   3) 評価されて、はじめてサービスと呼べる ……………… 10
3. QOLを高める生き方を支えるサービス ……………………… 12
   1) サービスを利用することとQOL ……………………… 12
   2) 生きることの意味と病いの体験 ………………………… 13
   3) 問われる専門職の実践力 ………………………………… 15

第2章　医療福祉の歴史 ― 場と実践の歴史

はじめに ……………………………………………………………… 19
1. 医療機関の場の歴史 ……………………………………………… 20
2. 援助実践の歴史 …………………………………………………… 23
   1) わが国に影響を与えたイギリス、アメリカの状況 …… 23
   2) わが国における医療ソーシャルワーカーの戦後の動き … 24
   3) 介護保険導入後の医療ソーシャルワーカー …………… 26
3. 新たに医療ソーシャルワーカーがいま問われていること …… 26

iv

第3章　病む人の世界の理解と支援

1. 病む人の世界 ……………………………………………… 33
   1）利用者理解の重要性 ………………………………… 33
   2）病む体験 …………………………………………… 34
   3）医療ソーシャルワークの実際 ……………………… 35
   4）「病む体験」に表われる凝縮された日常 …………… 37
2. 利用者への支援 ………………………………………… 39
   1）利用者のニーズ ……………………………………… 39
   2）利用者理解と潜在的ニーズ ………………………… 39
   3）生活障害の支援における「存在への問い」………… 41
   4）「人間の全体性」への支援 ………………………… 43

第II部　保健医療サービスを支える制度

第4章　医療保険制度の基本的な考え方

1. 保健・医療・福祉を考える視点 ……………………… 49
2. 医療保障・医療保険制度の考え方としくみ ………… 49
   1）医療保障制度のしくみ ……………………………… 49
   2）医療保険制度について ……………………………… 50
3. 医療保険サービスを理解する ………………………… 53
   1）保険料 ………………………………………………… 53
   2）保険給付の種類 ……………………………………… 53
   3）保険給付の実際と療養費払い ……………………… 55
   4）窓口負担と一部負担金 ……………………………… 55
4. 医療保険サービスを活用する視点 …………………… 56
   1）高額療養費制度 ……………………………………… 56

目　次　　v

2）保険外併用療養費 ································· 56

第5章　保健医療サービスを支える診療報酬制度と介護保険制度

1.　診療報酬制度のしくみ ································· 61
　1）基本的な考え方 ································· 61
　2）診療報酬のしくみ ································· 63
　3）包括医療費支払い制度 ································· 65
2.　地域で支援する制度について ································· 69
　1）介護保険サービスのしくみ ································· 69
　2）ターミナルケア ································· 72
3.　医療機関の経営と診療報酬制度 ································· 73
　1）医療機関の経営 ································· 73
　2）病院経営と診療報酬 ································· 74

第6章　保健医療サービスのあり方を示す医療法

1.　医療提供の根幹となる医療法とは ································· 77
2.　医療法の歴史的経緯 ································· 79
　1）第1次改正（1985年） ································· 80
　2）第2次改正（1992年） ································· 80
　3）第3次改正（1997年） ································· 80
　4）第4次改正（2000年） ································· 81
　5）第5次改正（2006年） ································· 82
　6）第6次改正（2014年） ································· 82
　7）第7次改正（2015年） ································· 83
3.　医療施設の機能区分について ································· 83
　1）病床の区分について ································· 83
　2）診療所と病院 ································· 86

vi

4. 医療に関する選択の支援などについて 86

　　1) 患者の選択に応える医療情報の提供の推進 86

　　2) 医療に関する広告について 87

5. 医療の安全の確保 87

　　1) 医療安全支援センターの設置 87

　　2) 医療機関等における安全管理体制の確保 88

　　3) 医療事故調査制度 88

6. 医療提供体制の確保 89

　　1) 医療計画制度 89

　　2) 医療計画と医療機能の分化・連携の推進 89

　　3) 人材の確保とチーム医療の推進 91

7. 医療法人制度について 91

第7章　さまざまな保健医療機関の役割と課題

1. 医療法による機能体系と診療報酬制度による分類 93

　　1) 医療法による病院の機能分化・分類 93

　　2) 保健医療政策として行われている施設の機能・分類 95

　　3) 診療報酬制度による分類 97

2. サービスの質と機能分化 103

3. 地域で適切な医療サービスを保証するために 104

　　1) 地域連携クリティカルパスの活用 104

　　2) 熊本における地域完結型診療体制の動きを通して 104

第8章　医療制度と医療費に関する政策動向と保健医療サービスの動向

はじめに 109

1. 医療政策の変遷 109

　　1) 老人保健制度の創設 110

2) 高齢者保健福祉10カ年戦略の策定 ……………………… 110

3) 医療政策変革期と介護基盤づくり ……………………… 110

4) 医療費の抑制に向けた2000年改正 …………………… 111

5) 近年における医療政策 ……………………………………… 112

2. 医療費に関する政策動向 ………………………………………… 113

1) 国民医療費の動向と現状 ………………………………… 113

2) 諸外国における医療保障制度 …………………………… 116

3) 地域包括ケア時代における地域医療連携 ……………… 117

4) 病院の機能分化と診療報酬改定の方向性 ……………… 118

3. 保険医療サービスの課題 ……………………………………… 119

1) 高齢化対策 …………………………………………………… 119

2) がん対策加速化プラン …………………………………… 120

第Ⅲ部　専門職連携と医療ソーシャルワーカーの役割

第9章　利用者の利益とチーム医療

はじめに …………………………………………………………………… 125

1. 利用者の利益をめざしたサービス ………………………… 126

1) 医療機関の特徴とその目標 ……………………………… 126

2) チーム医療のあり方 ……………………………………… 127

2. 苦情対応と情報公開の実際 ………………………………… 131

1) 患者や家族が情報公開を求める時 ……………………… 131

2) 苦情の対応の実際 ………………………………………… 131

3) 組織のあり方とコンプライアンス ……………………… 132

おわりに …………………………………………………………………… 133

viii

第10章 意思決定を支えるインフォームド・コンセント

はじめに ………………………………………………………………… 135

1. インフォームド・コンセント ………………………………………… 135

　1) インフォームド・コンセントとは ……………………………… 135

　2) インフォームド・コンセントの歴史 …………………………… 137

　3) インフォームド・コンセントと意思決定支援 ………………… 138

　4) 判断能力がない患者へのインフォームド・コンセント ……… 140

　　　―患者の意思の推定と意思決定代行者

　5) 医療ソーシャルワーカーとインフォームド・コンセント …… 143

　おわりに ………………………………………………………………… 144

2. サービスの質の確保と専門職としての成長 ……………………… 144

　1) 組織としての質の確保 …………………………………………… 145

　2) 専門職としての成長 ……………………………………………… 147

第11章 医療ソーシャルワーカーの役割と業務指針

1. 医療ソーシャルワーカー業務指針 ………………………………… 151

　1) 医療ソーシャルワーカー業務指針作成までの経過とその意味 … 151

　2) 医療ソーシャルワーカー業務指針の内容 ……………………… 152

　3) 医療ソーシャルワーカー業務指針の活用法 …………………… 159

2. 医療ソーシャルワーカーの役割と業務指針 ……………………… 160

　1) 利用者の自己決定とアドボケーターの役割 …………………… 160

　　（業務指針に付加すべき業務）

　2) ソーシャルアクション・変革への触媒の役割 ………………… 161

　　（業務指針に付加すべき業務）

　3) 利用者のエンパワメントと医療ソーシャルワーカーの視点 … 162

3. 医療ソーシャルワーカー業務指針を越える拡大への取り組み …… 163

目 次　ix

第12章　チームにおける協働とコーディネート

1. 保健医療サービスを担う専門職 ──────────── 167
　1) 法に基づく保健医療サービスの専門職 ──────── 167
2. 多職種協働が目指すサービス ───────────── 173
　1) 事例にみる多職種協働の実際 ──────────── 174
　2) 多職種協働の目的と医療ソーシャルワーカーの役割 ── 178
3. コーディネート機能とサービス開発 ─────────── 179
　1) コーディネート機能の基本 ──────────── 179
　2) コーディネート機能に求められる能力 ─────── 180
　3) コーディネート機能に求められる視点 ─────── 182
4. 地域包括ケアシステムを進めるコーディネート機能 ──── 184
　1) 地域包括ケアとコーディネート機能 ─────── 184
　2) 地域社会で求められるコーディネート力 ────── 186
　3) 学生時代から準備するコーディネート力 ────── 187
　　　― 幅広い視点と社会への問題意識

第Ⅳ部　地域連携と保健医療サービスの向上

第13章　利用者主体を実現する医療ソーシャルワーカー

はじめに ────────────────────── 191
1. ソーシャルワークの視点からの利用者主体とは ───── 192
2. 保健医療福祉専門職との連携で実現する利用者主体 ──── 194
　1) 前方連携 ───────────────── 195
　2) 院内連携 ───────────────── 197
　3) 後方連携 ───────────────── 197

x

 3. 保健医療福祉連携と利用者主体の実現 202
おわりに 206

第14章 医療ソーシャルワーカーの実践から問う地域連携

 1. 地域包括ケア体制における地域資源としての医療福祉機関の意義 209
  1) 医療サービスと介護サービスの有機的連携の時代 209
  2) 地域医療連携と医療ソーシャルワーク 211
  3) 開放性・接近性・全体的統合性としての医療福祉機能 214
 2. 利用者の生活の連続性と地域連携 215
  1) 制度を支援サービスに仕上げる 215
   ──トランザクション（交互作用）の力
  2) コミュニティケアとしての地域連携とゲートキーパー 219
  3) 地域医療福祉連携開発の視点と医療ソーシャルワーカーの関与 221

第15章 評価とサービスの質

 1. 病院機能評価の目的とソーシャルワーク 225
  1) 病院機能評価のはじまり 225
  2) 病院機能評価制度の意義 226
  3) 病院機能評価の評価対象となる領域 226
  4) 医療ソーシャルワーカーと病院機能評価 227
 2. 専門職の自己評価としてのモニタリングと利用者からの評価 228
  1) 専門職の自己評価の現状 228
  2) 利用者からの評価 230
 3. ソーシャルワークサービスの質の確保とスーパービジョン 231
  1) 研修体制の現状と課題 231
  2) 現任研修のあり方 234
  3) スーパービジョンの現状と課題 236

目 次　xi

4.　ソーシャルワーカーの質を支えていくこと ┄┄┄┄┄┄ 238
　　1）法的な支援 ┄┄┄┄┄┄┄┄┄┄┄┄┄┄┄┄ 238
　　2）ソーシャルワーカー支援事業 ┄┄┄┄┄┄┄┄┄ 239
5.　ソーシャルワークサービス評価の課題 ┄┄┄┄┄┄┄ 239
　　1）患者との話し合い ┄┄┄┄┄┄┄┄┄┄┄┄┄ 239
　　2）苦情対応に対する研修の必要性 ┄┄┄┄┄┄┄ 239
　　3）おわりに ┄┄┄┄┄┄┄┄┄┄┄┄┄┄┄┄┄ 240

人名・事項索引 ┄┄┄┄┄┄┄┄┄┄┄┄┄┄┄┄┄┄ 242

執筆者紹介 (執筆順)

佐藤　俊一 (淑徳大学)　　　　　　　　　　　　第1章、第6章

竹内　一夫 (医療法人 石田クリニック)　　　　　第2章

米村　美奈 (淑徳大学)　　　　　　　　　　　　第3章

小林　夏紀 (杏林大学医学部附属病院)　　　　　　第4章

折原　重光 (祐里会姉川病院)　　　　　　　　　第5章

加來　克幸 (熊本学園大学)　　　　　　　　　　第7章

村山　正道 (医療法人 永寿会陵北病院)　　　　　第8章

大垣　京子 (医療法人 武田内科)　　　　　　　　第9章

中川　美幸 (早良病院)　　　　　　　　　　　　第10章1.

横山　豊治 (新潟医療福祉大学)　　　　　　　　第10章2.、第12章1.

村上須賀子 (広島文化学園大学)　　　　　　　　第11章、第12章2.

橋本　康男 (一般社団法人 広島リンクサービス)　第12章3.4.

杉田　恵子 (医療法人 松尾クリニック)　　　　　第13章

和田　光徳 (兵庫大学)　　　　　　　　　　　　第14章

山下美津江 (石川県立中央病院)　　　　　　　　第15章

第 I 部

保健医療サービスに対するソーシャルワークの視点

　　ソーシャルワーカーが保健医療サービスを考え、実践するための視点を明確にする。そのために必要となるサービスへの基本的な考え方を示し、続いて医療福祉の視点から歴史的に保健医療サービスを理解できるようにする。さらに、ソーシャルワーカーが保健医療サービスにおいて必要な役割をとるために求められる利用者理解や支援における基本的な態度を示す。

第1章　サービスとしての発想とQOL

1. 医療福祉の基礎となる考え

1）自分らしくあることと健康

　病気になること、障害を生きること、老いていくこと、そして死を迎えることは、誰もが人生のなかで直面することである。私たちは、そうしたことを不幸なこととし、避けようとする。また、そのための予防という観点から保健医療サービスがあり、実際に病気や事故にあった場合に対応するサービスの充実が求められている。

　毎日の生活から考えてみよう。多くの人たちが健康な生活をするために、自分の健康を自分で守るということを志向するようになった。そのため健康診断や人間ドックといった健康チェックが普及している。さらに、生活習慣病の予防という観点から、ダイエットのためのフィットネス、健康サプリメント・食品などが関心を集めている。このように、健康や若さを保ち続けることが、生活のなかで一つの大きな目標となっている。2008年4月から始まった特定健康診査制度（糖尿病等の生活習慣病に関する健康診査）は、特に中高年者に健康への関心を高めるものになったと言えよう。また、自分自身のことだけでなく、私たちは、家族や親しい人たちにも健康であることを望んでいる。

　上記のような健康に対する関心は、現代社会における私たちの生きる態度を表わしている。それは、生活に困らないように経済的に安定し、必要と思う物を揃え、大切な人たちに囲まれて生きていこうとすることである。一見すると、まっとうな生き方に思えるが、その底には「持つこと」[1]で安心したいという考

えがあることがわかろう。健康に対しても同じことが言える。私たちは、健康に関心を向けることで、「健康を保つ、あるいは持つ」ことを願っている。しかし、モノはいずれ壊れるし、冒頭に示したように私たちは、いずれ何らかの病気になり、老いることで死んでいく。したがって、健康を持ち続けたいと考えることはよいのだが、そのことを絶対化すると生きづらくなってしまう。

　他方で、生活の豊かさとは、単にいろいろなモノを持っていることではなく、自分が生き生きと生きられているかという「自分のありかた」[2] に表れる。モノをいくら大切にしても、自分自身を豊かにすることはできない。それは、健康なときでも、病気になったときでも共通している。病気になったからといって、自分がなくなってしまうのではない。また、多くの闘病記が教えてくれているように、人は病気になったことで「生きる意味を発見する」[3] ことができる。健康なときに毎日を大切にしていなかったことの発見と、病気になって一日、一回のことを大切にするという生き方ができるようになることがわかる。したがって、人生から病気を排除したり、危機を取り除けないとき、私たちがどのように生きようとするのか、そこにより明確に個々の生き方が表れ、自分らしさがハッキリするのだと言うことができよう。

　医療福祉の基本的な考えとは、人生の質（Quality of Life）を高めることを基本にすえた援助実践を提示することである。つまり、病いや障害とのかかわりのなかで苦悩を体験することが、人生において「生きる意味を発見する」ことであることを理解し、その悩んでいる相手とともに行動するということである。当然だが、保健医療サービスは、こうした視点から検討され、展開していくことが必要となる。

2）生活者をトータルに支援する

　病気や障害を抱えながら生きる人たちを支援するには、生じている医療にかかわる問題だけでなく、利用者を全体的に理解することが必要となる。たとえば、入院中の患者は保健医療サービスの対象者として治療を受けているが、同時に家庭では母親であり、あるいは会社では係長であるという具合に、生活者として生きている。そのため、入院していることで新たな生活の問題が出てき

たり、これまで潜在化していたことが顕在化することも起こる。このように退院後だけでなく、入院して治療を受けている間でも同時進行で生活の問題も動いている。したがって、医療福祉の視点から適切な保健医療サービスの提供を考えていくと、利用者の個々の生活、あるいは人生をどのように理解し、実践していくかがトータルな支援として必要なことがわかる。

　生活とは実に幅広い。生きるためには食事、排泄、睡眠、服装といった基本的なことから、仕事をしたり、友だちを作るといった社会とのつながりのなかでなされることもたくさんある。また、生活に必要なこととして何ができるかだけでなく、私たちがどのように生活しているか、生活を考えているかが、個別性として表れてくる。そのため生活を理解することは、簡単なことではない。私たちは、自分のあたりまえにしている生活を検証し、生活に対する価値観を明らかにしていくことにより、相手の生活を正しく理解できるようにする必要がある。

　他方で、個々の生活や生き方を大切にする医療福祉の視点は、医療の対象としての身体として利用者を見るのではなく、当事者が体験している身体の不自由さを理解していくことが大切なことになる。身体的な疾患だけでなく、心の病いと言われる精神疾患においても、私たちは自分の身体が自由にならないことを体験する。そのため、健康なときに意識しなかった自分の身体を対象として捉えて、何とかこれまでのように思いのままに動かそうとする。つまり、そこでは健康なときのように身体と行動が一体化されておらずバラバラになっており、意識的に結合させる必要がある。そのために不自由を感じるのだが、それは「自分のあり方が不自由と感じられる」[4] 体験となる。

　たとえば、ある指定難病（全身性エリテマトーデス）の利用者は、直射日光に当たると皮膚に発疹や潰瘍ができるため外出に際しては常に注意をしなければならない。また、見た目には健康に見えても、疲れやすく、通常の労働時間の仕事をすることができない。こうしたことは、麻痺や骨折によって身体を直接的に自由に動かせないことだけでなく、自分の身体を自由に使って生活ができないことを示している。このように治療の対象としてではなく、生活のなかで自分の身体をどのように使って生きているかを理解することによって、個々

6　第Ⅰ部　保健医療サービスに対するソーシャルワークの視点

の「生活のしづらさ」を知ることができる。

　利用者の生活のしづらさや生きづらさを理解していくことは、同時に利用者がそのことをどのように受けとめて生きていくかを知ることになる。そのなかにはその人らしさが表れているからである。医療福祉の視点をさまざまなサービス提供の場において活かすことで、トータルな利用者理解から支援へと展開することができる。

3）利用者の利益

　医療福祉が基本に据えなければならないのが、利用者の利益という課題である。この利用者の利益を考えることが、今日の医療や福祉の原理的な問題を問うことにもなる。

　最も基本となるのは、「いのちは誰ものか」[5]ということだ。誰にとっても、自分のいのちは自分のものであり、自分の生き方を自分で決めたい。そのために、「自分の医療は自分で決めたい」と考える。しかし、実際の医療現場では、そのようにいかないことが未だにたくさんある。もし意識がなくなった後で自分の望まない医療がなされても、拒むことはできない。また、家族が決めてくださいと言われても、やはり簡単には決められない。そのため、「自分の医療を自分で決める（レット・ミー・ディサイド）」[6]の実践のように、日頃から意識がなくなったとき、どのような医療を望むのかをかかりつけ医と相談したりして、事前指定書を作っておくことである。また、実際の治療場面においては、インフォームド・コンセントがきちんと行われることが必要となる。医療提供者は利用者や家族の話を十分に聴き、お互いの気持ちを一致させながら理解を進めていかなければならない。

　これまで示してきたように自分のいのちにかかわることでも、医療専門職ではない人にとってはわからないことが多々ある。医療提供者と素人の非対称性という構図のなかで、圧倒的な情報と力の差がある。また、利用者と専門職との対等な関係が取りあげられる機会が増えたが、簡単には対等な関係になることはできない。そのためには、医療に関する情報、いざというときの備えとして必要なこと、ドナーへの対応、先に示した意識がなくなったときに望む医療、

望まない医療を決めるために情報の公開が必要となる。しかし、背景にはパターナリズム（父親的温情主義）、それ以上に歴然とした力の差があり、押しつけの医療がなされているのも現実である。その壁を打破するには、専門職側には人にかかわる基本的な態度として「聴く力」などのコミュニケーション、人間関係のトレーニングが必要となる。これらは、まさしく医療福祉の一つの具体化したものになる。

他方で、利用者の利益を大切にすることとは、単に相手が望むことにすべて応じたり、理不尽な要求を正当化するものではない。

無理難題を押しつけてくる場合には、専門職は毅然とした態度をとることが必要である。また、利用者の利益に欠かせないこととして、「病気や医療さらに保健医療・福祉制度などについて必要なことを伝えて、患者（利用者）を教育していくこと」[7] である。医療従事者にとってあたりまえのことが、利用者や家族にはわからないのである。そのため、利用者の理解できる言葉での充分な医療福祉情報の提供をしないで、利用者がわからないからと決めつけることは、相手を尊敬しない態度をとっていることになる。利用者や家族から尊敬されてサービスを提供したければ、まず相手を尊敬し、信頼するかかわりをすることである。それができなければ、まともな利用者教育はできないし、利用者を大切にすることもできない。当然だが、利用者の利益を守ることはできないことになる。このように検討してくると、利用者の利益を守ることとは、単に保健医療サービスを提供するだけでなく、医療機関や専門職が社会的責任を果たすことになることがわかろう。

2. サービスとしての発想

1）保健医療にとってのサービスとは

改正された社会福祉士養成課程において「保健医療サービス」という名称で、新たな科目が追加されたことは一つの象徴的なできごとである。なぜなら、この名称は、保健医療がサービスであるということを明言しているからである。

今日では医療機関、社会福祉施設等において、サービスということばが一般

的に使われている。医療機関によって異なるのだろうが、この30年の間ぐらいに「医療はサービスである」ということばが普及してきたと思われる。その背景に何があるのかを確認することが必要だ。一つには、サービスを利用する人の意識の変化もあろうが、特に医療現場においては、経営的な問題が大きく影響しているように思える。この経営的な問題とは、従来はほとんどの経営者が、目先の診療報酬への対応を考えていたので注意を要するということである。というのは、1980年代から診療報酬の大幅な上昇が望めない状況が続いており、医業経営は冬の時代と言われ続けてきた。また、提供するサービスの内容や質によって、評価の差別化をする方向での診療報酬の改訂となっている。そのため一律に改訂の影響が出るのではなく、各医療機関の提供する医療サービスによってハッキリと差が表れるようになっている。そうしたなかで、サービスをよくして、より多くの患者に自分の医療機関を利用してもらおうという発想になっていった。サービスをよくすることは、医療機関の生き残りのためだけのものとなる危険が常につきまとっている（診療報酬について詳しくは第5章を参照のこと）。

　そうしたなかで、実践現場ではサービスの量を増やし、質を向上していくことが求められている。ただし、注意しなければならないのはサービス（service）の元々の意味にもあるように、利用者や地域に「役立つものになっているか」ということである。組織が生き残るために、経営のためだけのサービスではなく、地域社会に貢献できているかが、問われているのである。

　医療福祉の視点から言えば、サービスとは「良質、適切な医療や福祉が効率よく提供され、利用者の自立、人生の質を高めることが自己決定に基づいて行われるように支援する」ことになる。このようにサービスとは、単なる接遇、アメニティの向上といったものとは異なる。もちろん、こうした内容も悪いより、よい方がいい。しかし、あくまでもそれらは周辺的なものであって、保健医療サービスそのものではない。逆に、医療福祉の視点から示したように、提供されているサービスは、その医療機関の経営そのものを表していることがわかろう。したがって、実際にサービス提供が行われている方法や内容を見ていけば、組織の経営がわかることになる。

他方で、保健医療・福祉サービスは、他のサービス業と共通する部分と大きく異なる点がある。それは、先に示したサービスの実現にかかわることに大きく影響するのだが、次にそのことを検証していきたい。

2）難しいサービス

　医業経営のこれまでを省みると、一般的に言われるサービスということばが示しているものとしては、自慢できるものが少ないというのが実際だろう。そのため、他のサービス業を見て共通するものを取り入れることも必要だが、大切なのは保健医療サービスの、他と異なる性格を理解することである。

　たとえば、体調の不良を感じ、病気への不安を感じて、多くの人は医療機関を受診する。そして、半日、時には1日を使って身体のチェックを受け、病気かどうかがハッキリする場合もあれば、わからないこともある。あたりまえのことだが、誰もが喜んで医療機関を受診したいと思わないし、できれば利用したくないと思っている。したがって、「医療とは、人が不本意な状態になったときに対応するサービスなのである」[8]ということがわかろう。

　喜んでサービスを利用する人に満足を与えるためにも、サービス業としての工夫が要る。ましてや不本意な状態になった人たちに提供するサービスは、「とても難しいものになるという覚悟が必要だ」[9]ということがわかろう。良質、適切な医療とは、単なる医療技術の問題だけではなく、患者の気持ちに応え、安心を提供するサービスだからである。

　さらに他の一般的なサービス業とのちがいがある。一般的サービスは、ほとんどがその場限りのサービスとなるが、保健医療サービスは心身への影響が後にまで続くサービスであるという点である。ある時の診断や治療が患者に対して後々まで大きな影響力をもつということが起こる。併せて、そのことは行われたサービスに対してリコールができないことを示している。後になって問題や間違いに気づいても、私たちの身体は機械のように取り替えたり、元に戻すことができない。

　他にも、直接的なサービス利用者だけでなく、保険者や社会保険診療報酬支払基金や国民健康保険団体連合会などの審査・支払い機関などからも評価され

10　第Ⅰ部　保健医療サービスに対するソーシャルワークの視点

るサービスである。まさしく、難しいサービスへ取り組むという覚悟が必要な
のだが、十分に理解されていないことが多い。したがって、保健医療サービス
を学び、続いて実践していくということは、とても難しいサービスへ挑戦する
ことだという共通の自覚が必要となる。

　では、この難しいサービスに取り組むには、どうしたらいいのか。難しいサ
ービスと聞くと、多くの人たちは、特殊な専門的なことを学ぶことをイメージ
するかもしれない。ところが、保健医療サービスは、常に「人が人にサービス
を提供する」ことのなかで行われる。したがって、特殊なことが求められるの
ではなく、相手の話を聴く、気持ちを受けとめるといった具合に「人にかかわ
る基本的な態度が問われる」ことになる。どんなに専門的な知識、技術を持っ
ていても、利用する側が利用したくなったり、役立てようとしてくれない限り、
サービスとして提供できない。

　このようにサービスとは、利用者本人を始めとして、さまざまな人たちから
評価されることが必要となることがわかろう。

3）評価されて、はじめてサービスと呼べる

　保健医療サービスだけでなく、私たちが生活する上で必要な社会的対人サー
ビスのあり方が、大きく様変わりしようとしている。そのポイントになること
は、これまでのようなサービス提供者からではなく、利用者からの視点が、サ
ービスのあり方に活かされるようになってきていることである。この利用者の
視点の具体的な反映とは、たとえば保健医療サービスに対する利用者・家族、
関係者、地域社会からの「評価」として示されることになる。つまり、サービ
スをよりよいものにしていくためには、専門家から利用者へといった一方通行
の関係ではなく、常に受け手から評価としてフィードバックされることにより
相互的な関係にしていくことが求められている。そうしたなかで、サービスに
対する満足度等を評価として利用者の方が明示する一つの方法として介護保険
法や社会福祉法では「苦情解決」の制度が創設され、現場で取り組まれている。

　保健医療サービスにおいても、近年の医療法改正（2006 年：第 5 次改正）
において医療機関に「患者窓口相談」の設置に努めることが求められている。

また、都道府県に設置されている医療安全支援センターで、医療に対する苦情や相談、医療機関管理者等への助言が行われている。その他に病院全体のサービスの質を高めるために、財団法人日本医療機能評価機構による「病院機能評価」がスタートして、すでに20年が経っている。ただし、病院機能評価のサーベイヤー（評価者）は専門家であり、利用者が評価者とはなっていない。

これらは、サービスを総合的にあるいは個別の事例から評価するものであるが、実践現場での実際の取り組みを見ていくと、評価に対する基本的なスタンスのちがいがハッキリする。評価は当事者によるものだけでなく、利用者や関係者による「他者から」のものであり、その評価をどのように受けとめるかが、大きなポイントとなる。苦情対応や病院機能評価においては、そのことが前面に出され、より大きな意味をもってくる。たとえば、苦情として気づいていても認めたくないこと、また思いがけないことを指摘されることもある。誰しも他者から自分の取っている態度や行動に対して問題点を指摘されたり、批判されることを好みはしない。しかし、それは援助者に対する紛れもない評価として出されているのである。そして、あえて言いにくいことを教えてくれているのである。したがって、そこで「教えてくれたことにどのような態度をとるか、まさしく評価をどのように受けとめるかが問われている」[10]のである。

苦情解決においては、苦情の申立をすることはサービスへの不平や不満を感じているのだが、「あえて問題を伝えたり、教えようとしていることは、期待の表れでもある」と言えよう。したがって、信頼していないと表明しているのではなく、信頼できるかを問いかけているのである。苦情をまともに受けとめるということは、利用者へ誠実に対応することであり、専門職が相手を信頼していることを表すことになる。利用者とともに、先のわからないことを誠実に行うことが、まさしく真の専門職の対応と言えよう。したがって、評価への対応とは、相手を受けとめるという誠実なかかわりを通して、お互いの信頼関係がハッキリするときである。また、先に「利用者の利益」のところで示したように、専門職が相手を信頼し、尊敬しているかが問われていることになる。

このようにサービスを提供するだけではなく、提供している内容や方法をフィードバックされることによって、その質を高めることになる。つまり、提供

12 第Ⅰ部　保健医療サービスに対するソーシャルワークの視点

するだけではなく、評価されることによってはじめてサービスは、真にサービスと呼ばれることができるのである。

3. QOL を高める生き方を支えるサービス

1) サービスを利用することと QOL

　ここまで保健医療サービスの性格、その難しさ、さらには評価されることでサービスと呼べることを確認してきた。特に、サービスを利用する人にとっては、その内容や方法がわかりやすく示され、その利用をきちんと自己判断できることが重要なことになる。

　他方で、最初の「自分らしくあることと健康」で示してきたように、私たちは、さまざまなサービスを使うことで病気にならないように予防をし、治療を受けることで健康を回復しようとしている。また、そうした考えの根本には、健康に仕事をし、生活ができることで「自分らしくありたい」という願望の表れがある。しかし、自分の存在価値を社会的役割だけに求めていると、病気になってその役割を果たせないことで他者や社会にとって有用な存在ではなくなり、自分の価値はなくなってしまうことになる。

　このように考えてみると、病気になったら保健医療サービスをどのように利用したらいいかという単純な発想ではなく、まず自分らしく生きるという人生の質にかかわる課題を検討してみることが必要となる。通常、私たちは何かを獲得することで成長したり、自分を大切にできると考えがちである。それに対して病むこととは、それまでできたことができなくなるという、喪失の体験と一般的に理解される。所有する態度は、失ったら代わりのもので埋め合わせしようとする。しかし、健康に限らず、人とのかかわりで失った相手の代わりを見つけようとしても、埋め合わせはきかないことがわかる。したがって、個人のかけがえのなさ、代替不可能ということは、まさしく失うことでわかることになる。また、得ること、所有することで問題解決を図る態度を発見し問いかけていくことは、今の私を大事にし、同時にかかわりのある人たちを大切にしようとする新たな生き方を生み出していく。こうした失うことで得るという体

験を通して、私たちは健康なときに気づかなかった代替不可能な個々の「かけがえのなさ」を発見することになる。

　これまで、専門職に限らず、多くの人たちは発想の順番を間違えていた。人生の質を確保するためにサービスをどのように使うかを考えていたが、必要なことは、まず個々にとっての人生の質を高める生き方を明らかにすることである。なぜなら、個々によって生き方は異なるし、そのことによってサービスの利用に対しても異なった態度がとられることになる。保健医療サービスを役立たせるには、発想の転換が必要なことがわかろう。

　保健医療サービスの利用によって病気を取り除くだけでなく、どのような態度をとるかで、病むことの意味は異なってくることを指摘した。それは病むことが単に身体の一部のできごとではなく、私たちにとって健康なときにわからなかった生きる意味の発見となるからである。次に、この医療福祉の核となる「生きる意味の発見」を、更に人生の質を高める態度決定をどのように考え、専門職はいかに支援したらいいかを検討していきたい。

2）生きることの意味と病いの体験

　病いを体験することで身体の不自由を感じ、社会的役割を果たせなくなるなかで、人は生きる価値を見失うことがある。未来の希望はなくなり、社会に不必要な人間と考えてしまう。また、自分のしてきたことの価値が無くなってしまったと思ってしまう。こうして治らない病い、重い障害とともに生きる、死を間近に迎えることは、私たちを絶望の淵に追いやることになる。

　他方で、私たちは病気に対して別の態度をとることができることを示してきた。失うことで個々のかけがえのなさ、代替不可能であることを発見すると指摘した。ここでは、さらに私たちが病気であることにおいて問われていることを明らかにしてみたい。

　生きる意味を問い続けた精神科医フランクル（V.Frankl）は、自らのナチス強制収容所の体験から「意味への意志」を提唱している。

　この考えは、いつガス室へ送られるかもしれないという状況のなかで、彼が人生観を180度コペルニクス的に転換したことから出てきたものである。それ

は「私たちは人生の意味を問うのではなく、私たちが問われた者として体験され、私たちはその問いに、詮索や口先ではなく、正しい行為によって応答しなければならない」[11]という考えに基づいている。大切なことは、問いかけるのではなく、問われたことに応答するということである。問われたこととは、一人ひとりによって異なるし、当然だが一回一回で異なる。このことに応える「責任がある」というのである。それが、意味への意志を充たすことになる。

　上記のことは強制収容所という極限状態から出てきたものであるが、むしろ日常の生活において同じことが言えるのではないのだろうか。もちろん、なりたくてなった訳ではない、病いや障害を生きる人にとっても同じである。先に示した、病気であることに対してとる態度とは、人生から問われていることに責任もって応えるということになる。その応え方が、一人ひとり異なることで、個人の独自性、かけがえのなさが生まれる。同時に、それは病む人が自分の生き方を自分で決めることである。

　そうしたなかで自分の医療を選択して決めることは、どんなサービスを使うかを決めるだけでなく、これからの生活や生き方を決めることになる。そして、この自分で決めるということ、決断のなかにその人らしさが表れ、自分の生き方として大切なことをハッキリさせる機会となる。たとえば、がんで手術をするのか、しないかは、治る見込みも含めて、その後の生活が大きく異なってくる。したがって、誰かに任せて決めるのではなく、自分で決めるという態度が大切な生き方となる。エッセイストの岸本葉子は、自らの虫垂がんの体験で悩み、苦しみ、さらにいろいろ調べ、体験したことからそのことに気づいていく。そして、「…私が私であるための、ひと筋の線は守りたい。体の自由がきかなくなっても、心はこれまでと同じに、最後までのびのびと振る舞いたい。それだけは、譲れない」[12]と述べている。本人が自覚するかは別として、どんな条件においても自分が大切にしたいことを護り、そして実行することが、QOLを高める生き方になっていく。

　この岸本が体験のなかで気づいた態度を、フランクルも次のように指摘している。「人間は苦悩することで、自己形成をし、人間になるのだが、それは苦悩のなかで人間が決断をすることで起こる」[13]のである。そのことは、「人間

第1章　サービスとしての発想とQOL　　15

は何かを決断するだけではなく、そのつど自分自身のあり方をも決断し、すべ
ての決断は自己決断である」[14] であることを示している。この決断において、
人間はいつでも自分なること、すなわち成長できるのである。

3) 問われる専門職の実践力

　これまで確認してきたように、保健医療サービスはその基本的な性格から始
まり、個々の事例で利用者が自分の人生の質を高めるために利用することを考
えると、提供するのがとても難しいサービスであることがわかろう。したがっ
て、提供するサービスの内容、方法を検討することだけでなく、専門職である
私たちが生きることの意味をどのように考えサービスを提供するかが問われる。
その責任に応えるのが、専門職の役割となる。

　では、責任ある態度とは、どのように学び、実践されるのであろうか。医療
機関に働く専門職は、家族や親しい友達と同じようには、利用者と過ごす時間
を多くもたない。しかし、問題は時間の長さではない。どんなに長い時間をと
もに過ごしても、わかりあえない夫婦、親子もいる。問題となるのは、治療、
ケア、面接における終わりの一回性のできごとのなかで、「ともにいること」
ができているかが問われるのである。人生の一回性と同様に、日々のできごと
もすべて終わりがあり、一回性での勝負となる。そのなかで、「ともにいる」とは、
専門的で難しい知識や技術を使えばできることではなく、相手の気持ちをわか
ろうとする「見る、聴く、受けとめる態度」から可能となっていく。そこで問
われているのは、すでに指摘したように相手に誠実であるかどうかであり、そ
のことが常に責任の基礎となる。反対に、多くの専門職が、皮肉なことに専門
性を志向するなかで、そのことを忘れてしまっている。専門職は病いを生きる
人たちから、単なるサービスの提供者としてではなく、「私たちの生きる意味
に応えられるか」と問われているのである。そして、その問いに誠実に応える
ことが専門職の責任となる。

　他方で、目の前の相手に対して、また自分自身へ責任ある態度をとるという
ことは、同時にその背後にいる多くの利用者や家族、また社会に対して責任
が問われていることになる。ある医療ソーシャルワーカー（以下、MSWとす

る）の体験を紹介することで考えてみたい。

　回復期リハビリテーション病棟で担当となった高次脳機能障害の患者の妻（Aさん）への支援を行っているときのことだ。それまでAさんは専業主婦として子育てと夫の世話を一生懸命にしてきたが、突然の夫の脳出血の発症に戸惑っていた。また、リハビリテーションで回復すると思っていたが、やがて回復が難しいことがわかり、途方に暮れていた。そのためMSWのところに自分の気持ちを話しに毎日のように訪れるのだが、MSWの方も経験が浅く、ただ話を聴くことしかできずに申し訳ないと思っていた。やがて転院の日が近づくと、Aさんから感謝の気持ちを綴った一冊のノートが渡された。どうしていいかわからず、ただ聴くということをしただけでこんなに感謝されるとは思いもしなかったが、とても嬉しい体験だった。ところがそれで終わりではなかった。では「他の利用者や家族に対して、すべきことをきちんとできているか」、さらに「他の利用者は自分の支援をどのように受けとめ、評価しているか」と自分に問いかけることで、今度は「怖くなってしまった」のである。それは、MSW自身の課題の発見であるが、仕事をしているなかで誰の前で責任を担っているかを気づかせてくれた体験だった。つまり、自分が見えている相手だけでなく、実は「私たちの前にはたくさんの人たちがいて、彼らから責任を問いかけられている」[15]ことがわかったのである。

　私たちの前には、目に見える人だけでなく、目に見えないたくさんの人がいて、私たちの行動をいつでも見ている。そして、日常的にサービスを提供している態度を問いかけているのである。そのことが、保健医療サービスを提供する専門職として、また提供する組織としての社会的責任となる。簡単なことではないが、ソーシャルワークを学ぶ人にとって基礎となる課題として受けとめ、実践へとつなげてもらいたい。

※本章は佐藤俊一「サービスとしての発想と人生の質」幡山久美子『臨床に必要な保健医療福祉』弘文堂2007所収をベースに追加修正し執筆した。

【注】

1　フロム（E. Fromm）／佐野哲郎訳『生きるということ』紀伊國屋書店、1977年、pp. 112-113

2　同上書　pp. 129-130、なお、フロムは「持つこと」に対比して「あること」と呼んでいる。

3　フランクル（V. Frankl）／山田邦男監訳『意味への意志』春秋社、2002年、p. 25

4　佐藤俊一・竹内一夫編著『医療福祉学概論―統合的な「生」の可能性を支える援助の視点』川島書店、1999年、pp. 12-14

5　岡田玲一郎『いのちは誰のものか』家の光協会、1997年、pp. 21-24

6　同上書

7　岡田玲一郎『近未来の医業経営―消える病院、残る病院』厚生科学研究所、2002年、pp. 220-228

8　同上書 p. 16

9　同上書 p. 17

10　佐藤俊一『対人援助の臨床福祉学―「臨床への学」から「臨床からの学」へ―』中央法規出版、2004年、pp. 179-181

11　V. フランクル／霜山徳爾訳『夜と霧』みすず書房、1961年、p. 183

12　岸本葉子『がんから始まる』晶文社、2003年、p. 162

13　V. フランクル／山田邦男・松田美佳訳『苦悩する人間』春秋社、2004年、pp. 121-122

14　同上書 p. 122

15　この発想は、フランクルの「誰の前での責任か」という考えを基にしている。フランクル前掲書（3）、p. 157

第2章　医療福祉の歴史 ── 場と実践の歴史

はじめに

　医療福祉の歴史をひも解いてみると、大きな流れは、イギリスとアメリカにある。

　1895年にイギリスでは、ロイヤル・フリー・ホスピタル（Royal Free Hospital：王立施療病院）がメリー・スチュワート（Stewart, M.）をアルマナー（Almoner：医療ソーシャルワーカー）として雇用したときに、その歴史がはじまったと考えられる。一方、アメリカではキャボット（Cabot, R. C.）医師が1905年にガーネット・ペルトン（Pelton, G.）をマサチューセッツ総合病院にソーシャル・アシスタントとして雇用したことにその歴史の始まりをみることができる。[1,2]

　「わが国では大正末期から『病院社会事業』という表現で医療ソーシャルワークの開設をしようという動きがあった。」[3] 実際に教育を受けたソーシャルワーカーを初めて採用したのは済生会病院であり、1926年（大正15年）に日本女子大学で教育を受けた清水利子を採用した。次いで1929年（昭和4年）アメリカで教育を受け、マサチューセッツ総合病院での実務経験のある浅賀ふさを専門職として採用したのが聖路加国際病院であった。[4,5]

　このようにして専門職としての歩みを始めた医療ソーシャルワーカー（以下、MSWとする）の働く場である医療機関の歴史、MSWの援助実践の変遷、さらに今、MSWが医療現場で、地域で、その実践を通して何を求められているのかについてこの章では検討していく。

1. 医療機関の場の歴史

ここでは医療ソーシャルワーク実践が行われる、医療機関が時代と共に何を求められてきたのか、その中で、医療福祉がどのような役割を求められ、今何をわが国の医療機関では求められているのかを検討する。

イギリスではアルマナーと言われた現在でいう MSW としての初めての仕事は、王立施療病院での、慈善医療を受けるにふさわしいかどうかの選別、調査がその仕事であり、アメリカではソーシャル・アシスタントという職名が示すように、診断や治療を進めていく上で必要な患者や家族についての情報の聴取と提供がその仕事であったとされる。[6] 両国の MSW の仕事に大きな差異がみられるが、支援の効果性を高めるという点では一致しており、MSW が対象としてきた領域は、医療がその時点での専門性を持ってしても解決できない問題、領域への支援、たとえば、結核、ハンセン病、障害、ガン、などが、共通点としてみられる。わが国の歴史の上でも、結核、ハンセン病の領域でのMSW の援助や、1901 年に創設された精神病者救治会の活動など、その時点での医療の効果的な治療が期待できない領域への支援が、相談事業導入の共通項として認められる。[7,8]

このように、MSW の導入初期においては、一方では不十分な社会保障制度への対応、対処として、またもう一方では、医療がその時点での専門性で対処できない領域への補完的な対応策として、その役割を期待されてきた。

その後ハンセン病や、結核、多くの感染症等の治療は、有効な抗生物質が開発され、実用化されることで、MSW の役割は、ガン、高齢者、HIV などの難病、臓器移植などの新しく開発された治療を受ける患者への支援へと大きく変化してきている。

また、この間、わが国の社会状況は大きく様変わりし、少子超高齢社会へ突入し、家族や、地域の介護力、保育力は低下し、高齢者問題、児童問題はもはや一家族で、地域で対応できる限界を超え、これに社会全体のシステムとして対応することが重要であるとの認識が、医療、社会福祉をはじめ様々な領域で、共通認識となってきた。

さらに医療については、国は 2006 年 2 月、「良質な医療を提供する体制の確立を図るための医療法等の一部を改正する法案」で、

- 医療機関の選択のための情報の提供。
- 医療の安全性を確保するための体制の整備。
- 医療提供施設相互間の機能分担と業務の連携。
- 医療を受けるものの利益の保持と良質かつ適切な医療の効率的な提供。
- 福祉サービスその他のサービスとの連携による適切な環境の下での療養の継続。

という、今後の医療の在り方に関する方向性を打ち出した。

また 1997 年の介護保険法、2000 年の社会福祉法制定（社会福祉事業法の改正）に象徴される、社会保障構造改革、社会福祉基礎構造改革によって、日本の社会福祉を取り巻く状況は、措置制度に基づいた措置としての援助の提供から、契約をもとにした、選択と自己決定に基づいたサービス利用へと大きく変化した。これに伴って、社会福祉諸サービスは、次の 4 項目をサービス提供の基本とすることとなった。

- 自己決定権の尊重
- 自立支援
- 利用者主体
- 契約に基づくサービス提供

すなわち、その内容を整理すると患者中心、自己決定、チーム医療、学際的取り組み、システムの連携、情報の開示と共有化、さらに論拠に基づいた実践ということになるであろう。

この後になされた病院機能分類も、機能分類による地域医療資源の活用、連携を目指すものであるし、高額な医療機器（医療資源）の共有化を図り、不必要な資本投下を防ぎ、医療機関の経営基盤の安定化を図ることにもつながるものであり、ひいては患者負担の軽減化につながるものを目指している。

現代社会において、良質な医療を提供していくためには、提供する医療が安全で安心なものであることに加え、利用者にとって適切な医療を効率的に提供されることが基本的条件となる。その実現のためには、もはや医療システムだ

けでは、その要求を満たすことができず、福祉サービス等との連携による適切な療養環境の整備が必要だと、国も「地域における医療及び介護の総合的な確保を推進するための関係法律の整備等に関する法律」等の法律整備により対応をなしてきた。

このように、医療の提供現場、福祉の提供現場は、大きくそのサービス提供の原理を変更してきた。患者中心、利用者中心がそのメインフレームとなるサービス提供システムの構築が、医療、社会福祉の2領域を通じて共通の課題となって久しい。介護保険という仕組みの中でも、まだまだ医療と介護サービスとの連携が有機的に動いているとは言い難い状況にあるが、現にそのような状況の中でも、両者の有機的連携が見事に実現され、利用者中心のサービス提供システムが動きだし、目覚ましい効果をあげている地域が多々出現してきた。この事実がわれわれに教示してくれているのは、現代の複雑化した社会において、利用者の重複、重層したニーズに対応するためには、医療も社会福祉も、ノーマライゼーションの実現に向けて、それぞれがそれぞれのシステムの欠けている部分を、相互の連携によって充足していくことで、サービスの充実と、利用者の生活支援に取り組むことが必要となってきたということである。

第5次医療法改正で導入されたクリティカルパス、第6次医療法改正での病院機能を急性期・回復期・慢性期の3機能ごとに医療機能を整備は、入院の短縮かと、良質の医療の提供を目指すものであるが、これらの実施が患者、家族の新たな負担にならないように、MSWは自らの立ち位置を明確にしていく必要がある。

患者、家族の福利（well-being）を求めるはずの、医療・福祉システムが、その不十分さがゆえに、患者・家族の不幸を創設するという矛盾を発生させてしまうことがないように、MSWは患者家族へのアドボケイト機能を果たしていかなければならないのである。

2. 援助実践の歴史

1）わが国に影響を与えたイギリス、アメリカの状況

　MSW がイギリスやアメリカに導入された 19 世紀末から、20 世紀初頭における医療ソーシャルワーク実践においては、イギリスにおいては慈善医療の受療の適否を判定するという、ある面からみれば選別ということ、他面から見れば限られた資源の効果的な配分という、2 面性を持ちながらの援助であったといえよう。またアメリカにおいては、療養に関わる生活状況の情報収集と提供ということから、その関わりの目的はイギリスとは異なるものの、両国における当初の支援の焦点が当たる中心は、個人ということであった。

　医療ソーシャルワークはこのように、一方では医療を妨げる経済的な問題解決や、疾病がもたらす心理社会的な問題の解決の支援、もう一方では、その時代の医療システムをして対応しきれない領域での、問題対応への補完的な支援という 2 側面を持ち、その専門性を発揮してきた。また、ソーシャルワークがその専門の科学性を当時の最先端技術である医療に求めたことから、精神分析理論を拠り所とした、個人の理解と、問題の原因を個人の内面に求めることとなり、援助の目的は個人の内面の（人格）の成長ということになっていった。

　しかし、社会の発展と共に人々の生活は複雑化し、環境とのかかわりなしにその生活をとらえられなくなってきた。ホリス（Hollis,F.）が「人と状況の全体関連性（person situation configuration）」[9] でソーシャルワークの対象とする人と状況をトータルに理解するべきであることを指摘したように、利用者の問題理解の枠組みを、因果モデルからシステム理論の思想に基づいた循環モデルである生活モデルへと変換するべき時期に至った。

　さらにより効率的に、効果的に問題解決に取り組むことを目指す、課題中心モデルの開発、危機介入モデルの開発など、より短時間に、より効果的に、利用者と共に問題（課題）解決に取り組む援助技法が社会福祉援助の中に取り入れられるようになってきた。

　援助関係にも大きな変化がもたらされ、契約という関係の中で、それまでの援助関係が、サービス提供者、サービス利用者というサービスを間に置いた、

24　第Ⅰ部　保健医療サービスに対するソーシャルワークの視点

対等な関係に変化し、両者が共同して問題解決に取り組むという、現在の両者
の関係に変化してきたのである。

2) わが国における医療ソーシャルワーカーの戦後の動き

　わが国において、MSWの業務が、初めて公的に取り上げられたのは1947
年9月に制定された保健所法であった。保健所の業務としてその第2条に
制定された11項目の中の第6号として、「公共医療事業（Medical Social
Service）」として記載されたことがそれである。（現在もこの内容は1994年に
制定された［旧保健所法を改正］地域保健法第3章第6条第7号公共医療事業
の向上及び増進に関する事項として記載されている。）

　この法律の施行にあたり厚生省により編纂された「保健所運営指針」では、具
体的なMSWの職務内容として次の5点が挙げられている。[10]

①患者及びその家族に対して彼らの当面している医学的、社会的な困難及び
　　理由を了解せしめること。

②医師又は治療に携わる人々の用に供する為、患者及び彼の置かれている環
　　境の事情に就いて知識及び理解を手に入れること。

③患者を指導して、共同社会の提供する各種の便益を最も適切に利用せしめ
　　ること。

④医師の採択した治療方針の実行を計画的に援助すること。

⑤連絡（著者注：細部の説明では、保健所内外に対して保健・医療・福祉機
　　関活用のための情報提供と患者紹介、関連施設への連絡調整を含んでいる）。

　上記5点が、ケースワークを中心としたmedical social service（公共医
療事業）として導入されたが、その影響は大きく、多くの医療機関で医療ケー
スワーカーが長らく医療現場で働くソーシャルワーカーの職名として使用され
た。5点の内容を見ても、その中心は患者の治療への支援、患者の療養に関わ
る情報の収集と提供、社会資源の活用と、患者及び家族の支援に焦点が当たっ
ている。この背景には、当時のアメリカのMSWの専門性があり、それをモ
デルにGHQが、わが国の公衆衛生行政に医療ソーシャルワークを取り入れた
ということが考えられる。

その後わが国は急激な発展と経済的な回復を果たし、朝鮮半島で起こった南北の戦いによる戦争特需も起こり、経済的な発展も遂げ、高度経済成長へと突入していく。

医療ソーシャルワークもこのような社会の動きに合わせ、初期の経済的支援、また結核など、当時の医療でもまだ十分に対応できない疾患への、医療サービスの補完的役割を果たすことから、充実していく社会保障制度の活用による利用者の支援や患者会、家族会への支援など、自助活動への関わりも増やしていった。

さらに1960年代以降、リハビリテーション医療の発展と、それによる患者の社会復帰への支援も、医療ソーシャルワーカーの新たな専門領域として、追加されていくことになる。

高度経済成長と都市化の進行により、また、社会保障政策としての高齢者医療無料化が、高齢者の長期入院を生み出し、また当時の高齢者福祉施設の収容能力の絶対的な不足から、医療機関が高齢者福祉施設の代替え機構を果たすことになった。老人病院と称される、慢性期の疾患を持つ、また社会的理由による地域・自宅での生活が困難な高齢者を入院させる医療機関が出現した。ここでの入退院相談も新たなMSWの領域として加わってきた。

増加する高齢者、とどまらない少子化に対応するために、また高齢者対策に向ける医療・福祉財源の増加から、社会保障構造改革、社会福祉基礎構造改革が計画され、わが国の医療と福祉はこれを契機に大きく変化した。利用者中心、自己決定権の尊重、契約がその基本方針であった。

医療も医療法の改正により、インフォームド・コンセントの実施が定められるなど、患者中心の医療の推進が求められ、さらに効率化が推進されることになった。

医療機関では、その専門性、医師、看護師数、によって病院の機能が評価され、さらに入院期間による入院費の逓減制も取り入れられ、入院期間の適正化が大きな命題として各医療機関に求められ、地域の各医療機関との連携が一層求められるようになってきた。また介護保険の実施に伴い、各医療機関の医師は、かかりつけ医としての役割も果たすこととなり、また、地域連携室の設置

26 第Ⅰ部 保健医療サービスに対するソーシャルワークの視点

もすすめられ、そこでの各医療機関との連絡調整、施設との入所・退所に関わる連絡調整も、新たな業務として、MSWの業務に追加されることとなってきた。

今、MSWは、入院患者の入院期間短縮と、地域の医療機関との連携のために、患者や家族の情報収集と、地域のケアマネジャーをはじめ、介護サービス提供者との連携を組むことも重要な業務となってきている。

3) 介護保険導入後の医療ソーシャルワーカー

介護保険導入により、医療機関はかかりつけ医の機能（医師の意見書作成：判定機能）と、医療サービス提供者（診療サービス提供機能）の両方の役割を持つこととなった。地域との連携のためには、これまでの個人を中心に据えた、個人の支援を中心にした援助技術に加え、新しく必要とされるものを寄せ集めてきたり、そのための人材を養成したり、新しく機能を開発するなどの役割が求められ、ブローカー機能、説得機能、教育機能、広報機能、連携機能、サービス開発機能等の新しいスキルが求められるようになってきた。

さらに、入院期間の短縮化という大命題にも対応しなければならず、MSWは個人の支援技術、家族、患者会や家族会、ボランティアグループなどの集団の支援技術、さらに病院の持つ機能、資源を使いながら地域支援を行うための地域支援技術がもとめられている。これらの技術を有効に用いるためには、さまざまなアセスメント力が要求されるわけで、これまで以上に多方面にわたる学際的な知識と、深い判断力が必要とされる時代となってきた。

また、学際的な多数の専門職、患者・家族を含めた医療チームとの協働と連携を組むためには、チームメンバーから信頼される人間的成熟度も厳しく求められることになり、これまで以上の専門職として、また、個人としての成長を図るための研修機会を持つことが必要とされてきている。

3. 新たに医療ソーシャルワーカーがいま問われていること

社会福祉基礎構造改革、介護保険制度の施行、医療法の改正、医療制度改革によって、医療も社会福祉も大きく変化した。このような変化が医療ソーシャ

ルワーク援助にどのような影響を及ぼしたのであろうか。また MSW の支援
に今どのような変化を求めているのであろうか。社会福祉と医療の変化を概観
することから、MSW としての支援のあり方について検討することでこの章の
まとめとしたい。

　社会福祉の領域では 1998 年からの社会福祉基礎構造改革によって、サービ
ス利用、契約、自己決定権の尊重、自立支援が、進められることとなり、利用
者主体の支援が提供されることとなった。このような支援と患者や家族の権利
を保障していくためには、サービス提供者が十分に現在の利用者の状況を把握
すると共に、そこから先に、利用者や家族にどのような問題が予測されるのか
を把握検討し、それらの状況下で必要とされるサービスを検討し、その検討を
もとに、利用者とまた、家族と、将来を見据えながら、今まず何から解決すべ
きかを検討する細密なアセスメント力が必要とされ、そのアセスメントに基づ
く、介入計画作成力が求められるようになってきている。これを実行していく
ためには、先に述べた、種々のスキルが求められるのはいうまでもない。

　一方医療の領域では、1992 年の第 2 次医療法の改正によって、慢性疾患を
取り扱う「療養病床」の設定と、高度先進医療を行う「特定機能病院」の設定、
1997 年の第 3 次医療法の改正によって地域医療の中核病院となる「地域医療
支援病院」が設定され、医療機関の機能分類が進められるとともに、医療提供
にあたって、患者への説明を行い同意を得ること、即ちインフォームド・コン
セントが、義務化された。これはわが国の医療の歴史から見れば画期的なこと
であり、患者が主体的に各自の医療に取り組む事が求められると共に、納得の
いくまで、自らの医療に関する情報を、医師及び医療従事者から求めることが
できるようになったのである。それだけ患者や家族の自己責任も重くなるが、
セカンド・オピニオンを得ることも可能であり、主治医としてもしっかりとし
たインフォームド・コンセントを患者から得るためにも、患者が持つセカンド・
オピニオンの機会は、必要な方法である。医師と患者が双方に十分に話し合い、
患者も十分に納得して治療に取り組むことができることは、チーム（広義の）
のメンバーとしての患者や家族が、十分にチームメンバーとして働けるという
ことであり、チームリーダーである医師にとっては、治療を進めていく上で不

可欠な要素を入手したことになる。

2000年の第4次医療法の改正によって、診療録・診療情報の開示を進めようとした。先の改正のインフォームド・コンセントとセカンド・オピニオンを推進していくためには、医療情報と診療録の開示が必要であり、診療録の開示という患者の知る権利を保障するというものであるが、まだ十分に達成されてはいない。

医療法の改正によって、このように開かれた医療へと変化してきた医療が、医療ソーシャルワーク援助にさらに決定的な影響を与えたのが、2005年の医療制度改革大綱の制定である。この改革では、入院期間の短縮、地域医療連携体制の構築、患者への情報提供の推進、根拠に基づく医療（EBM：Evidence Based Medicine）が取り上げられた。

以上、社会福祉と、医療に関わる、ここ20年ほどの間の変化を概観したが、非常に保守的だといわれていた医療が、この20年で患者中心の医療に、また効率的効果的な医療の提供に、大きくシフトしてきているのが判る。実際の医療でも、患者への身体的な負担の軽減が重要課題とされ、新しい治療方法の開発、医療機器の開発がすすめられ、内服薬に関しても1日1回投薬で対処できる薬剤が開発され、患者の服薬の煩わしさからの解放、飲み忘れの予防に貢献してきている。また社会福祉も医療の動きの後追いではあるが、措置から契約へ、支援の方法に関して、患者中心、利用者中心へシフトし、自己決定、自立支援を基礎に、効率的効果的なサービス提供に取り組んできている。

ここに至って、医療と社会福祉は制度的にも、政策的にも方向性を一致させることができる状況となった。二つの専門領域のエネルギーが合わされなければ、21世紀の重要課題であるノーマライゼーションの思想に基づいた、人々の福利（well-being）を充足していくことは不可能であり、そのための重要な手段である在宅福祉も、在宅医療も促進していけない。今後は医療現場も、福祉現場も広義のチーム志向的（team-oriented）な活動が求められるであろう。

全米ソーシャルワーカー協会は2016年に、2005年度に出された保健領域のソーシャルワーク実践の基準を改正し、新基準を出している。この背景には2010年のACA法（Patient Protection and Affordable Care Act: 患者の保

護及び入手可能なケア法）及びCLAS基準（National Standards for Culturally and Linguistically Appropriate Services in Health Care: 保健ケアでの文化的また言語的に適切なサービスのための国内基準）の影響があった。

基準6「処遇計画と介入」で、次のようなことが述べられている。

「保健医療領域のソーシャルワーカーは、論拠についての情報を提供した上での、クライエントの福利を促進し、クライエントと家族を中心に据えたケアの継続を確保するための処遇計画の開発と完成に努めなければならない。」また、「精神的、行動的健康支援を提供するために雇用された科契約をしている臨床ソーシャルワーカーは、クライエントに対して、論拠についての情報を提供された治療的介入方法を用いるべきである。これらの介入には、認知行動療法、積極的面接法、慢性疾患自己マネジメント、精神教育的支援、短期介入／短期医療、精神的外傷に精通しているケア、その他ある。」という内容であり、増大する社会保険費、患者の権利の確保に対する対策としての諸制度の動きに対応したものになったと考えられる。

基準6の処遇計画実施に当たっては、ソーシャルワーカーは以下のことに努力するべきであると書かれている。

①クライエントとそのサポートシステムとの治療的人間関係の開発と維持
②文化に敏感に、そして支援や認識　またクライエンとの弾力性を引き出すような強さをベースにした働きかけ（strengths-based approach）による、クライエントとの関り
③クライエントの到達目標や、諸目標の達成を可能にするための、論拠についての情報提供実践モデル（evidence-informed practice models）の適用
④ある程度までの経済問題、住居、健康、精神的・行動的健康、教育、地域の社会資源への手続きの簡易さ
⑤安全な退所・退院、異なったケアレベル間の適切な転移によるケアの継続性の確保
⑥計画実行を容易にするための、時に応じての、ヘルスケアのチームメンバーやソーシャルワークが専門のスーパーバイザーの助言

30　第Ⅰ部　保健医療サービスに対するソーシャルワークの視点

⑦プライバシーや秘密事項など、クライエントの情報についての保全

＊ Evidence-Informed Practice（論拠についての情報を与えられた実践）
　　論拠についての情報を提供された実践とは、できるかぎりの調査、接触できる
　　経験豊かな実践者、利用可能な諸資源についての情報を提供した上での実践を
　　指す

公的な健康保険がなく、医療費の高い米国での保健・医療機関でのソーシャル実践の基準ではあるが、そのような環境であるからこそ、効果的、効率的な支援が望まれる状況にあったといえる。わが国の医療ソーシャルワーカーは、際限なく増加する医療、福祉財源への対応を迫られ、入院期間の短縮化で、退院・退所支援への対応を迫られているが、入院期間の短縮化は、医療財源の如何に関わらず、患者、家族の福利（well-being）を追及していけば、到達するところであり、より積極的にこの課題に取り組む必要があろう。

これからの MSW は、専門職として、何が利用者に必要な支援なのかを、学際的な視点で判別し、その情報を学際的なチームに伝達し、チームが利用者の福利を中心に据えた決定ができるように、チームメンバーを支援していくことが必要であろう。

また先に取り上げた、処遇計画と介入の基準の中で指摘されていることを参考に、我が国の MSW は今後、支援のレパートリーを増やし、Bio-Psycho-Socio-Spritual（生物学的、心理的、社会的、スピリチュアル）な支援が行えるように、とどまるところを知らない超少子超高齢社会の中で、また国際化が進む中での支援のあり方を拡大し、支援能力の向上に努めることが必要であろう。特にその中で「論拠に基づく」から「論拠に関する情報を提供した上での」支援への変換が必要である。MSW も、自分たちの支援の論拠を示し、文書で手渡し、それを理解していただくようにきっちり説明し、自らの支援の足跡を残していくということが必要であろう。

より深く、より広く、より実績のある支援の提供に臨みたいものである。

【注】

1　児島美都子『MSW の発生史、医療ソーシャルワーカー論、増補版』ミネルヴァ書房、1989 年、p. 21

2　Rossen, S., Hospital Social Work, Minahan, A., (Editor-in-chief) et. al. (eds), Encyclopedia of Social Work, 18th edition, Vol. 1. NASW, 1987, p. 816

3　竹内一夫『医療ソーシャルワークの業務と専門教育の変遷』川崎医療福祉学会誌、Vol. 1 No. 1、1991 年、p. 60

4　大野勇男「医療福祉の歴史」、小田兼三・竹内孝仁編『医療福祉学の理論』中央法規、1997 年、pp. 46-47

5　竹内一夫、前掲書、1991 年、p. 60

6　大野勇、前掲書、p. 46

7　竹内一夫「医療福祉の歴史」、佐藤俊一・竹内一夫編著『医療福祉学概論』川島書店、1999 年、p. 7

8　大野勇男、前掲書、p. 47

9　Hollis, F., Casework A Psychosocial Therapy, 4th Printing, Random House, 1965, p. 100

10　竹内一夫、前掲書、1991 年、p. 61

11　NASW: NASW Standards for Social Work Practice in Health Care Settings 2005, http://www.naswdc.org/practice/standards/ NASWHealthCareStandards.pdf

第3章　病む人の世界の理解と支援

1.　病む人の世界

1）利用者理解の重要性

　まず始めにオランダの精神病理学者であるヴァン・デン・ベルグ（J. H. van den Berg）が著書の中で「患者の病床を見舞う人」に対して行っている助言のそのいくつかを紹介したい。[1] ①「ふつうにふるまうこと」とし、見舞う前に用意されたようなゆきすぎた温かさが込められた同情に満ちた言葉や態度に患者は喜ばない。②「患者の病気を当然のことと性急に考えないこと」とし、患者が病気であることを当たり前のものとせずに健康な時の生活についても患者が話せるようにし、今までの生活の居場所がないように感じさせてはならない。③「見舞い客は患者の病状の重さに関する話を避けてはならない」とし、患者の病状が重症で死期が間近いことを知っていても人生最後の時と考え、病気について話したがっているかもしれないことを心に留めておくこと。④「患者の目の前で他人と患者の話をしないこと」とし、病床体験の苦痛のひとつは、患者が「対象」としてみられることである。患者の目の前で患者のことを話すということは、第三者に観察されるひとつの対象であり、患者が対象化されていることを一層はっきりさせる体験となる。

　このように記されている著書は、「自分が病気であると知ったとき、病む人の存在に現われる変化を、その人に突然襲ってくる人生そのものの変化を論じようとする」[2] ことを目的に書かれている。ヴァン・デン・ベルグが見舞い客に焦点を当てて記述しているのは、患者と見舞い客は、密接な関係があり、そ

の行動による影響が患者にとって大きいということだけではない。ここでの見舞い客への助言は、患者に対して見舞い客がどのように振る舞うべきなのかを指摘しており、その根底には、患者の世界への理解があり、そこから生まれた患者への配慮が記述されているのである。

　言い換えれば、上記のことは利用者の理解（対象論）と、その利用者に対する人間の態度としての関わり方とは切り離せないということを意味している。つまり、対象にどのような態度で接し、かかわるかという中に既にその対象の理解の仕方が含まれているということを示している。

　これは、利用者の生きている世界をソーシャルワーカーがどのように理解していくのかということとどのように支援していくのかということとは、紙の表と裏のようなものであって、人間の態度として、分けて考えることができない現実があるということを示している。この点を押さえながら利用者の理解と支援についてここでは考えていきたい。

2）病む体験

　われわれは、「病む」という体験からどのようなことを考え、感じるのだろうか。病いを体験した者であれば多かれ少なかれ、次のような感情をもつであろう。日常生活から隔離されることによる不安、重い病状による身体上の不安、生命への危機感、そして、社会生活から離れる不安、それゆえの孤独感、孤立感、疎外感等、個々の状況によるさまざまな心配事や不安が襲ってくるであろう。そのことにより、自分でも想像もしていない怒りがこみ上げ、他者に対して反抗的になったり、様々な葛藤に身をおくことになる。このような状況から、できれば誰しも病いとは無縁でありたいと願っている。しかし、一生涯全く病いと無縁に生活できるという人は稀である。さらに病いの延長線上には、「死」が意識され、その事実をどのように生きるのかということを誰しもその人生の課題として担っているといえるであろう。

　病いに罹ってもすぐに回復するような軽症の場合は、病いはわれわれの生活に大きく影響を及ぼすことが少なく、個々人における生活上の問題も表面化せず、もとの生活をすぐに再開することが可能である。ここでは、病むという体

験において問われてくる生きるうえでの課題について、そのことが凝縮され主題化されるような、重症の病いであったり、慢性的であり、障害を残すような重篤な状況である場合や、生活自体に何かしらの障壁が生じたために医療ソーシャルワーカー（以下、MSW とする）の支援を必要としたソーシャルワーク事例を用いながら考えてみたい。

3) 医療ソーシャルワークの実際

事例１：母と子の関係への自立

　「神経性食思不振症」と診断された男の子の母親が、MSW に対して涙を流しながら「私は今まで、人の世話を焼いたり、人の相談にも乗ってきて頼りにされる存在であった。けれどもやせたあの子の姿を見た人に『どうしたの？』と聞かれてもいつも、ごまかしてばかりでした。今、私ができるようになりたいと思うことは、私があの子のことを他人に相談したり語れるようになることです」とはっきりと言った。その母の言葉から「無条件に息子を受け入れたい、愛したい」というありのままの息子を受け入れたいという気持ちが MSW に伝わってきた。

　それから半年たったある日、その男の子が MSW に「お母さんから、自分のことはこれから自分で好きなように考えなさいと言われた」と話した。MSW は「それを言われてどう思ったの？」と質問すると、「寂しさ半分、軽くなった感じが半分」と明るい表情で答えた。母親は、息子を今まで自分の所有物としてきたことに気づき、自分と息子との距離を意識的にとろうとしていることが感じられると同時に、距離をとるだけの自信が母親にはついてきたのだということが息子の発言から感じられた。

　その後、この母親から今までしたことのなかった自分の相談事を友人にすることができたという話を聴いた。そして、相談することができた自分自身に自信がつき、そのことを心から喜んで話してくれた母親の姿が印象的であった。この母親は、自分の幼少時の叶わなかった夢であるピアノを息子に習わせることによって満足していた。そのことに息子は拒否感をもたずに続けていた。しかし、この母親が息子との距離を意識的にとるよう

にしていると MSW が感じた頃、母親は自ら進んで社会福祉施設を訪れ、利用者と音楽を楽しむボランティアをはじめた。息子とは離れ、自分のために音楽を楽しむことをはじめたのである。

事例2：生活を阻んでいた真の事実

「仕事について相談したい」と言って女性が MSW の所へ訪れた。その女性は、腕を出して「生まれつきあったこのアザを治すために病院に受診しています。治療はもう終わりになる予定です」と話しはじめた。その話の内容は、5年近くに及ぶ治療内容や病院に対する不満と、30年間に及ぶ自らの生活史であった。そして、「学校を卒業し、すぐに仕事に就いたのですが続かず、その後30歳を過ぎても仕事にも就けず、結婚もできず、親から独立もできません…」と訴えた。

MSW の「あなたは、腕のアザさえよくなれば、仕事も結婚もできると信じていたが、治療が終わる段階になっても、どちらもうまくいかず、どうしてよいかわからない。アザのせいでできなかったと思っていたことが、そうではなさそうだということに気づいたということですか？」という問いかけに彼女は素直にうなずいた。続けて MSW は、彼女にとってのアザの意味を聞いてみたところ、およそ次のような内容を語った。

彼女の親類である叔父に生まれつき足に障害がある人がいた。その叔父に中学生の頃、性的な嫌がらせを受けた。しかし、足に障害をもっていたため、障害のある人にはやさしくしなければならない、屈辱を受けさせられた叔父を悪く思ってはいけないと自分に言い聞かせて暮らし続けてきた。しかし、ここにきてはじめて彼女は、叔父が自分にとって許せない存在であるということに気づいたと、アザの意味には直接関係ないような話であるが、このようなことを思い切って語ってくれた。

MSW が「あなたの腕のアザと叔父さんの足の障害と重ねて考えていたのですね。足に障害のある叔父さんは自分と同じ『かわいそうな存在』であり、いたわらなければならないと思い込んでいたのですね。つらかったですね」と伝えると、女性はうなずいた。続けて MSW が「自分の気持

ちを話すことがあなたにもありますか？」と質問すると、「聞いてくれる人もいないし、話が下手ですから」と答えた。それを聞いて「20年以上もの間、自分にも隠していた叔父さんに対するあなたの気持ちが私にはよく伝わってきました。話が下手だとは全く思いませんでした。話ができそうだと感じれば、話をする勇気がある方だということがよくわかりました」とMSWは彼女に伝えた。すると今までMSWに対して何か話そう、答えよう、理由を述べようという彼女の硬い姿勢がやわらいできた。「また、ここに来て話がしたいと思います」と言って2回目の面接を終えた。

　それから1年後、求職活動の末、仕事に就いた。

4)「病む体験」に表われる凝縮された日常

　以上2つの事例を紹介したが、どちらの事例をみても「病む」という体験から利用者ないし、その家族が自分の生活自体を見直さざるを得ない状況に直面していることは明らかである。しかし、ここに示された事例はなにも特別な事例ということではなく、他の多くの利用者も大なり小なり、それぞれの体験の仕方の違いはあれ、共通する部分をもっている。いうなれば、私たちにとって「病むという体験」のもつ意味は、私たちがその日常に潜んでいながら、しかしそれに気づかず済ましている問題や課題等が、「病むという体験」から改めて問われてくるということである。

　したがって、私たちにとって「病むという体験」は、実は、日々の日常から切り離された「反日常」的体験というよりも、「病む」ことのなかで、その日常が改めて問われてくるという意味で、それは「凝縮された日常」、すなわち「非日常」的体験だといってもよかろう。

　そうした視点から2つの事例を確認すると、事例1は、息子が病んだことにより、息子だけでなく母親も自分の生き方自体を息子を通して問いかけ直したものである。息子の病いと母親の生き方には深い関係があると母親は気づき、まず自分の生活をどう生きるかということを考えはじめた。それによって、息子の存在は自分の身代わりに生活をさせるための操り人形ではないということに目を向けていくのであった。長い年月をかけて築いていった親子関係を見直

すということは、母親にとって勇気を要することであった。しかし、息子の病いがそのチャンスを与えてくれたのであった。

事例2は、アザが、自分の生きづらさの理由づけであり、言い訳にすぎないということに、治療終了目前にしてはじめて気づいた事例である。病いが言い訳にならなくなったのならどう生きればいいのか。「アザがあるから○○ができないのだ」と自分を納得させてきた人生であった。アザがあるということが、生活の支えそのものだったのである。そのことが自らのなかで明確になったことにより、そこから新たな一歩を踏み出す覚悟が芽生えはじめたのである。

どちらの事例も利用者は、自らの生活における事実に潜む課題に、病いをきっかけに気がついた。しかし、その生活における事実は、実は病いが存在する前から同様の状態で生活のなかにあり続けていたのである。ここで注目されるのは、その事実について、病いの体験によりそれを今まで自分がどのように生きてきたのかという視点から第三者であるMSWとのかかわり（支援）によって気づきが生まれたことである。「病い」を通して、利用者が自らの日常の生き方について考えるきっかけを得たのである。

上野矗は、ヴァン・デン・ベルグの著書の訳者解説において「原著者は述べている。──『病気をもたぬ存在は生きる刺激を欠いている。それは精神的問題をもたぬ存在が完全な無意味さに退行していくのと同じである…結局、からだの病いは健康人たちが容易に失う心の健全さの条件になりうるのだ』。このことに気づくとき、病気は決してただ単に嫌なこととはいいきれなくなる。病気をただただ嫌なこととしか感じない日常的な受けとめ方から自由になるとき、病気やそのなかの生活の、ひいては生そのものの全く新しい意味の世界が開けてくる。病気は、もはや、単なる有機体の疾患ではなくて、人生に意味を付与する体験であり、生きられた病気である。われわれは病むことによって、かえって、存在そのものに眼を開かされ、気づかされるのである」[3]と述べている。第1章で示した「生きる意味」の発見につながることがわかろう。

このように、「病い」は私たちに「どう生きてきたのか」と問いかけてくるものだといえよう。そしてまた、「どう生きてきたか」という過去や現在が問われるだけでなく、これから「どう生きるのか」と将来に向けての自らの人生

が問われることにもなる。このことこそが「病む体験」からの問いであり、このことを支援者である MSW は、利用者と共にそれまでの人生を重んじながら共に考えることが責務だといえる。

2. 利用者への支援

1）利用者のニーズ

　MSW は、具体的な社会的調整を求められるような相談を利用者から数多く受ける。たとえば、社会復帰施設等や経済的支援制度の紹介希望、在宅介護の方法やサービスについての助言、就労や教育に対する方策について等、その相談内容は多岐にわたっている。MSW は、常に利用者のニーズを的確にアセスメントし、支援を展開していく。その支援内容と次元は、利用者の顕在化したニーズだけでなく、潜在的ニーズにも対応していくことになり、それが専門性のひとつである。顕在化されたニーズである相談内容自体に応じた福祉サービスの提供や調整を行うことによって、生活状態の改善や回復を支えることは非常に重要なソーシャルワーク支援であり、そうした支援の方法や考え方について記されているものはすでに枚挙にいとまがない。

　しかし、ここでは普段、示されることが少ない、利用者が具体的な社会調整を求めるなかに見られる共通した潜在的ニーズの発見に必要な MSW の視点とその支援の重要性について実践事例を用いながら確認する。

2）利用者理解と潜在的ニーズ

事例：自分の存在を問い直す

　　主治医から「薬物による自死を試みた 20 歳代の女性がいる。精神神経科にも受診したが、精神的な疾患はないと診断された。しかし、主治医として入院予定一週間の間に患者の話を聴いてほしい。経済的な相談もあるので面接をお願いしたい」という依頼を MSW は受けた。ベッドサイドに行き、MSW 自身の紹介を行い、面接希望について利用者に伺うと躊躇することなく面接を承諾し、「彼との結婚についてどうしたらよいか相談

したい」と言って話しはじめた。

　「結婚の話も出ている 3 年間付き合っている彼が浮気をしていることを知り、衝動的に手元にあった薬を飲んだ。そのときの気持ちは全く覚えていないが生きていることが嫌になっていた。数日間、仕事も休んで行く気にもならなかった。彼とはケンカになってここのところ話もできない状況でした」。引き続き、「入院してすぐにその彼は飛んできて涙を流して謝ったのです」とけろっとした表情で MSW に説明した。それを受けて「涙を流して謝っていた彼をどう思ったのですか」と質問すると「反省していないように見えた」と答える。彼の浮気相手や浮気が発覚したときの様子と結婚話が進んでいる経過を続いて聞いた。そして次に、「別れたほうがいいと思いますか？」と MSW に気軽に尋ねてきた。その様子は、彼が悪いのであるからそんな男性と別れるほうがいいだろうか、と一見 MSW に同情を求めるようにも感じられる言い方であり、また、同調を得たいための質問のようにも感じた。MSW は、「別れるほうが良いかどうかということは私にはわからない。ただ今回、あなたが自死をしようとした意味は何なのか一緒に考えたい」と提案すると、利用者はうなずいた。

　2 回目の面接で「なぜ結婚したいのか」と質問すると「私の両親は離婚しており、そんな家庭で暮らしていたので、私は結婚をしてきちんとした家庭を作りたいと考えている」という答えが即座に返ってきた。MSW は、「『彼』と結婚したかったのだ」という返答が返ってこなかったことに違和感を感じたため、「結婚がしたかったのですね」と念を押すように聞いた。すると利用者が「それが彼にとって重荷になっていたのでしょうか」と考え深げに答えた。そして続けて、「彼の前に付き合っていた人にも浮気をされ、そのことが原因で別れたのです。今回と全く同じです」という。MSW が「前の彼と今回と同じことが起こったのですね。重荷になっているというのはどのような意味ですか」と説明を求めると、「彼は結婚しよう、となかなか言わないので私のほうが強引に話を進めていたところだったのです」「結婚に対する思いが強すぎたため、私は彼にとってだんだん『重い存在』になったのだと思います」と自らを振り返った。

そして、MSW が利用者の育った家庭について聞くと、以下のような説明をした。

「幼い頃から両親のケンカが絶えず、父親は女性をつくって出て行ってしまった。私が19歳のときのことで、続いて母親も新しい夫を結婚紹介所で見つけて出て行ってしまった。そして二人きょうだいのうちの兄も結婚をしてすぐに出て行ってしまった。半年の間にみんなが家からいなくなった」とのことだった。そんな家にいることができず、利用者は、祖父母の宅に一旦身を寄せていたと語った。

MSW が、「それはとてもさびしい思いをしたのですね。そんなさびしさを埋めるために結婚しようと思ったのでしょうか」と言うと、「そうだったのでしょうね」と利用者は当時のことを思い出すように答えた。

利用者が説明した両親のケンカについて MSW が、そのときの気持ちを聞くと「いつものことなので別に気にしていなかった」と答えた。しかし、もう一度、「今ここに、あのときのあなたがいたら何と言ってあげたいと思いますか」と質問すると「『怖かったね』といって抱きしめてあげたい」、続けて「そういえば、ケンカがはじまると二階に逃げて息を殺して終わるのを待っていました」と答えた。そして「こんなさびしさを彼にすべて託したら、私の存在は重くて、浮気をして逃げたくなるのも仕方ないですね」と利用者は言った。「今まで、彼の気持ちをこのように考えたことがありますか」と MSW が聞くと「今回のように彼のことを推し量ったり、彼の立場で物事を考えたことはなかったです。こんなふうに相手のことを考えるのですね」と利用者は答えた。

3）生活障害の支援における「存在への問い」

上記が面接内容の要点である。この事例の利用者は、もうこれ以上、日常生活が営めないという最大の生活障害を感じ、自死という方法によって生活そのものから去ろうとした。注目されるのは、この面接のなかで利用者は、彼にとって自分（利用者）がどのような存在であるかという問いが生まれてきたことである。MSW の問いかけから、彼にとって利用者自身はどんな存在なのかと

考えはじめたのである。

　今までの彼と利用者との関係は、いつも利用者の一方的なものであり、その身勝手さに彼は不満をもったのであろう。それが浮気という行動に表されている。涙を流して謝っている彼が「反省していないように見えた」と利用者が言ったのは、「許せない」という利用者の気持ちの表れである。彼の涙の意味や涙する姿からではなく、許せない自分（利用者）の気持ちが優先した反応なのである。なぜならば、利用者が物事を彼の立場から考えるようになってくると「自死しようとしたことによって彼が一番つらかったのかもしれない」と利用者は言ったからである。彼の存在の在り方が利用者の存在により変化する事実に利用者は気づいたのである。その気づきによって、利用者が自分の存在が彼にとってどういう意味があるのかと考えはじめた。このような「自らへの問い」が自発的に利用者に生まれたのは、支援者であるMSWの視点の定まった面接における対話によるものであった。

　さらに利用者は、MSWの面接の中で自身の生育過程を振り返り、自らを見つめ直す作業をはじめた。自分の存在を支えているのは自分自身だけではなく、たとえ否定したくても家族であったり、彼であったりするのだということを利用者は知り、受け入れる一歩をたどりはじめた。自らの存在の在り方を考えるということは、他者と自分との関係を考えるということである。それが生きようとする具体的な行動となり、病状を気にし始めたり、彼との関係を考える糸口を見出しはじめると、より生活に密着した「入院費の支払方法について相談したい」と言いはじめ、現実的である医療費の問題について具体的支援を求めるようになってきたのであった。死を意識していた頃には、仕事へも行けず、同居している彼とも口を利くこともできず、経済的な面だけではなく、様々な側面において生活に障害がでていたと利用者自身も自覚し始めた。生活障害は、彼との関係が不和であるということから派生していたのである。生活障害を解決するためには、彼との関係の回復が必要であり、関係の回復には利用者自身が自らの存在の在り方に気づくということが必要であり、そこへの促しと共に考えることが支援の焦点であった。

　この事例だけではなく、誰しも自らの存在は、自分一人だけの力では確認で

きるものではない。ソーシャルワークの経過から考察すると、相手（相対する人々）からの働きかけのなかで、そのことは確信されていくのだといわざるを得ない。病いによって起こった生活障害は、今まで懸命に行ってきた事柄ができなくなること（一般的にいわれる「生きがいを失う」という状態）であり、「自らの生きている意味は何かということを問いたい」また、「問わざるを得ない」と、漠然としていながらもそれぞれの利用者が感じるきっかけとなるのである。その問い方や問題意識の在り方は千差万別ではある。本事例の場合は、利用者の生活障害は、経済的な問題として現れていたが実際には、利用者の「存在の在り方」自体を利用者自身が確認しなければ、その生活問題を解決することはできない状態であった。このニーズは、利用者が生活をどうでもいいものと投げやりにしていたのでは、発見不可能である。自死しようとした後からでもこれからの生活をどのように再構成したらよいかという実生活を現実に即して考えたからこそ、自分自身は「どう生きるか」ということを具体的に考えようとMSWに相談をもちかけたのである。こうした利用者理解が潜在的ニーズの発見へともつながっていくのである。

4)「人間の全体性」への支援

　MSW に相談を持ちかけた利用者の問題を単に生活問題そのものと、あるいは心理的問題そのものへと、さらにはまた疾患から派生した医学上の問題そのものへと還元し、その結果 MSW が利用者のある部分に次元をおいて利用者をみている限り、利用者の真のニーズの発見には至らないことが起こり得る。宗教哲学者の谷口隆之助はこれについて、人間の在り方を生物的次元、文化的次元・社会的次元、存在の次元の三つの次元に区別しており、「この三つの次元は一応区別はできるけれども、これは切り離すことは、できない。またこれは人間の三つの部分ということでもない。一人の人が生きているということは、この三つの次元を同時に生きておるということ」[4]だと注目すべきことを述べている。

　このことは、MSW は利用者の心理社会的側面へアプローチすることが支援であるといわれているが、その視点はそれぞれの次元を含む「人間存在として

の全体」へ働きかけるということが利用者から求められている支援であり、その視点こそが利用者が意識化していない真のニーズの発見にたどり着くのだといっているのである。個人の生活障害の解決を全体性（wholeness）としての人間存在の在り方からも考えていくという視点こそ、ソーシャルワークが利用者から求められているニーズ把握につながることが事例からも明らかである。

　利用者が MSW に求める支援は、利用者が懸命に生きようとしているからこそ生活の課題として気づくことができるようになる。たとえ、病む前と同じ生活状態であっても、病いや障害を抱えたことによって生活に向き合おうとする利用者の姿勢の変化から、解決を要する生活課題が表面化する。その生活課題に対し、様々な社会資源を駆使して生活の保持や継続性を保つように支援を展開していくことになる。社会資源の利用を支援することで劇的に生活が変化することもありえ、社会資源活用のソーシャルワークは、社会的にも期待が大きいところであろう。しかし、生活上の具体的な支援だけでは生活を改善させることができない場合がある。それが先に述べた「人間存在としての全体」へ働きかける支援が必要となるところである。

　たとえば、先の事例のように経済的な困窮がありながらも支援が必要な潜在的なニーズは、利用者の人間のあり方や生き方の課題がある場合である。そして、支援の展開過程においては、利用者が自らの「存在への問い」が必要となる。生活障害の解決を全体性としての人間存在のあり方から考えていく視点こそが必要となり、人間としてのあり方や生き方を利用者が見直すことが支援の中核である。こうした心理社会的な支援にとどまらない、「自らがどのように存在するのか」というところまで利用者が自らに問いかけ、考えられる支援を提供することがソーシャルワークに求められる。特に、本章でこれまで記してきたように病いや障害を得たことによって、改めてこれまでの生活内容のみならず自らの生き方を考え直さざるを得ない契機となるのである。だからこそ、医療の場にいる MSW は、潜在的なニーズも含めたニーズ把握のアセスメントを的確に実施し、どの次元の段階の支援が求められているのか専門的な判断をし、利用者に適した支援を提供するという使命がある。

【注】

1　J. H. van den Berg, The Psychology of the Sickbed, 1966, 早坂泰次郎・上野矗訳『病床の心理学』現代社、1986 年、p. 59-p. 69

2　同上　p. 2

3　同上　p. 112

4　谷口隆之助『存在としての人間』I. P. R. 研究会、1986 年、pp. 2-3

【参考文献】

米村美奈『臨床ソーシャルワークの援助方法論 ― 人間学的視点からのアプローチ ―』(株)みらい、2006 年

第II部

保健医療サービスを支える制度

　最初に医療保険制度の基本を理解できるようにする。続いて、診療報酬制度の現状と課題を学ぶことで、サービス提供にかかるお金と人とのかかわりを知る。さらに保健医療サービスを提供するための基本となる医療法を歴史的に概観し、他の保健医療制度とのつながりから適切な制度のあり方を考えられるようにする。併せて、さまざまな医療機関の役割を学び、医療政策の動向を理解できるようにしていく。なお、この制度に対する考えは、単に現状の理解に止まるものではなく、後の利用者の利益を守るためのソーシャルワーカーにとって必要な視点を磨くためのものになる。

第4章　医療保険制度の基本的な考え方

1.　保健・医療・福祉を考える視点

　日本の医療制度の国際的な評価は高い。今後も高度な医療を均一に提供するためには引き続き適正な制度の運用が必要であるといわれている。日本では、世界でも類を見ないスピードで高齢化が進んでいる。この高齢化社会に対応するため、地域包括ケアシステムの構築に向け、医療・介護の連携の強化、施策の整備が進められている。この地域包括ケアシステムの実現にむけて、医療ソーシャルワーカー（以下 MSW とする）が果たす役割は大きい。

　医療供給体制がより機能分化する中で、クライエントが適切な医療やサービスを選択することは時に困難な場合がある。MSW はクライエントが必要なサービスを受け、その生活が保障されるよう支援を展開するが、そのためには医療保険制度の仕組みをよく理解し、社会資源を活用することが不可欠である。

2.　医療保障・医療保険制度の考え方としくみ

1）医療保障制度のしくみ

　日本の医療は社会保険方式をとっており、病気やケガ、失業などのリスクに備え保険料を出し合い、必要な場合に給付を受ける健康保険制度という公的な仕組みで成り立っている。

　医療保障制度には、医療保険制度、公衆衛生・社会福祉関連法に等に基づく公費医療助成制度がある。

50　第Ⅱ部　保健医療サービスを支える制度

2）医療保険制度について

　我が国の医療保険は全ての国民に平等に医療が提供されるよう整備されてきた。その特徴は、全ての国民が公的保険に加入する「国民皆保険」、医療行為が提供された後に費用を支払う「現物給付制度」、自らの意思で自由に医療機関を選ぶことができる「フリーアクセス」の3点にある。

　医療保険は、治療を目的とした医療行為に対して給付されるものである。そのために業務上の病気やケガ（労働災害）、病気とみなされないもの（美容整形、正常な妊娠、出産、人間ドックなど）は給付の対象としていない。また、交通事故などの第三者の行為による傷病に対する治療は、保険者に届け出を行い、保険使用の許可を得ることが必要である。

　医療保険制度は被用者保険と国民健康保険、75歳以上の人が加入する後期高齢者医療制度に分けられ、対象者は表4-1のように分類される。

表4-1　医療保険の種類と対象者

75歳未満	健康保険	全国健康保険協会	常時5人以上の従業員がいる事業所の従業員が対象
		組合管掌健康保険	700人以上の従業員および同職種の事業所の従業員が対象
		日雇特例保険	臨時に雇われている者が対象
	船員保険	船員保険	大型船舶乗組員が対象
	共済組合	国家公務員共済組合	国家公務員が対象
		地方公務員共済組合	地方公務員が対象
		私立学校教職員共済組合	私立学校教職員が対象
	国民健康保険	市(区)町村	被用者保険と国民健康保険組合に該当しない国民が対象
		国民健康保険	国民健康保険組合を設立している業種の自営業者が対象
75歳以上	後期高齢者医療	後期高齢者医療広域連合	75歳以上(65歳以上)の国民が対象

資料:『社会保険のてびき 平成29年度版』社会保険研究所、2017をもとに一部修正

（1）医療保険制度

日本の医療保険制度は1922年健康保険法の制定によりその第一歩が踏み出された。1938年国民健康保険法が制定されたが、当時の医療保障制度は医療が平等に提供されるものではなかった。その後、1956年に社会保障審議会から「社会保障制度に関する勧告」が出され、1958年国民健康保険法の改正により、1961年国民皆保険の体制が実現した。

（2）後期高齢者医療制度

1972年老人福祉法の一部が改正され、1973年老人医療費の無料化が実現した。高齢者が経済的な負担なく、医療を受けることを保障することを目的としたものであったが、高齢化の進行、老人医療費が増大したことにより、1982年高齢者の医療費負担の公平化、健康の保持を目的に老人保健法が制定され、病気の予防、治療、機能訓練などの保健事業を総合的に行うことが明示された。1984年には健康保険法が改正され、老人医療費の一部負担金が導入されることとなった。2002年老人医療の対象年齢は70歳から75歳に引き上げられ、2008年には、75歳以上の後期高齢者を対象に独立した医療制度が創設された（「高齢者の医療の確保に関する法律」）。

（3）公費負担医療制度について

＜公衆衛生等に関する公費負担制度＞

1) 感染症の予防及び感染症の患者に対する医療に関する法律（感染症法）

　　一類・二類感染症で入院勧告を受けたものに対しては、措置入院した場合の医療費の自己負担分を申請に基づき公費で負担する。

2) 精神保健及び精神障害者福祉に関する法律（精神保健福祉法）

　　措置入院により治療を受けた場合、入院医療費を公費で負担する。患者、扶養義務者の負担能力によっては費用徴収される場合がある。また、精神障害者の通院医療費は障害者総合支援法にもとづく自立支援医療制度に移行している。

3) 公害健康被害の補償等に関する法律

　　水質汚濁などによる公害により病気になった場合（水俣病、イタイイタイ病、慢性ヒ素中毒、特定の地域での大気汚染による慢性気管支喘息、肺

52　第Ⅱ部　保健医療サービスを支える制度

気腫などの対象疾病等）、被害者に療養の給付、補償が行われる。

＜社会福祉等に関する公費負担制度＞

1) 生活保護法

　医療扶助として医療費について現物給付を行う。生活保護受給者は、国民健康保険の被保険者から除外される。健康保険の給付が優先される。

2) 母子保健法、児童福祉法

　未熟児で入院が必要な場合、養育医療、療育医療で都道府県が負担する。扶養義務者の所得に応じ自己負担が発生する場合がある。

3) 戦傷病者特別援護法

　戦争中の公務による傷病について、全額国費で医療を提供する。

4) 原子爆弾被爆者に対する援護に関する法律

　被爆者健康手帳が交付され、厚生労働大臣が認定した原爆症にかかった場合、全額国費で医療を提供する。

5) 障害者総合支援法による自立支援医療

　精神通院医療（精神保健福祉法）、更生医療（身体障害者福祉法）、育成医療（児童福祉法）は障害者総合福祉法に基づき、医療費の一部分を助成する。

6) 難病の患者に対する医療等に関する法律（難病法）

　2015年1月に施行され、指定難病に関する医療費を助成の対象として、自己負担額の一部を公費で負担する。

7) 小児慢性特定疾患医療費

　2015年1月から難病法と同時期に実施。自己負担額の一部を公費で負担する。

（4）労働者災害補償保険法による医療（労災法）

　1947年に労働災害補償保険法は、労働者の福祉の増進を目的として制定された被災労働者や遺族を保護するための保険給付制度である。労働者が業務に関係する事や通勤によってけがや病気になったり、障害を負ったり、死亡した場合に療養費や生活保障として保険給付が行われる。

　政府が保険者であり、保険料は事業主が全額負担し、事業主は労働保険料を

第4章 医療保険制度の基本的な考え方　53

納付する義務を負っている。保険給付は、以下の4種類である。「療養給付」は、けがや病気をしたときに必要な医療を治癒するまで受けることができる。「休業給付」は、療養のため4日以上仕事を休み賃金が支払われないときに支給される。「傷病年金」は、けがや病気が1年6ヵ月たっても治らない場合に休業給付に加えて年金として支給される。「障害給付」は、けがや病気が治っても身体に障害が残ったときに障害の程度に応じて障害補償年金か障害補償一時金が支給される。

また、通勤時の自動車事故によって負傷した場合の療養費は、自賠責保険を優先することが原則となっている。

3. 医療保険サービスを理解する

日本の保険診療は、医療機関の窓口で患者が一部負担金を支払い、残りの費用については、審査支払機関を通じ保険者に支払われる仕組みになっている。

1）保険料

医療保険は、職域保険（社会保険）と地域保健（国民健康保険）、後期高齢者医療制度に分かれている。医療保険の保険料は、事業主と被保険者の折半であり、国民健康保険の保険料は加入者一人ひとりが納める仕組みとなっている。

2）保険給付の種類

保険給付には、法定給付（現物・現金給付）と附加給付がある。（表4-2）
付加給付とは、個々の組合の実情にあわせて、法定給付にプラスして支給されるもののことをいう。

54　第Ⅱ部　保健医療サービスを支える制度

表4-2　給付の種類（平成29年4月現在）

療養の給付 （被保険者本人）	健康保険を扱う病院・診療所に』保険者証を提示して、必要な医療をうけます。処方せんが発行されたときは、保険薬局で調剤してもらいます。医療費の7割が給付され、あとの3割は自己負担となります。
家族療養費 （被扶養者）	医療費の7割が給付され、あとの3割は自己負担となります。ただし、義務教育就学前は8割が給付され、あとの2割は自己負担となります。
入院時食事療養費	入院時に療養の給付とあわせて食事の提供をうけたときは、食事療養の費用額から食事療養標準負担額（患者が支払う金額）を除いた部分が入院時食事療養費として給付されます。食事療養標準負担額は1食360円（低所得者は減額）です。被扶養者には、家族療養費として給付されます。
入院時生活療養費	療養病床に入院する65歳以上の人が療養の給付とあわせて生活療養（食事療法、温度・照明・給水に関する適切な療養環境の形成である療法）をうけたときは、生活療養の費用額から生活療養標準負担額（患者が支払う金額）を除いた部分が入院時生活療養費として給付されます。生活療養標準負担額は1日1,700円（平成29年10月から1,750円。低所得者、入院医療の必要の高い人等は減額）です。被扶養者には、家族療養費として給付されます。
保険外併用療養費	評価療養（先進医療、医薬品・医療機器・再生医療等製品の治験にかかる診療、保険収載前医薬品・医療機器・再生医療等製品の投与・使用、保険収載医薬品の適応外投与、医療機器・製製医療等製品の適応外使用）、選定療養（特別療養環境室への入院、予約診察・時間外診察、前歯・総義歯の材料差額、200床以上病院での初診・再診、180日超の長期入院、制限回数超の医療行為、小児のう蝕治療後の継続管理）、患者申出療養（平成28年度から実施）については、その基礎部分は保険外併用療養費として保険給付され、評価療養・患者申出療養・選定療養についての特別料金を患者が自費負担します。被扶養者には、家族療養費として給付されます。
訪問看護療養費 家庭訪問看護療養費	在宅で継続して療養する難病患者等が医師の指示にもとづき訪問看護ステーションからの訪問看護サービスをうけた場合は、その費用の7割（義務教育就学前は8割）が給付され、あとの3割（義務教育就学前は2割）は基本利用料として自己負担になります。
療養費	やむを得ない事情で非保険医にかかったときや被保険者証を提示できないとき、国外で医療を受けたとき、コルセット代などは、いったん全額を自費で支払いますが、保険者の承認を得れば、一定部分があとで払い戻されます。
高額療養費	1ヵ月の自己負担額が一つの医療機関ごとに自己負担限度額をこえたときはこえた分が払い戻され、認定証を提出した場合は窓口負担が自己負担限度額までとなります。また世帯合算・多数該当の特例もあります。

高額介護・高額医療合算療養費	12ヵ月間の健康保険の自己負担額と介護保険の利用者負担額を合計した額が自己負担限度額をこえると、こえた分が払い戻されます。
移送費家族移送費	緊急時などに病気・けがで移動が困難なため移送されたときは、実費または保険者が認めた額をあとでうけられます。
傷病手当金	療養のため仕事を4日以上休んで給料をもらえないときは、1日に月直近12ヵ月の標準報酬月額の平均額の30分の1の3分の2が、4日目から1年6ヵ月の範囲内でうけられます。
出産育児一時金家族出産育児一時金	被保険者本人・家族とも妊娠4ヵ月（85日）以上で出産したときは、1児ごとに420,000円（在胎週数が22週に達していないなど産科医療補償制度加算対象出産でない場合404,000円）がうけられます。
出産手当金	出産で仕事を休み給料をもらえないときは、出産日（出産が予定日よりおくれた場合は出産予定日）以前42日（多胎妊娠の場合は98日）から出産日後56日までの期間、1日につき12ヵ月の標準報酬月額の平均額の30分の1の2がうけられます。
埋葬料（費）家族埋葬料	被保険者本人が死亡したときは50,000円（家族以外の人が埋葬をおこなったときは範囲内の実費）が支給されます。被扶養者が死亡したときは50,000円が支給されます。

資料：『社会保険のてびき 平成29年度版』社会保険研究所、2017

3）保険給付の実際と療養費払い

　医療保険では、保険証を提示した上で、現物給付を受けることが原則であるが、やむを得ない事情で保険証を提示できず保険医の診療を受けた時、海外で治療を受けた時、コルセットや装具を作成した際などは、一度自費で支払いをした後、保険者の了承があれば療養費として一定部分が払い戻しされる。

4）窓口負担と一部負担金

　日本の医療費の自己負担は原則3割負担となっている。義務教育就学前のこどもは2割であり、70歳以上75歳未満は所得に応じて2割から3割（現役並み所得のある場合）、75歳以上の後期高齢者は1割（現役並み所得の場合は3割）となっている。

56　第Ⅱ部　保健医療サービスを支える制度

4.　医療保険サービスを活用する視点

1）高額療養費制度

　MSW として経済的な相談を受ける際、最も多く活用する制度である。緊急入院し、大きな手術をすることになった場合、外来で抗がん剤などの薬の治療を行う場合など、医療費が高額となった場合、原則 3 割負担の医療費が過重なものとならないように、ひと月の医療費の自己負担分の上限を設けた制度である。

　自己負担の上限額は年齢や所得によって異なっている。高額療養費制度は、窓口で一度、3 割請求された医療費を支払い、数ヵ月後に保険者に申請し、自己負担上限額を超えて支払った金額を払い戻される仕組みであるが、2009 年からは、「高額療養費限度額認定証」の制度が導入され、事前に手続きを行い、認定証を提示すると自己負担上限額までの支払いで済む仕組みとなった。2012 年 1 月からは外来診療でも認定証の使用が可能となり、外来で高額な治療を受ける患者の窓口負担が軽減されるようになった。（図 4-3・4）

　自己負担額の上限は、1ヵ月（暦月）毎、同一の医療機関（入院、外来は区別）毎、歯科と医科で区別され、それぞれ別に計算される。院外薬局で処方を受けた場合は、同一医療機関の療養費とし、合算される。

　上限額を超える月が 3 ヵ月以上あった場合（直近 12 ヵ月間）は、4 ヵ月目以降は上限額が引き下がる。（多数該当）

　また、世帯内で同一医療保険の加入者が 1 年間にかかった医療保険と介護保険の自己負担を合算し、基準額を超えた場合は、超えて支払った金額が「高額医療・高額介護合算療養費制度」として支給される。

2）保険外併用療養費

　保険外併用療養制度は 2006 年 10 月に設けられた制度で、特定療養費制度の趣旨を踏まえ、「評価療養」「選定療養」と整理、再編されたものである。また 2016 年には患者申出療養が新設された。

　原則として保険診療と保険で認められていない医療に関しては、同時に受け

図4-3 医療費の患者負担について

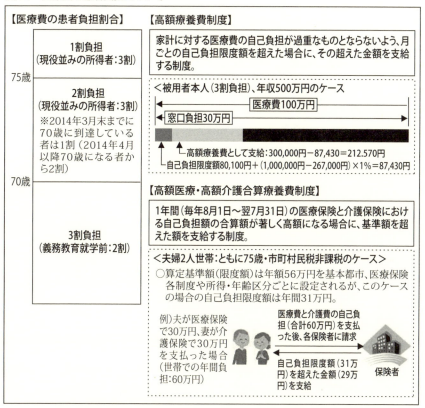

資料:『平成28年度版 厚生労働白書 ―人口高齢化を乗り越える社会モデルを考える―』厚生労働省、2018

図4-4 70歳未満の入院にかかる高額療養費の現物給付化(平成19年4月実施)

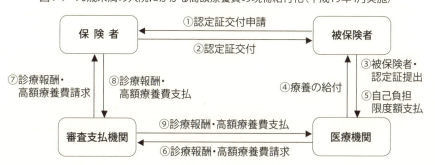

58　第Ⅱ部　保健医療サービスを支える制度

ることができない仕組みになっているが、厚生労働大臣の定める先進医療や特定のサービスについて患者の同意を得ることを条件に保険診療との併用を認めるものである。

(1) 評価療養の種類

厚生労働大臣が定める高度の医療技術を用いた療養、その他の療養であって、将来的に保険給付の対象として認めるかどうかについて適正な医療の効率化を図る観点から評価を行うことが必要な療養として厚生労働大臣が定めるもの。

- 厚生労働大臣が定める先進医療
- 医薬品、医療機器の治験に係る診療
- 医薬品医療機器等法に基づく承認後で保険収載前の医薬品、医療機器の使用
- 適応外の医薬品、医療機器の使用（公知申請されたもの）

(2) 選定医療の種類

患者の選択に委ねることが適当なサービスで、患者自らが選択し、費用を自己負担することを了承し利用する制度である。

- 差額ベッド代
- 予約、時間外診療
- 200床以上の病院の再診、未紹介患者の初診
- 制限回数を超える医療行為
- 180日以上の入院
- その他

(3) 患者申出療養とは

困難な病気と闘う患者の思いに応えるため、先進的医療について患者の申し出を起点とし、安全性・有効性等を確認しつつ、身近な医療機関で迅速に受けられるようにする制度である。保険収載に向けた実施計画の作成を臨床研究中核病院に求め、国において確認することとしている。

第4章　医療保険制度の基本的な考え方　59

【引用文献】

『社会保険のてびき　平成 29 年度版』社会保険研究所、2017 年

『平成 28 年度版　厚生労働白書　―人口高齢化を乗り越える社会モデルを考え
　る―』厚生労働省、2016 年

【参考文献】

川村匡由・室田人志編著『医療福祉論　―これからの医療ソーシャルワーク―』
　ミネルヴァ書房、2011 年

日本医療社会事業協会編『保健医療ソーシャルワーク原論』相川書房、2001 年

第5章 保健医療サービスを支える診療報酬制度と介護保険制度

本章では、医科診療報酬のしくみについて、その基本的な考え方をはじめとして、基本診療料ならびに特掲診療料に関する概要を説明する。診療報酬の詳細は医療事務職に向けたテキスト等をご参照いただくこととし、ここでは、医療ソーシャルワーカー（以下MSW）と、医療経営のそれぞれの観点から、『診療報酬をどう読むか』・『何をすべきか』ということについて記述する。

1. 診療報酬制度のしくみ

1）基本的な考え方

診療報酬とは、診療行為の対価として、病院や薬局が、患者・保険者から受け取る報酬であり、公定価格である。診療報酬のうち、医師の人件費等の「技術・サービスの評価」（診療報酬本体）については、2年に一度、個別の診療行為の公定価格が見直される（診療報酬改定）。薬の値段等の「物の価格評価」（薬価等）については、従来は2年に一度の見直しであったが、今後、市場実勢価格をより適時に反映する観点から、毎年価格を見直すことになった（薬価制度の抜本改革）。診療報酬の改定率は、内閣が予算編成過程を通じて決定し、個々の診療行為・薬の価格については、内閣が決定した改定率を前提として、厚生労働大臣が、中央社会保険医療協議会（中医協）での議論を踏まえて決定する。

医療機関で実施した診療行為の内容によって点数を定めてあり、診療を行っ

図5-1　保険診療の流れ

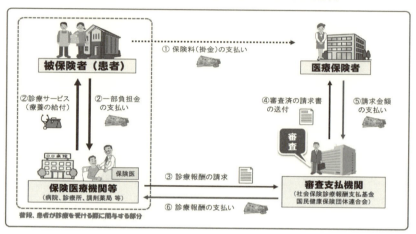

出展：我が国の医療保険について　厚生労働省
www.mhlw.go.jp/stf/seisakunitsuite/bunya/kenkou_iryou/iryouhoken/iryouhoken01/

た患者ごとに1ヵ月の単位で点数を集計し、保険者に請求する。1点を10円に換算した金額が報酬として支払われるが、この金額のうち一部負担金を患者から窓口徴収し、残りの額を患者が加入する健康保険の保険者に請求する。(図5-1)

　医療機関の支出には雇用した医師、看護師などへの賃金、物品購入の価格、減価償却費など、地域により、個々の医療機関規模により異なるが、収入のほとんどを占める診療報酬は全国一律の公定価格である点に留意しておく必要がある。収入源である診療報酬の改訂は医療機関の経営、存続に直結する。従って、改訂により、人員配置、業務のありようも後述するように変化をきたすのである。

＊「出来高払い」と「包括払い」

　「出来高払い」制度とは、個別の診療行為ごとに細かく点数を算定し、請求することをと言う。診察をした項目、処置をした項目、薬を処方した項目を1ヵ月単位で保険者に請求し、自己負担分を除いた額が支払われる方式である。

第5章　保健医療サービスを支える診療報酬制度と介護保険制度　63

この方式では「病院は、やればやっただけ儲かる。薬を出せば出しただけ儲かる」という現象を生み、必要以上に薬を出す病院、必要以上に薬を出してもらい家庭用備蓄薬にする人など、適切な医療の提供とは言えない過剰診療が見られた。

　そこで国は、社会保障のあり方を見直すべく、医療費の削減を目的として、「包括払い」制度を導入した。この制度は、診療内容によってはこれだけの請求しかできないという仕組みである。ある診療項目を算定すると、その中に含まれる診療行為については、単体で実施したとしても、その項目も含まれるとして別途算定はできないという支払い方式である。

2）診療報酬のしくみ

　点数表には、医科の医療機関のための医科診療報酬点数表、歯科の医療機関のための歯科診療報酬点数表、保険薬局のための調剤報酬表がある。診療報酬を算定するためには、「施設基準」「薬価基準」「材料価格基準」が定められているほか、入院時の食事療養費（生活療養）の費用についても、基準が定められている。

　入院料には、入院基本料、入院基本料等加算、特定入院料、短期滞在手術等基本料の4種類がある。入院基本料は、病棟の種別等により大まかに、一般病棟、療養病棟、結核病棟、精神病棟、特定機能病院、専門病院、障害者施設等、有床診療所、有床診療所療養病床に分類される。さらに、看護職員・看護補助者の配置状況によって細かく区分されており、自院が該当する施設基準を届け出て算定する。入院基本料等加算は、各入院基本料について入院基本料等加算を算定できるが、それぞれに定められた施設基準等の要件を満たすことの届出を必要とする。

　適切な医療サービスの提供と健全な医療経営を図るためには、診療報酬請求事務にあたる医療事務職のみならず、医療の現場に携わるすべての職種において、診療報酬点数表の概要を知ることが重要である。特に、MSWとしては所属するあるいは所属することが予定されている医療機関が入院基本料を算定する病棟の種別、どの項目の入院基本料等加算を算定しているのかを理解してお

64　第Ⅱ部　保健医療サービスを支える制度

表5-2　医科点数表の構成

第1章　基本診療料			第5部	投薬	
第1部	初診・再診料			通　則	
	通　則		第1節	調剤料	
	第1節	初診料	第2節	処方料	
	第2節	再診料	第3節	薬剤料	
第2部	入院料等		第4節	特定保険医療材料料	
	通　則		第5節	処方せん料	
	第1節	入院基本料	第6節	調剤技術基本料	
	第2節	入院基本料等加算	第6部	注射	
	第3節	特定入院料	第7部	リハビリテーション	
	第4節	短期滞在手術等基本料	第8部	精神科専門療法	
第2章　特掲診療料			第9部	処置	
				通　則	
第1部	医学管理料等			第1節	処置料
第2部	在宅医療			第2節	処置医療機器等加算
	通　則			第3節	薬剤料
	第1節	在宅患者診療・指導料		第4節	特定保険医療材料料
	第2節	在宅療養指導管理料	第10部	手術	
	第3節	薬剤料		通　則	
	第4節	特定保険医療材料料		第1節	手術料
第3部	検査			第2節	輸血料
	通　則			第3節	手術医療機器等加算
	第1節	検体検査料		第4節	薬剤料
	第2節	削除		第5節	特定保険医療材料料
	第3節	生体検査料	第11部	麻酔	
	第4節	診断穿刺・検体採取料	第12部	放射線治療	
	第5節	薬剤料	第13部	病理診断	
	第6節	特定保険医療材料料		通　則	
第4部	画像診断			第1節	病理標本作製料
	通　則			第2節	病理診断・判断料
	第1節	エックス線診断料	第3章　介護老人保健施設入所者に係る診療料		
	第2節	核医学診断料			
	第3節	コンピューター断層撮影診断料			
	第4節	薬剤料	第4章　経過措置		
	第5節	特定保険医療材料料			

第5章　保健医療サービスを支える診療報酬制度と介護保険制度　65

く必要がある。

【基本診療料と特掲診療料】

医科点数表は、第1章に基本診療料として、初診料、再診料、入院料等が収載されており、第2章には特掲診療料として、医学管理等のほか、全13部に内容が分けられて収載されている。第3章には介護老人保健施設入所者に係る診療料、第4章には経過措置という構成になっている。（表5-2）

基本診療料には、診療そのもののほかに、診察の際に通常行われる基本的な診療行為の費用が含まれている。入院料等には、これに加えて療養環境の提供、看護サービス、医学管理の費用が含まれる。特掲診療料は、基本診療料にあたらないとして定められた特別の診療行為に対して点数を個々に設定したものである。これには、原則として、その診療行為に必要不可欠な衛生材料等の費用が含まれている。

3）包括医療費支払い制度

診療報酬改定の歴史は、社会保障と連動し、その時々の社会情勢や国の政策を反映したものである。社会的入院が問題視されると同時期に包括医療制度、いわゆる「まるめ」が導入された。2003（平成15）年には特定機能病院等の一般病棟における急性期の入院医療について、DPC（Diagnosis Procedure Combination）が導入された。DPCでは、病気の種類や入院日数によって、あらかじめ診療報酬の額が決められている。医療の標準化を目的とした制度である。

これに先立ち、診療の標準化、根拠に基づく医療の実施（EBM）、インフォームドコンセントの充実、業務の改善、チーム医療の向上を図ることを目的とした「クリティカルパス」が1990年代に導入された。これは、良質な医療を効率的、かつ安全、適正に提供するための手段として作成される診療計画表である。

急性期病院から回復期病院を経て早期に自宅に帰ることができるような診療計画を作成し、治療を受ける全ての医療機関で共有して用いるものを「地域連携クリティカルパス」といい、診療にあたる複数の医療機関が、役割分担を含

66　第Ⅱ部　保健医療サービスを支える制度

め、あらかじめ診療内容を患者に提示・説明することにより、患者が安心して医療を受けることができるようにするものである。

　内容としては、施設ごとの診療内容と治療経過、最終ゴール等を診療計画として明示するものであり、これにより、医療連携体制に基づく地域完結型医療を具体的に実現することを目的としており、診療報酬が設定された。

★診療報酬の変化が現場実践に与える影響例：連携パス会議のありよう

　MSW の多くは、地域連携パスを患者にとって良質な医療を効率的、かつ安全、適正に提供するための手段として認識し、地域連携パス会議に積極的に参画していた。しかしながら、連携パス会議の実情は、患者ならびに家族の意向を反映することではなく、患者の病気治療に主眼を置き、かつ、急性期病院の在院日数をいかに短縮するかという点がクローズアップされ、有効な治療の実施に視点を定め検討されるのではなく「患者を効率的に流すために」という言葉さえ用いられる残念な状況も見られた。

　あるとき、私が勤務する病院の連携パス担当者が退職し、引き継ぎの不手際によって、連携パス会議の日程が伝わっていなかった。そうしたところ、会議を主宰する急性期病院の担当者から新任 MSW へ、「連携パス会議に出席しないと診療報酬を算定できませんが、点数は要らないんですか！」と叱責の連絡があった。点数欲しさの会議であろうか。本末転倒である。

　医療機関が経営の安定や展開を図るためには、診療報酬を多く得ることが必要になる。それぞれに、診療報酬を多く得るために、様々な知恵を巡らし、工夫をするが、点数を追いかけ過ぎると、患者や家族の『のぞむ暮らし』は置き去りにされてしまうことがあるということの実例である。

　地域連携パスにかかる「地域連携診療計画管理料・退院時指導料」が2016（平成 28）年の診療報酬改定で廃止されるやいなや、パス会議は減少したり、消えてなくなった地域もある。代わりに「退院支援加算・地域連携診療計画加算」が新設された。退院支援加算は、退院困難な患者の早期抽出、入院早期の患者・家族との面談、多職種によるカンファレンスの

実施、退院調整部門の設置（専従1名・看護師又は社会福祉士）という内容であり、さらに、病棟への退院支援職員の配置として、退院支援業務等に専従する職員を病棟に配置（2病棟に1名以上）。医療機関の顔の見える連携の構築として、連携する医療機関等（20か所以上）の職員と定期的な面会を実施（3回／年以上）。介護サービスとの連携として、介護支援専門員との連携実績といった内容が高い点数に設定されている。これを機に、医療機関ではMSWの求人が急激に増加し、社会福祉士国家試験受験前からMSWとしての採用内定者が続出する動きとなった。

★診療報酬の変化が現場実践に与える影響例：MSWのチームのありようの変化

退院支援加算を算定するために社会福祉士の雇用が急速に増加したことは述べたが、新卒の国家試験に合格したばかりの社会福祉士が採用され、就職と同時に退院支援業務に従事することになり、多くの医療機関では、MSWの業務である医療ソーシャルワークの実践がなおざりにされがちな状況を招いている。さらには、より点数の高い退院支援加算を算定するために社会福祉士を病棟専従として配置したことで、MSW間の情報共有やミーティングの機会を減らさざるを得ないのが現状である。新任MSWのフォローには不可欠な事例報告やスーパービジョンの体制を築くことが難しくなり、適切なアドバイスを受けられない孤独感や、業務の進め方に困惑する無力感を感じたまま、就職後間もなく退職に至る例は、残念ながら現在も続いている。

★診療報酬の変化が現場実践に与える影響例：連携のありよう、担い手のありよう

退院支援加算の算定要件である医療機関の顔の見える連携の構築を実行するために、急性期病院の事務長・看護部長・地域連携担当看護師らが、慌てて挨拶回りに奔走する事態を招いた。私が勤務する病院の周辺ばかりではなく、退院支援加算が創設された当時は全国的に見られた事象である。

68　第Ⅱ部　保健医療サービスを支える制度

点数を算定するためには、点数を追いかけて右往左往することになってしまうが、それはそれで当たり前のことであると考えている。急性期の医療機関は、診療報酬を分析・研究し、算定要件を満たすよう努力しないと存続が危うくなるような仕組みになっているからである。

　地域医療構想においては、2025年に向けて、少子・高齢化の進展により、急性期や高度急性期のニーズは減少し、回復期が増加することとされている。一方、診療報酬上は、急性期を念頭に高い報酬設定がなされている「7:1入院基本料」を算定する病床が、2006（平成18）年度導入以降急増し、最多となっている。一般病棟入院基本料は、看護職員の配置で基本的に点数が決まる。「7:1入院基本料」は、患者のうち75％については、どのような患者にどのような医療を提供しているかは問われない。

　超少子高齢社会を迎えるにあたり、急性期から回復期への転換が求められていることで、今後さらに「7:1入院基本料」について、重症度・看護必要度など算定要件の一層の厳格化を行うべきとしており、入院基本料ごとに具体的にどのような医療を提供しているか検証したうえで、看護職員配置ではなく、提供している医療の機能（高度急性期、急性期、回復期等）により評価される仕組みを目指していくべきとしている。

　国は決して病床を削減するとは言わないし、都道府県の地域医療構想に任せているとしか言わない。都道府県も必要病床数に沿った転換を求めて行くと柔らかに説明しているが、知事の権限で、場合によっては命令ができることになっている。

　病床の機能分化と言われて久しいが、機能分化を推進するために、診療報酬上では急性期の在院日数短縮が強化され続け、同時に社会的入院を減少させる動きが活発になり、多くの医療機関に連携室が設置された。連携室にはMSWの配置が進んだが、退院調整の名のもとに前方連携・後方連携や、紹介・逆紹介という言葉も生まれ、MSWの業務は本来の医療ソーシャルワークから、ややもするとベッド転がし屋や追い出し屋と評されることが少なくなかった。連携室に看護師のみが配置されているところと、看護師とMSWが配置されて

第5章　保健医療サービスを支える診療報酬制度と介護保険制度　69

いるところ、あるいは MSW のみが配置されているところと、人員や職種の
配置は医療機関によってまちまちであり、その配置具合によって連携室の機能
は様々である。

2.　地域で支援する制度について

1）介護保険サービスのしくみ

2000（平成 12）年に施行された介護保険制度は、高齢者や特定の疾患に罹
患した人々が介護を要する状況になった場合に、在宅や施設サービスを利用す
るための制度として利用されている。介護保険を利用するためには、要介護認
定あるいは要支援認定を受けることが必要であり、自宅でサービスを利用する
場合には、事前にサービス計画を作成する必要がある。多くの場合、居宅介護
支援事業者と契約をし、介護支援専門員（ケアマネジャー）にサービス計画書
の作成を依頼する。

介護保険施行当時は「自分らしく、あなたらしく」という言葉のもと、高齢
者が介護を要する状態になったとしても、個人の尊厳を大切にし、自分らしい
生活を営むことができるよう、働く世代がお金を出し合って高齢者の生活を支
え、高齢者も費用の一部を負担し、納得の行くサービスを自らが選択して利用
するという制度であった。

我が国は、諸外国に例をみないスピードで高齢化が進行しており、65 歳以
上の人口は、現在 3,000 万人を超えており（国民の約 4 人に 1 人）、2042 年の
約 3,900 万人でピークを迎え、その後も、75 歳以上の人口割合は増加し続け
ることが予想されている。

このような状況の中、団塊の世代（約 800 万人）が 75 歳以上となる 2025 年
以降は、国民の医療や介護の需要が、さらに増加することが見込まれている。
このため、厚生労働省においては、2025 年を目途に、高齢者の尊厳の保持と
自立生活の支援の目的のもとで、可能な限り住み慣れた地域で、自分らしい暮
らしを人生の最期まで続けることができるよう、地域の包括的な支援・サービ
ス提供体制（地域包括ケアシステム）の構築を推進している。

70　第Ⅱ部　保健医療サービスを支える制度

2018（平成 30）年度改定では、（Ⅰ）地域包括ケアシステムの推進として、中重度の要介護者も含め、どこに住んでいても適切な医療・介護サービスを切れ目なく受けることができる体制を整備すること。（Ⅱ）自立支援・重度化防止に資する質の高い介護サービスの実現として、介護保険の理念や目的を踏まえ、安心・安全で、自立支援・重度化防止に資する質の高い介護サービスを実現すること。（Ⅲ）多様な人材の確保と生産性の向上として、人材の有効活用・機能分化、ロボット技術を用いた負担軽減、各種基準の緩和等を通じた効率化を推進すること。（Ⅳ）介護サービスの適正化・重点化を通じた制度の安定性・持続可能性を確保するとされている。

（1）施設サービス

介護を必要とする人が利用できる施設として、介護老人福祉施設（特別養護老人ホーム）。介護やリハビリテーションを必要とする人が利用できる施設として、介護老人保健施設。介護と医療を必要とする人が入院できる施設として、介護療養型医療施設がある。介護療養病床は、2017（平成 29）年度末に廃止される予定であったが、その後の情勢から、さらに 6 年間の経過期間が設けられた。また、先に述べた地域医療構想との連動として、医療療養病床（25:1）も経過期間のうちに廃止されることになっており、介護療養病床と同じく、6 年間の経過期間が設けられた。医療・介護療養病床の慢性期の医療・介護ニーズに対応するためのサービス提供類型として、医療機関（医療療養病床 20:1）、医療機能を内包した施設系サービス、そして医療を外から提供する、居住スペースと医療機関の併設に大別される。

2018（平成 30）年の介護報酬改定において、主に介護療養病床からの転換先として介護医療院が創設された。介護医療院は、日常的な医学管理が必要な重介護者の受け入れや、看取り・ターミナル等の機能と、生活施設としての機能を兼ね備えた、新たな介護保険施設である。医療機能を内包した施設系サービスとして、（Ⅰ）介護療養病床相当と（Ⅱ）老健施設相当以上の 2 つの類型が設定されている。

廃止する／しない、廃止する／延期する、経過期間を設けて転換を促す、何とも不透明な動きではあるが、ここに医療介護総合確保の考え方を適用すると

分かりやすくなる。

　簡単に言えば、病気の治療は健康保険で行ない、病状が安定し、医療の必要度が低い人には、介護保険で生活の支援を行なう。そして医療と介護をシームレスかつスムーズに連携することが求められているものと捉えることができる。現在の動向として、その連携の役割は MSW ではなく介護支援専門員が携わるべきとされている。

　2016（平成 28）年の医科診療報酬改定では、これまで以上に在宅復帰が問われるようになり、同時にまた、診療によって患者の病状がどのように改善できたのかを問うアウトカム評価が導入された。あの手この手で在宅復帰を進めさせようとする一方で、看護・介護者が不在などの家庭事情によって、どうしても在宅療養が困難である人や、介護保険サービスの提供が難しい地域の人にとっては、退院しても生活の場を得られないという現状があり、そのような人たちの受け皿として、在宅は自宅に限らないとして施設入所も想定されたが、新たな施設整備は到底追いつかない。そこで、地域医療構想と結びついたのである。

　過剰であるとされた急性期病床は、地域包括ケア病床や回復期病床への転換を、25:1 入院基本料を算定する医療療養型については、介護療養型と同じく、介護医療院あるいは新たな体系の施設への転換を進めることで将来の医療需要に沿わせることができるし、転換先施設を在宅扱いとすることで、受け皿の心配が解消される。地域の実情を踏まえた得策であると思えるのだが、医療機関を経営する医師の多くには、医師は医療を業とするものであって、施設に転換することは、医療ではなくなることを意味するのではないかという考え方があり、なかなか浸透しづらいということもまた事実である。

（2）在宅サービス

　在宅サービスは、暮らすところで利用するサービスと出向いて利用するサービスに大別される。暮らすところで利用するサービスとしては、訪問介護（ホームヘルプ）を始めとする訪問系のサービスと福祉用具・日常生活用具・住宅改修に関するサービスがある。出向いて利用するサービスとしては、通所介護（デイサービス）・通所リハビリテーション（デイケア）のほか、小規模多機

72　第Ⅱ部　保健医療サービスを支える制度

能型居宅介護などがある。

　2018（平成30）年の介護報酬改定の概要は先述したが、特に、介護ロボットやICTの活用促進や、福祉用具貸与の価格の上限設定、訪問看護の報酬体系の見直しなどが予定されている。また、通所介護では、心身機能の維持に係るアウトカム評価の導入や、基本報酬のサービス提供時間区分の見直し等が予定され、通所リハビリテーションでは、リハビリテーションに関する医師の関与の強化やアウトカム評価の拡充、基本報酬の見直し等が予定されている。

2）ターミナルケア

　ターミナルは、終末期という意味に訳されているが、終末期という概念や言葉については、公的に明確な定義はない。一般的にターミナルケアは終末期医療や終末期ケアの意味と捉えられており、延命を行なわず、病状による苦痛などを和らげ、精神的に平穏な状態で残された生活が充実するようケアすることとされている。これに治療を加えたものが緩和ケアとされている。健康保険が適用される施設として、緩和ケア病棟（ホスピス）・医療療養病床があり、介護保険が適用される施設として介護老人福祉施設・介護老人保健施設・介護療養病床がある。

　緩和ケア病棟とは、1）主として悪性腫瘍の患者又は後天性免疫不全症候群に罹患している患者を入院させ、緩和ケアを一般病棟の病棟単位で行うものであること。2）当該病棟において、一日に看護を行う看護師の数は、常時、当該病棟の入院患者の数が7又はその端数を増すごとに1以上であること。ただし、当該病棟において、一日に看護を行う看護師が本文に規定する数に相当する数以上である場合には、当該病棟における夜勤を行う看護師の数は、本文の規定にかかわらず、2以上であることとする。3）当該療養を行うにつき十分な体制が整備されていること。4）当該体制において、緩和ケアに関する研修を受けた医師が配置されていること（当該病棟において緩和ケア病棟入院料を算定する悪性腫瘍の患者に対して緩和ケアを行う場合に限る）。5）当該療養を行うにつき十分な構造設備を有していること。6）当該病棟における患者の入退棟を判定する体制がとられていること。7）健康保険法第六十三条第二項第

第5章　保健医療サービスを支える診療報酬制度と介護保険制度　73

四号及び高齢者医療確保法第六十四条第二項第四号に規定する選定療養として
の特別の療養環境の提供に係る病室が適切な割合であること。8) がん診療連
携の拠点となる病院若しくは財団法人日本医療機能評価機構等が行う医療機能
評価を受けている病院又は これらに準ずる病院であること。9) 連携する保
険医療機関の医師・看護師等に対して研修を実施していることとされている。

　2006（平成18）年の介護報酬改定において、看取り加算が創設されたこと
で、終末期ケアは、医療現場でのターミナルケアと介護現場での看取りに分け
られた。現在は、ターミナルケアという言葉に代えて、人生の最終段階におけ
る医療及びケアと言う言葉に置きかえられている。現在、人生の最終段階にお
ける医療及びケアの在り方と、方針の決定手続きについての見直しが進められ
ている。マスコミ等では、自分がどのように、どのような場所で最期を迎えた
いかということについて意志を決定し、日頃から家族等と十分に話し合いをし
て、その意志を伝えておくことが重要であると取り上げている。

　2018（平成30）年1月、厚労省は人生の最終段階における医療の決定プロ
セスに関するガイドラインの改訂案を示した。ここでは、患者が自らの意志を
伝えられない状態になる可能性があることから、患者が信頼できる家族等も含
めて話し合いが繰り返し行われることが重要である、この話し合いに先立ち、
患者は特定の家族等を自らの意志を推定する者として前もって定めておくこと
が望ましい、としている。

3.　医療機関の経営と診療報酬制度

1) 医療機関の経営

　本書を手にした皆さんに、ここで一般社会人としての日常生活を振り返って
いただきたい。私たちは、就労によって収入を得て、その収入から商品を購入
し、あるいは必要な経費を支出して生活を営んでいる。昨今はインターネット
を介した商品の売買も定着しているが、商品を販売した側には、その商品を購
入した側からお金が支払われる。ところが、診療報酬とは、値段のついた商品
を売買することではなく、診療という、形の有るものや形の無い行為に対する

報酬であり、その場で得られる報酬ではなく、診療行為を点数化して請求し、請求が認められれば報酬として支払われるという、私たちの日常とは異なるお金の動きであり、この報酬によって経営を左右される医療機関は、一般企業とは異なる経営構造にあると考えることができる。

2）病院経営と診療報酬

　2016（平成28）年の医科診療報酬改定から、診療報酬のあり方が変化してきている。施設基準や診療そのものに対する点数配分は変わりがないが、医療従事者の働きや、働きやすい環境にあることに対する点数配分が登場し、する体制やしたことに対する点数から、できたことに対する点数、すなわち、どのくらいできたかというアウトカム評価へとシフトしてきた。これは、2025年の地域包括ケアシステム構築に向け初期段階の改訂であると位置づけられている。2018（平成30）年の医療介護同時改定においては、地域包括ケアシステムの推進に向けて、なお一層加速させる改定にすると明言されている。

　医療経営には、点数を追いかけ、数字を読むことが重要であるという側面は続いてはいるが、数字に強いことや専門性だけを追求しているだけでは経営は成り立たない。医療と介護という枠ではなく、大きく社会保障の中の医療と福祉という位置づけを認識していなければ経営方針を誤る恐れがある。人の動きを読み、人の心の動きに寄り添った医療を実践することが、経営の要になりつつあると考えられる。

　これからの経営は、点数に反映させるために診療内容や医療提供体制を組み替えるのではなく、なぜ、このような点数設定になるのかを考察することで、国の考える今後の社会保障の在り方や、どのように舵を取ろうとしているのかを推理するという、これまでとは逆の発想が求められているのだと考える。点数設定から国ののぞむ医療を推察し、検証し、実践することで経営を安定させ、それを患者・家族の福利へと、どのようにつなげていくのかがMSWの働きではないだろうか。社会保障全体を学び、医療現場でそれを実践するMSWは、経営において重要な役割を担うのである。

第5章　保健医療サービスを支える診療報酬制度と介護保険制度　75

【参考文献】

厚生労働省「地域包括ケアシステム」(www.mhlw.go.jp/stf/seisakunitsuite/
bunya/hukushi_kaigo/kaigo_koureisha/chiiki-houkatsu/)

特定非営利活動法人　日本ホスピス緩和ケア協会「緩和ケア病棟入院料の施設基
準」(https://www.hpcj.org/what/baseline.html#pcu)

『改定 医療事務の手引き 平成26年4月版』社会保険研究所

NPO法人日本医療ソーシャルワーク研究会『2017年版 医療福祉総合ガイドブ
ック』医学書院

九州社会福祉研究会編『21世紀の現代社会福祉用語辞典』学文社

第6章　保健医療サービスのあり方を示す医療法

1. 医療提供の根幹となる医療法とは

　医療提供体制の基本となる法律が、医療法である。本来ならば、まず、この医療法が医療現場において基本とされ、そこから医療制度が枝葉となって構成されていくのが当然のことであろう。しかし、現実にはそうなっていない状況が続いていた。一つには法律が作られた経緯から、その内容や構造が医療機関に対する「規制する」という性格を強く持っていることが挙げられる。したがって、提供するには受ける相手、つまり国民がいるのだが、これまで利用者の利益を護るというという観点から十分なものになっていなかったと言うことができよう。

　他方で、医療現場も同様の状態が続いていた。方向性が変わりだしたのは、現場で医療サービスの内容や提供方法の質が問われるようになっていくなかで、医療が社会的サービスだという理解がなされるようになったからである。それまでは、現場の関心が前章で示してきた診療報酬制度にあり、それによって現場は動いていたと言っても過言ではない状況が続いていた。地域社会に貢献するという使命を医療法が後押ししてくれることで、医療機関は本来の役割を果たすことができるのである。まずは、医療法の概要を示し、その歴史を概観することから考えてみよう。なお、それぞれの主な改正内容は、表6-1を参照のこと。

　この30年の間に大きな改正が行われ、総則（第一条）において以下のような事項を定めて、医療を受ける者の利益の保護及び良質かつ適切な医療を効率

78　第Ⅱ部　保健医療サービスを支える制度

表6-1　医療法改正の主な経緯

改正年等	趣旨	主な内容
1948年 医療法制定	終戦後、医療機関の量的整備が急務とされる中で、医療水準の確保を図るため、病院の施設基準などを整備	○病院の施設基準を創設
1985年 第1次医療法改正	医療施設の量的整備が全国的にほぼ達成されたことに伴い、医療資源の地域的偏在の是正と医療施設の連携の推進を目指した	○医療計画制度の導入 （必要病床数）
1995年 第2次医療法改正	人工の高齢化等に対応し、患者の症状に応じた医療を効率的に提供するための医療施設機能の体系化、患者サービスの向上を図るための患者に対する必要な情報の提供等を行った	○療養型病床群の制度化 ○統計機能病院の制度化
1997年 第3次医療法改正	要介護者の増大などに対し、介護体制の整備、日常生活圏における医療需要に対する医療提供、患者の立場に立った情報提供体制、医療機関の役割分担の明確化及び連携の促進などを行った	○有床診療所への療養型病床群の設置 ○地域医療支援病院制度の創設 ○医療計画制度の充実（地域医療の体系化） ○インフォームド・コンセントの努力義務 ○総合病院制度の廃止
2000年 第4次医療法改正	高齢化の進展などに伴う疾病構造の変化を踏まえ、良質な医療を効率的に提供する体制を確立するため、入院医療の提供体制の整備等を主なった	○療養病床、一般病床の見直し ○医療計画制度の見直し 　（基準病床数）
2006年 第5次医療法改正	質の高い医療サービスが適切に受けられる体制を構築するため、医療に関する情報提供の推進、医療計画制度の見直し等を通じた医療機能の分化・連携の推進、地域や診療科による医師不足問題への対応等を行った	○都道府県の医療対策協議会の制度化 ○医療計画制度の見直し（4疾病5事業の具体的な医療連携体制）
2014年 第6次医療法改正	医療を取り巻く環境変化への対応として「社会保障・税一体改革」に基づく患者個々の状態にふさわしい、良質かつ適切な医療を効率的・効果的に提供する体制の構築を目指した	○病床機能報告制度の創設 　（2014年10月施行） ○臨床研究中核病院の法的位置付け、地域医療構想の策定 　（2015年4月施行） ○医療事故調査制度の創設 　（2015年10月施行）
2015年 第7次医療法改正	医療機関相互間の機能の分担及び業務の連携を推進し、地域医療構想を達成するための一つの選択肢とすることで地方創生につなげる	○地域医療連携推進法人の創設 ○医療法人制度の見直し

資料：社会保険研究所編集『医療法の解説―第6次医療法改正／医療法人制度改革』2015をもとに一部筆者が追加

的に提供する体制の確保を図り、もって国民の健康の保持に寄与することを目的としている。

①医療を受ける者による医療に関する適切な選択を支援するために必要な事項
②医療の安全を確保するために必要な事項
③病院、診療所及び助産所の開設及び管理に関し必要な事項並びにこれらの施設の整備並びに医療提供施設相互間の機能の分担及び業務の連携を推進するために必要な事項

　上記の個々の内容については、本章において具体的に示していくが、総則において医療提供の理念や病院と診療所などの定義について定めている。以下、第2章で医療に関する選択の支援等、第3章で医療の安全の確保、第4章では病院、診療所の開設や管理等について、第5章医療提供体制の確保、第6章医療法人の通則、設立、管理等が示されている。また、医療介護総合確保推進法（2014年）の成立によって、第6次改正においては地域における医療及び介護の総合的な確保の推進を掲げている。

2. 医療法の歴史的経緯

　医療法は、1948年にそれまでの国民医療法（1942年）を病院に焦点を当て画期的な改正を行い制定された。それは「医療従事者の資質の向上を計るだけでなく、医療関係者の働く場所である医療施設について、その管理、人的構成及び構造整備の面から規制を加え、科学的かつ適正な医療を行うのにふさわしい場所とする」ということを主要な点としていた。改正されたこととしては、病院と診療所の区分、総合病院の定義、助産所制度の新設、医療監視制度の新設、公的医療機関制度などがあげられる。先に指摘した規制するという性格が、当初から示されていることがわかろう。

　その後大きな改正がないままできたが、1985年に医療計画を新たに導入するという改正があり、その後継続して改正が行われている。近年の改正での特徴的なことは、地域で適切な医療を効率的、かつ効果的に提供するためには、医師法等のマンパワーにかかる法律、さらに健康保険法だけでなく介護保険法

80　第Ⅱ部　保健医療サービスを支える制度

といった関連する法律や政策を同時に改正したり、制定することで、よりその
目的を達成できるようにしていることである。

1）第1次改正（1985年）

　先にも触れたように、医療機関の地域偏在の解消という観点から都道府県医
療計画が導入され、「必要病床数」が定められた。この時期とは、医療機関の
量的整備が進み、高齢化の進展、疾病構造が変化していった時期である。それ
らに併せて、老人保健法の制定、健康保険法の改正（患者一部負担金増）、診
療報酬の改定の変化（マイナス改訂）などによって、医療機関の経営が問われ
始めた時期でもあった。そこに、医療計画によって必要病床数を超えている地
域においては増床が原則として不可能になった。

2）第2次改正（1992年）

　医療提供に関する基本理念が初めて法文化され、抜本的な改正が行われた。
また、施設機能の体系化として、特定機能病院（高度医療を行う病院を特定す
る）、療養型病床群（一般病院に老人等長期入院患者のための病床制度）が創
設された。その他に、広告制限の見直し、診療科名の表示などが行われた。

　この改正は、それまでの医療の動向に応じた画期的なものであった。初めて
医療提供の理念として、「生命の尊厳と個人の尊厳の保持」、「医療の担い手と
受ける者との信頼関係」、「予防とリハビリテーション」、「居宅を含めた医療を
受ける場に応じた医療の提供」が明示された。また、関連して国・地方公共団
体の責務、医療機関の責務が示されたのである。

　これまで同法において、こうした問題が明示されていなかったことの方が不
思議ではあるが、ようやく法律として明確にされたわけである。このことによ
って、医療法が、単に人的構成及び構造整備の面から規制を加えるだけでなく、
医療のあり方を示す法としての役割を果たすことになった。

3）第3次改正（1997年）

　この改正においては、「医療提供にあたっての患者への説明と理解（インフ

ォームド・コンセントの努力義務の規定）」、「療養型病床群の診療所設置」、「地域医療支援病院制度の創設」などが行われた。

地域医療支援病院については、特に注目する必要がある。地域においてプライマリー・ケアはかかりつけ医・中小病院、それらを支援する地域医療支援病院が整備されていくことで、一つの病院で自己完結的な医療を提供するのではなく、地域で完結する医療を提供することが可能となる。そのことは同時に、個々の医療機関が自分の役割を明確にしていくことを求められることになる。また、従来の総合病院は、その役割が薄れたことから制度としての名称が廃止された。

4）第４次改正（2000年）

医療を取り巻く環境の変化に対し、大きな改正が行われる。ポイントの一つが、入院医療を提供する体制の整備が行われたことである。これまでの改正でも機能分化が進められてきたが、まだ不十分なものであったからだ。医療法では４つの病床区分「その他の病床」「精神病床」「感染症病床」「結核病床」となっていたが、その他の病床には、発症後間もない、または短期的に集中的に治療を要する患者と長期入院患者のための療養型病床群が含まれており、機能の区分が不明確であった。そのため、その他の病床を、主として急性期の患者への医療提供を中心とする「一般病床」と、主として慢性期の患者への医療提供を中心とする「療養病床」に区分し、対象とする患者の病態にふさわしい人員配置基準や構造設備基準が定められた。この結果、５つの病床区分となった。

併せて、地域医療の確保という観点から「医療計画の見直し」が行われた。駆け込み増床等の弊害を防ぐという点も含めて、より客観的な目安を表わす言葉として必要病床数から「基準病床数」へ名称が変更された。基準病床数は、基本的に二次医療圏（特殊な医療を除く、入院治療を主体とした一般の医療需要に対応するために設定された区域）として都道府県を大体５〜13の区域に分け計画が立てられる。地域医療の推進という観点から、この後に紹介する第５次改正でより具体的に位置づけられることになる。

それ以外に、「医療従事者の資質の向上」が取り上げられ、これまで努力義

務だった医師2年以上、歯科医師1年以上の臨床研修が、義務付けられること
になった。

5）第5次改正（2006年）

医療制度改革（2006年）のなかで、「良質な医療を提供する体制の確立を図
るための医療法等の一部を改正する法律」が第5次改正である。その基本的な
考えは、「患者の視点に立った、患者のための医療提供体制の改革」をするこ
とにある。

今回の改正では、医療法の目的に医療提供体制の確保だけでなく、「患者の
利益の保護」が示された。患者の利益を実現していくために、併せて「適切な
医療を効率的に提供する体制を図る」ことが必須となり、これまでになかった
事項やこれまでのものを充実させる方策が示された。

総合的な医療安全対策を進めるために「医療安全支援センター」を医療法に
位置づけた。これによって、都道府県、保健所を設置する市及び特別区は、同
センターを設置するよう努めるとともに、その機能を明確化することとされた。

医療機能の分化・連携を推進し、地域での医療連携体制により地域で完結す
る医療の実現をするために、治療計画から終結までの全体的な治療計画である
クリティカルパスを複数の医療機関で共有する「地域連携クリティカルパス」
の活用により、急性期から回復期、さらに在宅療養まで継続した医療サービス
の提供を行う改革が示された。具体的には、がん、脳卒中、急性心筋梗塞、糖
尿病の4疾病（現在は精神疾患を加えて5疾患）、さらに救急医療、災害時に
おける医療、へき地の医療、周産期医療、小児医療の5事業ごとに地域連携ク
リティカルパスによって発症から在宅医療までの地域での医療連携体制を構築
することになる。

6）第6次改正（2014年）

これまでの改正の方向性をより明確にするために、幾つかの大きな観点が提
示された。特に、医療介護総合確保推進法（2014年）を受けて医療と介護の
連携強化がなされ、地域包括ケアシステムを構築すること。医療計画において

地域医療構想との策定と実現が示されたこと。また、そのためには病床の機能
分化・連携が不可欠であり、病床機能報告制度が定められた。

　医療機関の勤務環境の改善のための「医療勤務環境改善支援センター」の設
置、医療従事者の確保、なかでも医師の地域偏在に取り組むための「地域医療
支援センター」、看護職確保対策が講じられた。医療事故調査制度として「医
療事故調査・支援センター」が対応する仕組みが位置づけられた。

　他に、先進医療を支え、難病を治療する医薬品や医療機器の開発、国際水準
の臨床研究や医師主導治験の中心的役割を担える体制を有する「臨床研究中核
病院」が新たに制度化された。

7) 第7次改正（2015年）

　医療機関相互間の機能の分担及び業務の連携を推進することを目的として、
地域医療連携推進法人の認定制度創設をした。先の地域医療構想を実現するた
めの一つの選択肢になる。

　次に医療法人の見直しが示され、経営の透明性の確保、ガバナンスの強化、
医療法人の分割、社会医療法人認定等に関する事項について示された。

3.　医療施設の機能区分について

1）病床の区分について

　医療法が制定されたときは、「その他の病床」「精神病床」「伝染病床」「結
核病床」の4区分であった。1983年の老人保健法の施行によりその他の病床
に、特例許可老人病棟が導入された。続いて、第2次改正（1992年）におい
て療養型病床群が創設され、長期にわたり療養が必要な患者への対応を行った
が、実際には区分が曖昧だった。そのため、第4次改正（2000年）において、
その他の病床を一般病床と療養病床とに区分し、「一般病床」「療養病床」「精
神病床」「感染症病床」「結核病床」の5区分となる。第6次改正（2014年）
において、医療機能の分化・連携の推進のため病床機能報告制度が創設された。
一般病床と療養病床は、各医療機関が高度急性期、急性期、回復期、慢性期機

84　第Ⅱ部　保健医療サービスを支える制度

能から一つを選択して病棟単位で都道府県に届け出ることになっている。

　上記の病床については、医療法施行規則によって人員配置標準や施設設備基準が定められている。

図6-2　病床区分に係る改正の経緯

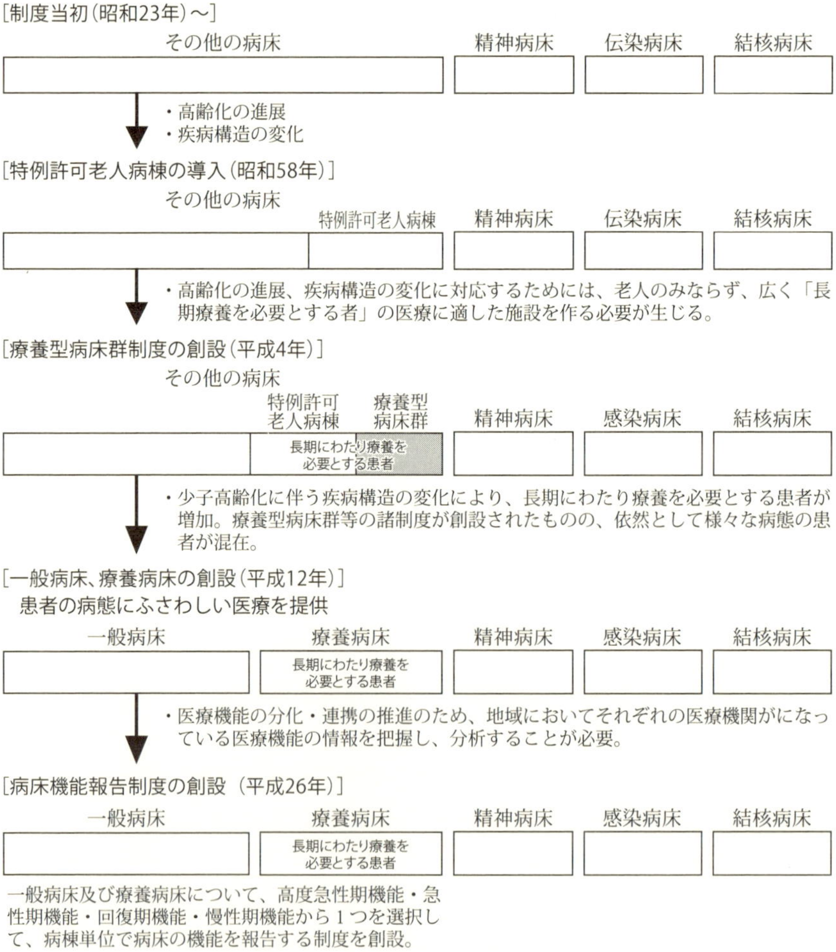

[制度当初（昭和23年）〜]

その他の病床		精神病床	伝染病床	結核病床

・高齢化の進展
・疾病構造の変化

[特例許可老人病棟の導入（昭和58年）]

その他の病床				
	特例許可老人病棟	精神病床	伝染病床	結核病床

・高齢化の進展、疾病構造の変化に対応するためには、老人のみならず、広く「長期療養を必要とする者」の医療に適した施設を作る必要が生じる。

[療養型病床群制度の創設（平成4年）]

その他の病床					
	特例許可老人病棟	療養型病床群	精神病床	感染病床	結核病床
		長期にわたり療養を必要とする患者			

・少子高齢化に伴う疾病構造の変化により、長期にわたり療養を必要とする患者が増加。療養型病床群等の諸制度が創設されたものの、依然として様々な病態の患者が混在。

[一般病床、療養病床の創設（平成12年）]

患者の病態にふさわしい医療を提供

一般病床	療養病床	精神病床	感染病床	結核病床
	長期にわたり療養を必要とする患者			

・医療機能の分化・連携の推進のため、地域においてそれぞれの医療機関になっている医療機能の情報を把握し、分析することが必要。

[病床機能報告制度の創設（平成26年）]

一般病床	療養病床	精神病床	感染病床	結核病床
	長期にわたり療養を必要とする患者			

一般病床及び療養病床について、高度急性期機能・急性期機能・回復期機能・慢性期機能から1つを選択して、病棟単位で病床の機能を報告する制度を創設。

資料：平成29年度版厚生労働白書 資料編、p41

第6章　保健医療サービスのあり方を示す医療法　85

表6-3　医療法施行規則による主な病床別の構造設備の基準及び人員の標準

	一般病床	療養病床	精神病床		感染症病床	結核病床
定義	精神病床、感染症病床、結核病床、療養病床以外の病床	主として長期にわたり療養を必要とする患者を入院させるための病床	精神疾患を有する者を入院させるための病床		感染症法に規定する一類感染症、二類感染症及び新感染症の患者入院させるための病床	結核の患者を入院させるための病床
			1) 大学病院など※1	1) 以外の病院		
人員配置基準	医師　　　　16:1 薬剤師　　　70:1 看護職員　　3:1	医師　　　　48:1 薬剤師　　　150:1 看護職員　　4:1 看護補助者　4:1 理学療法士及び作業療法士：病院の実情に応じた適当数	医師　　　　16:1 薬剤師　　　70:1 看護職員　　3:1	医師　　　　48:1 薬剤師　　　150:1 看護職員※2 　　　　　4:1	医師　　　　16:1 薬剤師　　　70:1 看護職員　　3:1	医師　　　　16:1 薬剤師　　　70:1 看護職員　　4:1
	【各病床共通】 ・歯科医師　歯科、矯正歯科、小児歯科及び歯科口腔外科の入院患者に対し、16:1 ・栄養士　　病床数100以上の病院に1人 ・診療放射線技師、事務員その他の従業者　病院の実情に応じた適当数 【外来患者関係】 ・医師　　　40:1 ・歯科医師　病院の実情に応じた適当数 ・薬剤師　　外来患者に係る取扱処方せんに対し、75:1 ・看護職員　30:1					
必置施設	各科専門の診療室／手術室／処置室／臨床検査施設／エックス線装置／調剤所／給食施設／診療に関する諸記録／分べん室及び新生児の入浴施設※3／消毒施設／洗濯施設／消火用の機械又は器具	各一般病床において必要な施設のほか、機能訓練施設（40㎡以上を有し、必要な機器・器具を備える。）／談話室（入院患者同士や入院患者とその家族が談話を楽しめる広さ）／食堂（入院患者1人1㎡以上）／浴室（身体が不自由な者が入浴するのに適したもの）	一般病床の必置施設に加え、精神疾患の特性を踏まえた適切な医療の提供及び患者の保護のために必要な施設		一般病床の必置施設に加え、機械換気設備／感染予防のためのしゃ断その他必要な施設 一般病床に必置とされる消毒施設のほかに必要な消毒設備	一般病床の必置施設に加え、機械換気設備／感染予防のためのしゃ断その他必要な施設 一般病床に必置とされる消毒施設のほかに必要な消毒設備
病床面積	6.4㎡／床以上〈既設〉※4 6.3㎡／床以上（1人部屋） 4.3㎡／床以上（その他）	6.4㎡／床以上※5	一般病床と同じ		一般病床と同じ	一般病床と同じ
廊下幅	片側居室：1.8m以上／両側居室：2.1m以上〈既設〉※4 片側居室：1.2m以上／両側居室：1.6m以上	片側居室：1.8m以上／両側居室：2.7m以上〈既設〉※4 片側居室：1.2m以上／両側居室：1.6m以上	一般病床と同じ	一般病床と同じ	一般病床と同じ	一般病床と同じ

※1　大学病院（特定機能病院及び精神病床のみを有する病院を除く。）のほか、内科、外科、産婦人科、眼科及び耳鼻咽喉科を有する100床以上の病院（特定機能病院を除く。）をいう。
※2　当分の間、看護職員5:1、看護補助者を合わせて4:1。
※3　産婦人科又は産科を有する病院に限る。
※4　既設とは、平成13年3月1日時点で既に開設の許可を受けている場合のことをいう。
※5　平成5年4月1日時点で既に開設の許可を受けていた病院内の病床を、平成12年4月1日までに転換して設けられた療養型病床群であった場合は、60㎡／床以上。

資料：社会保険研究所編集『医療法の解説・第6次医療法改正／医療法人制度改革』2015、pp49-50

2）診療所と病院

　最初に病院と診療所の区分についてふれる。病院は病床数を 20 以上有するものであり、診療所は病床を有さないもの（無床診療所）と 19 床以下を有する（有床診療所）ものである。

　病院の類型としては、一般病院と病院の中で一定の機能を有する病院として 3 種の病院がある。第 2 次医療法改正で創設された高度専門医療を提供する特定機能病院、第 3 次医療法改正で創設された地域医療の中核を担う地域医療支援病院、第 6 次医療法改正で創設された国際水準の臨床研究を行いわが国の臨床研究をリードする臨床研究中核病院である。また、それ以外に精神病院、結核病院がある。

4.　医療に関する選択の支援などについて

1）患者の選択に応える医療情報の提供の推進

　患者が適切に医療機関を選択できるようにするために、「医療機能情報提供制度」がある。医療機関の任意による情報提供だけではなく、地域のすべての医療機関に関する情報がわかりやすい形で提供されることが必要となる。そのため、医療機関の機能に関する一定の情報について、まず都道府県に報告することを義務付け、都道府県はインターネットなどで利用しやすい形で公表する仕組みとして創設されたものである。加えて、適切な選択のためには一方的な情報提供だけではなく、患者が理解するために相談・助言機能の充実が努力義務として必要とされている。そのため後述する「医療安全センター」を医療法に位置づけたこと、さらに医療機関においても患者や家族からの相談に応ずることが努力義務化された。

　医療機能情報の具体例としては、次のようなものがある。
①管理・運営・サービス等に関する事項（アクセス方法、外国語対応、費用負担等）
②提供サービスや医療連携体制に関する事項（専門医〔広告可能なものに限る〕、

第6章　保健医療サービスのあり方を示す医療法　　87

保有する設備、対応可能な疾患・治療内容、対応可能な在宅医療、セカンドオピニオン対応、地域医療連携体制等）
③医療の実績、結果に関する事項（医療安全対策、院内感染対策、クリティカルパスの実施、診療情報管理体制、情報開示体制、治療結果に関する分析の有無、患者数、平均在院日数等）　（平成29年度版　厚生労働白書　資料編　p.49）
　実際の治療においては、「入退院時の文書の提供」が定められた。医療機関の管理者は、患者の入院時に、入院中の治療計画等を書面で作成し交付すること、また、適切な説明をしなければならない。退院時には、退院後の療養に必要な保健医療サービス又は福祉サービスに関する事項を記載した書面の作成、交付及び適切な説明をするように努力義務化された。これらはクリティカルパスと呼ばれ、入院から退院までの治療計画を立てたものである。

2）医療に関する広告について

　患者が適切な選択を可能とするために、第5次医療法改正おいて広告可能な事項を個別に列挙する方式から、包括的に表示できるように改正された。具体的には、病床数、病室数等を細かく列挙していたが、医療機関の施設、設備、人員に関する事項として客観的事実を示すことができればよいことになった。機関の広告可能な範囲が拡大され、特に治療方法などの医療の内容、医療の提供の結果などに関する事項について広告が可能となったことは、より選択しやすい環境を生み出すことになるであろう。

5.　医療の安全の確保

1）医療安全支援センターの設置

　安全な医療への関心が高まっているなかで、利用者が安心して医療を受けられるためには、総合的な医療安全対策が欠かせない。そうした観点から、国、都道府県などの責務として、医療の安全に関する情報の提供、研修の実施、意識の啓発などの医療の安全に確保に関する措置を講ずるよう努めることが規定された。

88　第Ⅱ部　保健医療サービスを支える制度

　上記の安全対策を具現化するために、都道府県、保健所を設置する市及び特別区は、「医療安全支援センター」の設置をするよう努めることとともに、その機能を明確化することとされた。具体的な機能としては、①利用者からの医療に関する苦情への対応や相談、利用者や医療機関・助産所の管理者への助言の実施　②医療機関・助産所の開設者等、利用者、住民に対する医療の安全に関する情報の提供　③医療機関・助産所の管理者、従業員に対して医療安全に関する研修の実施などがあげられている。また、同センターに対して、国が医療安全に関する情報の提供を行うほか、運営に関し必要な助言その他の援助を行うものとされている。

　現場の医療機関、助産所、都道府県等と医療安全支援センター、国とが相互に連携しあって医療の安全が確保されるように制度化されたことになる。こうしたシステムが順調に機能していけば、社会医療の実現への確かな一歩となるだろうが、これからの展開を見守りたい。

2）医療機関等における安全管理体制の確保

　病院、診療所又は助産所の管理者の責務として、医療の安全を確保するための指針の策定、医療の安全管理のための委員会開催（病院、有床診療所に限る）、従事者に対する研修の実施等の措置を講ずることが規定された。また、安全管理対策を確保するために、院内感染対策のため、医薬品の安全管理、医療機器の安全管理のための体制の確保に関する措置を講じなければならないことになっている。

3）医療事故調査制度

　医師には、医師法第21条において異常死体等の届出義務を検案した医師に課しており、犯罪捜査に協力する趣旨で設けられている。他方で、病院等の管理者は、医療事故が発生した場合には速やかに原因を明らかにするための必要な医療事故調査をしなければならない。そうした中で、2011年に医療の質の向上に資する無過失保障制度のあり方に関する検討会で議論され、同検討部会において「医療事故に係る調査の仕組み等に関する基本的なあり方」として取

りまとめられている。また同報告書での第三者機関として医療法に「医療事故調査・支援センター」が位置づけられた。これにより、医療事故が発生した場合には、まず遺族に説明すること、併せて医療事故調査・支援センターに報告する。同センターは、必要な調査を行い、その結果を病院等の管理者及び遺族に報告することとされている。

6. 医療提供体制の確保

1）医療計画制度

医療法の歴史的経緯でも見てきたように、良質で適切な医療を効率的に提供する体制を確保するために都道府県単位での医療計画を策定してきた。医療計画は、医療圏を単位として策定される。一次医療圏とは市町村が該当し、二次医療圏とは都道府県を社会的条件に考慮して幾つかに区分したもので、一般病院に入院するのに必要な医療の確保をできる範囲である。三次医療圏とは、特殊・専門医療を対象とし、基本的に都道府県を単位としている。

医療計画では、二次医療圏を単位として入院に関わる医療を提供する体制の確保が行われており、一般の病床については、二次医療圏を単位として病床規制が行われている。

2）医療計画と医療機能の分化・連携の推進

第5次医療法改正によって基本が示されたように、地域での医療連携体制により地域で完結する医療の実現を目指し、先に紹介した5疾病・5事業について疾病や事業ごとにPDCAサイクルで効果的に進めることになっている。（図6-4）

医療計画においては、都道府県が2025年の医療需要と病床の必要量を推計として定める「地域医療構想」の策定がされている。そのために第6次医療法改正により「病床機能報告制度」が導入され、各医療機関は、一般病床と療養病床を4つの機能（高度急性機能／急性機能／回復期機能／慢性期機能）から選択し、都道府県に届け出ている。

図6-4 医療計画の概要

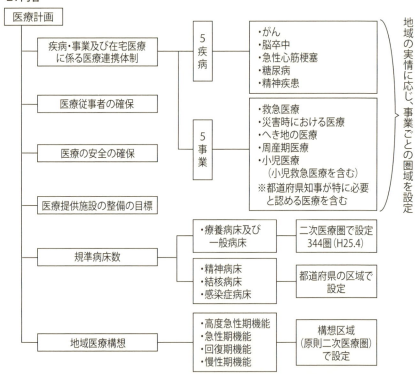

3. 規準病床数及び既存病床数の状況　　　（平成28年4月現在）

区　　分	規準病床数	既存病床数
療養病床及び一般病床	1,047,679床	1,226,345床
精神病床	307,589床	333,800床
結核病床	4,195床	5,227床
感染症病床	1,908床	1,857床

資料：厚生労働省編『平成29年度版厚生労働白書 資料編』

第6章　保健医療サービスのあり方を示す医療法　　91

3）人材の確保とチーム医療の推進

　医師の地域偏在という問題に取り組むために、第6次医療法改正において「地域医療支援センター」設置を努力義務として医療法に位置づけた。これによって、都道府県が医師の地域偏在に責任を持って取り組むことを明確にした。

　看護師等の確保のためには、都道府県ナースセンターが中心となり、復職支援等の強化が図られている。そのために、看護師等免許保持者について一定の情報の届出制度の創設をして総合的な支援ができる体制がとられている。

　チーム医療の推進においては、やはり第6次医療法改正によって特定行為研修を受けた看護師が手順書に従って、特定行為を実施できるようにした。そのため保健師助産師看護師法を改正して、特定行為（一定の診療の補助の範囲を特定）及び特定行為研修として定めている。

　他にも、診療放射線技師、臨床検査技師の業務範囲の見直し、歯科衛生士の業務実施体制の見直し等がなされている。

7.　医療法人制度について

　医療法人とは、病院、診療所又は介護老人保健施設を開設しようとする社団又は財団の法人のことである。医療法では、営利を目的として病院、診療所又は助産所を開設しようとする者に対しては、許可を与えないことができる。そのため医療法人が営利を目的としないように、剰余金の配当をしてはならないと規定されている。この非営利性が医療法人の特徴である。

　医療法人財団は、個人や法人が寄付した財産で設立されるものであり、医療法人社団は、複数の人が出資して設立されている。後者の社団には出資者が法人に対して財産の持ち分がある「持分あり医療法人」と「持分なし医療法人」がある。現状では大多数が医療法人社団であり、そのうち持分あり医療法人が約8割である。医療の非営利性から見ると「持分あり医療法人」は問題があるのではということから、第5次医療法改正において「持分なし医療法人」を原則とする改正を経過措置を設けて行ったが、進んでいない。また、第6次医療

92　第Ⅱ部　保健医療サービスを支える制度

法改正においては、社団医療法人と財団医療法人の合併を可能とした。

　第5次改正において、「社会医療法人」が新設されている。地域医療体制の確保という観点から、その中核を担う医療機関の役割がポイントになる。そのため、これまで公益性の高い医療については、公的病院が担ってきたが、不採算ということから閉鎖や見直しが進んでいる。そうしたなかで、これまでの医療法人としての実績を基にして、社会医療法人が救急医療、へき地医療等の公益性の高い医療を担うことを目的としている。

　本章では、医療法を医療の社会化、利用者の利益ということを念頭において解説、検討してきた。特に、この30年の間の動きは早い。また、方向性としては、医療サービス提供の理念、目的など明確にされていることは評価できる。医療現場の経営者を始めとして、個々の職員が共通の理解を通して、こうした使命を果たすことを責任をもって行っていってもらいたい。今が、みんなで日本の医療をよくするための勝負のときである。

【参考文献】

医療法令研究会編集『医療法の改正案関係資料集』ぎょうせい、1990年

厚生省医療法制研究会監修『第三次改正医療法のすべて』中央法規出版、1998年

医療法制研究会監修『概説―第四次改正医療法』中央法規出版、2002年

医療法制研究会監修『第五次改正医療法』中央法規出版、2006年

社会保険研究所編集『医療法の解説――第6次医療法改正／医療法人制度改革』2015年

川渕孝一『第六次医療法改正のポイントと対応戦略60』日本医療企画、2014年

佐藤俊一・竹内一夫編著『医療福祉学概論――統合的な「生」の可能性を支える援助』川島書店、1999年

岡田玲一郎『作法としての生病老死――みんなで日本の医療をよくするために』厚生科学研究所、2009年

第7章 さまざまな保健医療機関の役割と課題

　わが国では、1990年代以降、保健医療機関を機能別に体系化することに取り組み、保健医療機関に明確な役割と機能を持たせる政策を展開中である。ここでは、各病院の機能を理解するために、医療法による施設の機能・類型、続いて保健医療政策として行われている施設の機能・類型、さらに、診療報酬制度などによる施設の機能・類型をバラバラに捉えるのではなく、適切な保健医療サービスを選択する視点から保健医療機関の役割と課題を考えてみる。

1. 医療法による機能体系と診療報酬制度による分類

1）医療法による病院の機能分化・分類

　医療法の第1条の2 第2項では、病院、診療所に加えて、介護老人保健施設、調剤薬局（調剤を実施する薬局）が医療提供施設として、規定されている。また、病院の中でも、高度の医療を提供する「特定機能病院」と地域の総合ないしは基幹病院を設定し、地域の他の医療施設を支援する「地域医療支援病院」、国際水準の臨床研究を行いわが国の臨床研究をリードする「臨床研究中核病院」が規定されているので、以下に解説する。

【特定機能病院（高度の医療を提供する病院）】

　1993年4月施行の第2次医療法改正によって制度化された「特定機能病院」は、①高度の医療を提供する能力、②高度の医療技術の開発および評価を行う能力、③高度の医療に関する研修を行わせる能力があり、主要な診療科が10科以上で、集中治療室や無菌病室などの高度医療を行う設備をもつ病院であり、

厚生労働省が定める 400 人以上の患者を入院させるための施設を有する条件を満たす病院であり、厚生労働大臣から承認される。2018 年 4 月 1 日の段階では 85 病院が承認されている。

【地域医療支援病院（地域の他の医療施設を支援する病院）】

1997 年の第 3 次医療法改正によって制度化された「地域医療支援病院」は、①紹介患者中心の医療を提供していること、② 24 時間救急医療を提供する能力を有すること、③病院の建物、設備機械、機器等を病院外の医療従事者の診療、研究、研修のために開放する、④地域医療従事者に対する教育研修の実施、⑤原則として 200 床以上の病床および地域支援医療機関としてふさわしい施設を有することなどを満たす病院として、都道府県より承認される。2006 年の第 5 次医療法改正により、「医療提供施設、訪問看護事業者等の在宅医療の提供者間の連携の緊密化のための支援、患者または地域の医療提供施設に対する在宅医療の提供者に対する情報提供等、在宅医療の提供に関し必要な支援を行う」ことが、地域医療支援の管理者の義務に位置づけられ、在宅医療の推進にも大きな役割を果たすことが期待されている。

【臨床研究中核病院（臨床研究の実施の中核的な役割を担う病院）】

臨床研究中核病院は、2015（平成 27）年 4 月から制度化されている。日本発の革新的医薬品、医療機器等及び医療技術の開発等に必要となる質の高い臨床研究や治験を推進するため、国際水準の臨床研究や医師主導治験の中心的な役割を担う病院として医療法上に位置づけられている。主に、特定臨床研究に関する計画を立案・実施、他の病院又は診療所と共同して特定臨床研究を実施する場合は、特定臨床研究の実施の主導的な役割を果たす能力、他の病院又は診療所に対し、特定臨床研究の実施に関する相談に応じ、必要な情報の提供、助言その他の援助を行う能力、特定臨床研究に関する研修を行う能力を備え、かかる病院としてふさわしい人員配置、構造設備等を有するものとされている。臨床研究中核病院として承認要件のハードルは高く、2018（平成 30）年 4 月現在で厚生労働大臣の承認を受けている病院は 12 病院である。

2) 保健医療政策として行われている施設の機能・分類

保健医療政策としておこなわれている特徴のある「国立高度専門医療研究センター」、1次・2次医療圏内に設置されている「がん診療連携拠点病院」、「救急救命センター」、「へき地医療拠点病院」、「災害拠点病院」、「エイズ診療拠点病院」について述べる。

【国立高度専門医療研究センター】

国立高度専門医療研究センターは、国民的な課題となっている疾患について、①高度先駆的医療の開発・普及、②病因・病態の解明、③新たな診断・治療法の開発・研究、④専門的医療従事者の研修および情報発信を統一的・一体的におこなうための中核的機関として設置されている。国立高度専門医療研究センターは、6法人（国立がん研究センター、国立循環器病研究センター、国立神経・神経医療研究センター、国立国際医療研究センター、国立成育医療研究センター、国立長寿医療研究センター）の総称である。

【がん診療連携拠点病院】

医療機能の分化・連携の推進の観点から国立高度専門医療センターの役割に加え、わが国のがん対策は、「がん対策基本法」および同法の規定に基づく「がん対策推進基本計画」により総合的に推進されている。がん医療の均てん化を目標とする2004年からの「第3次対がん10か年戦略」などに基づき、がん診療連携拠点病院が整備されてきている。

がん診療連携拠点病院は、既存の病院のなかから都道府県知事が推薦し、厚生労働大臣が認可する形で指定され、その指定要件別に、①独立行政法人国立がん研究センター中央病院及び東病院、②地域がん診療連携拠点病院、③特定機能病院としてのがん診療連携拠点病院、④都道府県がん診療連携拠点病院、特定領域がん診療連携拠点病院の4種類に分けられている。

【救急救命センター】

救急医療体制は、第1次救急医療体制としての「休日夜間急患センター」や「在宅当番医制」、第2次救急医療体制としての「病院群輪番制方式」や「共同利用型病院方式」、さらに、各地域での最終的な救急医療の受入れ機関となる第3次救急医療体制としての「救急救命センター」で構成されている。

96　第Ⅱ部　保健医療サービスを支える制度

　救急救命センターは、第1次、第2次の救急医療機関や救急患者の輸送機関との連携のもと、心筋梗塞、脳卒中、頭部損傷等の重篤救急患者の救命医療を目的として設置された医療機関であり、重症および複数の診療科領域にわたるすべての重篤救急患者に対して、高度な救急医療を総合的に24時間体制で提供できる機能を有することになっている。

【へき地中核病院とへき地医療支援病院の体制を見直した「へき地医療拠点病院」】

　へき地医療拠点病院は、都道府県知事が、「無医地区」（原則として医療機関のない地域で、地区の中心的な場所を起点として概ね半径4kmの区域内に50人以上が居住している地域であって、かつ安易に医療機関を利用することができない地区）と「無医地区に準じる地区」（無医村ではないが、これに準じて医療の確保が必要と都道府県知事が判断し、厚生労働大臣に協議し適当と認めた地域）を対象として指定する。へき地医療拠点病院の具体的な役割としては、①医師・歯科医師その他医療従事者の確保およびへき地診療所等への派遣、②へき地医療従事者に対する研修の実施、③遠隔医療等の各種診療支援事業の実施、④救急医療の充実・救急医療支援体制の確保の項目があげられている。

【災害拠点病院】

　わが国の災害拠点病院のリーダーとして、基幹災害拠点病院の役割を果たすのが、独立行政法人国立病院機構災害医療センターである。なお、災害拠点病院は、全国各地で指定されているが、①24時間いつでも災害に対する緊急対応ができ、被災地域内の傷病者の受入れ・搬出が可能な体制をもつ。②実際に重症傷病者の受け入れ・搬送をヘリコプターなど使用して行うことができる。③消防機関（緊急消防援助隊）と連携した医療救護班の派遣体制がある。④ヘリコプターに同乗する医師を派遣することに加え、これらをサポートする十分な医療設備や医療体制、情報システムとヘリコプター、緊急車両、自己完結型で医療チームができる資器材を備えている病院である。

【エイズ診療拠点病院】

　国立国際医療センター病院に設置されたエイズ治療・研究開発センターは、医療情報室・治療開発室・病棟・外来の4部門からなり、国内外のHIV感染

症の治療・研究機関との連携をもとに、HIV感染症に対する高度かつ最先端医療を行いつつ、新しい治療法開発のための臨床研究をおこなっている。エイズ治療の拠点病院の整備について各都道府県知事に通知されたものをみると、エイズ診療拠点病院のあり方として、①総合的なエイズ診療の実施、②必要な医療機器および個室の整備、③カウンセリング体制の整備、④地域の他の医療機関との連携、⑤院内感染防止体制の整備、⑥職員の教育、健康管理があげられる。拠点病院内あるいは他の医療機関との連携により、外科、皮膚科、精神科、眼科、産科、歯科等の協力が得られる体制を確保することも望まれている。

【その他：難病対策推進事業拠点病院、高次脳機能障害診断体制拠点病院・地域拠点型認知症疾患指定医療機関等の取組】

熊本県の例であるが、難病対策への推進事業拠点病院・協力病院、高次脳機能障害者への高次脳機能障害診断体制拠点病院・協力病院、認知症疾患への対策としての地域拠点型認知症疾患指定医療機関等の取組みも行われている。

3）診療報酬制度による分類

医療施設のほぼすべてが保険医療機関であるので、医療に対する多くは診療報酬によっても、規定されている。

患者の入院時の評価は「入院基本料」あるいは「特定入院料」で行うことが原則である。病院における入院料は、入院の際に行なわれる基本的な医学管理、看護、療養環境の提供を含む一連の費用を評価し、簡単な検査、処置等の費用を含み、病棟の種別、看護配置や入院期間によって決まる入院基本料（一般病棟入院基本料、療養病棟入院基本料、結核病棟入院基本料、精神病棟入院基本料、特定機能病院入院基本料、専門病院入院基本料、障害者施設等入院基本料、有床診療所入院基本料、有床診療所療養病床入院基本料）に入院基本料等加算や特定入院料（救命救急入院料、特定集中治療室管理料、ハイケアユニット入院医療管理料、脳卒中ケアユニット入院医療管理料、小児特定集中治療室管理料、新生児特定集中治療室管理料、総合周産期特定集中治療室管理料、一類感染症患者入院医療管理料、特殊疾患入院医療管理料、小児入院医療管理料、回復期リハビリテーション病棟入院料、地域包括ケア病棟入院料、特殊疾患病棟

98　第Ⅱ部　保健医療サービスを支える制度

入院料、緩和ケア病棟入院料、精神科救急入院料、精神科急性期治療病棟入院料、精神科救急・合併症入院料、児童・思春期精神科入院医療管理料、精神療養病棟入院料、認知症治療病棟入院料、特定一般病棟入院料、地域移行機能強化病棟入院料）など専門分化した病棟に対する加算がある。

　つまり、特定入院料は現在の医療行政の特徴である「医療機能の分化と連携」の推進を色濃く反映している。また、DPC（診断群分類別包括評価）導入において急性期系の特定入院料の算定対象患者に関しては、特定入院料が加

図7-1　診療報酬における機能に応じた病床の分類（イメージ）

医療法の位置付け	一般病床（H29.6末 医療施設動態・病院報告）	病床数 891,492床 病床利用率 73.3% 平均在院日数 15.7日		療養病床（H29.6末 医療施設動態・病院報告）	病床数 327,088床 病床利用率 87.8% 平均在院日数 145.5日

DPC 1,664施設 483,747床（▲11,480床）※2 H29.4.1現在

| 特定機能病院 84施設 58,343床※1（▲500床）※1 一般病床に限る | 専門病院 22施設 7,283床（▲106床） |
| 一類感染症 28施設 93床（▲2床） |
| 救命救急 387施設 6,498床（+206床） |
| 新生児特定集中治療室 230施設 1,615床（+45床） |
| 特定集中治療室 655施設 5,528床（▲91床） |
| 新生児治療回復室 195施設 2,733床（+112床） |
| 小児特定集中治療室 7施設 84床（+36床） |
| 総合周産期特定集中治療室 121施設 母児749床（+7床）新生児1,525床（+38床） |
| 脳卒中ハイケアユニット 138施設 1,004床（+85床） |
| ハイケアユニット 管理料1 422施設 4,122床 管理料2 55施設 521床 合計 477施設 4,643床（+279床） |

一般病棟入院基本料 631,389床（▲15,899床）※特定入院基本料を含む

小児入院医療管理料
入院料1 68施設 4,932床（▲16床）	入院料2 191施設 6,776床（+3,546床）
入院料3 209施設 2,627床（▲610床）	入院料4 373施設 8,221床（▲115床）
入院料5 131床 －	

緩和ケア病棟 374施設 7,539床（+509床）

療養病棟入院基本料

回復期リハビリテーション
| 入院料1 602施設 38,710床（+5,166床） | 入院料2 707施設 34,296床（▲1,622床） | 入院料3 148施設 6,024床（+53床） | 計 1,457施設 79,030床（+3,597床） |

地域包括ケア病棟（入院医療管理料）
| 入院料1 1,486施設 42,829床 | 入院料2 108施設 2,712床 | 計 1,594施設 45,541床 |

障害者施設等 862施設 66,800床（▲170床）

特定疾患
| 入院料1 311施設 5,876床（▲105床） | 入院料2 91施設 6,562床（+159床） | 管理料 31施設 494床（▲143床） |

介護療養病床 374施設 52,724床 ※H29.6末病院報告

施設基準届け出 平成28年7月1日現在（かっこ内は前年比較）

有床診療所一般 5,667施設 75,459床（▲2,755床）　　有床診療所療養 701施設 6,402床（▲448床）

精神病棟 1,310施設 160,120床（▲3,775床）

| 精神科救急 134施設 8,012床（+853床） | 精神科急性期治療病棟 入院料1 337施設 15,936床（+853床）入院料2 14施設 690床（+279床） | 精神科救急・合併症 9施設 322床（▲60床） | 児童・思春期精神 34施設 1,180床（+78床） | 精神療養 830施設 94,282床（+406床） | 認知症治療病棟入院料 入院料1 497施設 34,458床（▲667床）入院料2 11施設 936床（▲230床） |

結核病棟 193施設 4,767床（+57床）

施設基準の届け出：平成29年6月現在
出典：中医協、平成29年12月6日資料

算できる。

　病院の機能に応じた分類（イメージ）[1]は、図7-1であり、特定入院料の位置付けと種類は、図7-2である。以下、急性期、回復期、維持期（療養期）、在宅療養とそれぞれの機能に応じた対象者、施設基準等の条件、役割で主な病棟として、回復期リハビリテーション病棟、地域包括ケア病棟、障害者施設等一般病棟、緩和ケア病棟、在宅支援診療所・在宅療養支援病院を取り上げてみる。

図7-2　特定入院料の位置付けと種類

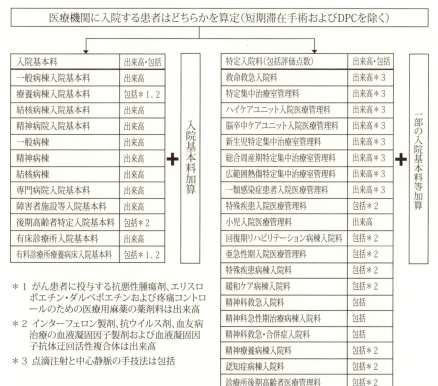

*1 がん患者に投与する抗悪性腫瘍剤、エリスロポエチン・ダルベポエチンおよび疼痛コントロールのための医療用麻薬の薬剤料は出来高
*2 インターフェロン製剤、抗ウイルス剤、血友病治療の血液凝固因子製剤および血液凝固因子抗体迂回活性複合体は出来高
*3 点滴注射と中心静脈の手技法は包括

100　第Ⅱ部　保健医療サービスを支える制度

【回復期リハビリテーション病棟】

　2000年の診療報酬改定により、特定入院料に「回復期リハビリテーション病棟」が設けられた。当時の回復期リハビリテーション病棟の入院目的は、回復期リハビリテーションの必要性の高い（脳血管疾患や大腿骨頸部骨折などにより身体機能の低下をきたした患者）を常時8割以上入院させ、①日常生活活動（ADL）の向上、②寝たきり防止、③家庭復帰を目的にリハビリテーションを集中に行う病棟であった。

　2016年度改定により、入院料1には専従の社会福祉士（3年以上の経験者）の配置が導入され、2018年度改定では、回復期リハビリテーション病棟入院料が入院料1〜6となり、入院料1と2では、当該病棟に在宅復帰支援を担当する専任の常勤の社会福祉士等が1名以上配置されていることなど、診療報酬の改定ごとに、急性期病院における在院日数の短縮、介護保険による生活期リハビリサービスの充実などがあいまって回復期リハのあり方も少しずつ変化している。回復期リハビリテーション病棟は、専任の医師、専従の理学療法士、専従の作業療法士、言語聴覚士、看護師、社会福祉士等が共同でリハビリテーション総合計画評価を行うなどリハビリを集中的に行うための病棟であり、「回復期リハビリテーション病棟入院料の対象となる患者と算定期間の上限」

表7-3　回復期リハビリテーション病棟入院料を算定できる疾患と算定期間の上限

回復期リハビリテーションに要する状態	算定までの日数	算定期間の上限
①脳血管疾患、脊髄損傷、頭部外傷、クモ膜下出血後のシャント術後、脳炎、急性脳症、脊髄炎、多発性神経炎、多発性硬化症、腕神経叢損傷の発症もしくは手術後、義肢装具訓練	発症後又は手術後2ヶ月以内	150日以内
高次脳機能障害を伴った重症脳血管障害、重度の頸髄損傷・頭部外傷を含む多発外傷		180日以内
②多肢の骨折、大腿骨、骨盤、脊椎、股関節、膝関節の骨折もしくは手術後		90日以内
③外科手術、または肺炎等の治療時の安静により廃用症候群を有しており、手術後または発症後		90日以内
④大腿骨、骨盤、脊椎、股関節、膝関節の神経、筋、靭帯損傷後	受傷後1ヶ月以内	60日以内

第7章　さまざまな保健医療機関の役割と課題　101

（表7-3）に示すように算定開始日から算定上限期限が設定されている。

【地域包括ケア病棟】

急性期医療を経過した患者及び在宅において療養を行っている患者等の受入並びに患者の在宅復帰支援を行う機能を有し、地域包括ケアシステムを支える役割を担う病棟または病室として2014年度の診療報酬改定で新設された。

地域包括ケア病棟入院料（入院医療管理料）は、2018年改正で1～6（発足時は1～2）に再編され、60日までしか算定できない。施設基準等は、①疾患別リハビリテーション又はがん患者リハビリテーションを届け出ていること、②病室単位の評価とし、届出は認可病床200床未満の医療機関で1病棟に限る。③専任の在宅復帰支援担当者1名以上の配置などのほか、地域包括ケア病棟入院料1では、④在宅復帰率7割以上、⑤1人あたりの居室面積が6.4㎡以上であるなどの施設基準がある。

【障害者施設等一般病棟】

障害者施設等病棟は（1）または（2）の条件を満たす病棟である。

（1）次のいずれかに該当する病棟である。

　①児童福祉法第42条2号に規定する医療型障害児入所施設（主として肢体不自由のある児童又は重症心身障害児をいう）

　②児童福祉法第6条2に規定する指定医療機関（独立行政法人国立病院機構若しくは独立行政法人国立精神・神経医療研究センターの設置する医療機関であって厚生労働大臣が指定するもの）

（2）次のいずれにも該当する一般病棟

　①重度の肢体不自由児（者）（脳卒中の後遺症患者および認知症患者を除く）、脊髄損傷等の重度障害者、重度の意識障害者、筋ジストロフィー患者、難病（パーキンソン病等）等を7割以上入院させている病棟であること。

【緩和ケア病棟】

末期悪性腫瘍患者への苦痛を緩和するホスピスの病棟として誕生した緩和ケア病棟であるが、治療初期段階からの緩和ケアの実施が重要課題とされたことを受け、2008年度改定では、苦痛の緩和を必要とする悪性腫瘍患者であれば末期でなくても緩和ケア病棟入院料の対象となった。同時に、外来や在宅への

102　第Ⅱ部　保健医療サービスを支える制度

円滑な移行を支援する病棟としても位置付けられた。なお、緩和ケア病棟は後天性免疫不全症候群の患者も対象となっている。主な施設基準としては、一般病棟の病棟単位で行う。当該病棟の看護師数は常時、7対1以上、夜勤は2人以上、該当病棟内に緩和ケアを担当する常勤の医師が1名以上配置されている必要がある。その他、病棟や病室床面積の条件や、病棟内に患者家族の控え室、患者専用の台所、面談室、一定の広さの談話室を備えていることや入退院病棟に関する基準が作成され、医師、看護師等により患者の入退院病棟の判定が行われているなどがある。2018年改正で、平均待機期間や在宅移行実績を要件とする1が新設された。

【在宅療養支援診療所・在宅療養支援病院】

　2006年の診療報酬改定で新設された在宅療養支援診療所とは、24時間体制で往診や訪問看護を実施する診療所である。条件として、①保険医療機関である診療所、②24時間連絡を受ける医師または看護職員を配置し、その連絡先を文書で患者・家族に提供していること、③当該診療所において、または他の保険医療機関の保険医との連携により、診療所を中心として患者家族の求めに応じて、24時間往診が可能な体制を確保し、往診担当医の氏名、担当日を文書で患者家族に提供していること、④当該診療所において、または他の保険医療機関、訪問看護ステーション等の看護職員との連携により、患者家族の求めに応じて、当該診療所の医師の指示に基づき、24時間訪問看護の提供が可能な体制を確保し、訪問看護の担当看護職員の氏名、担当日等を文書で患者家族に提供していること、⑤当該診療所において、または他の保険医療機関との連携により他の保険医療機関内において、在宅療養患者の緊急入院を受け入れる体制を確保していること、⑥医療サービスと介護サービスとの連携を担当している介護支援専門員等と連携していること等がある。

　また、2006年の診療報酬改定で新設された在宅療養支援病院は、その病院を中心した半径4km以内に診療所が存在しないものであることが条件となっており、その他に在宅支援診療所とほぼ同様の条件が施設基準として定められている。なお、半径4km以内に他の病院があっても差し支えない。

2. サービスの質と機能分化

　現在に至るわが国の医療と社会福祉の歴史は、それぞれ独特な展開を経て現代に至っていることは、第2章で述べられているが、結果、長い期間を経て、さまざまな「制度の疲労」を起こし、その抜本的改革の方向として「医療・社会福祉の市場化」に注目が集っているようである。わが国の医療供給体制の基本的構造は、「医療法」と「診療報酬」である。「医療法」が病院、診療所等の開設や医療整備計画、広告規制などを定めた医療提供体制の法的枠組みを規定し、そして、「診療報酬」は、医療の経済的基盤を医療保険制度で支え、医療機関等が請求できる費用の額を定めた厚生労働大臣の告示である。医療法と診療報酬は互いに関係性が強いものの法律と告示、医療の提供と医療機関の報酬と、その定められた内容は異なるのである。

　辻は[2]、「医療提供のシステムとしては、医療機能の分化・連携による切れ目のない医療の提供と在宅医療を推進し、患者の生活の質（QOL）の向上を目指し、その結果、平均在院日数が逓減することに対して国は医療費の伸びを適正化しようとしている。この場合、今日の医療提供のあり方としては、「切れ目のない」という言葉に表されているように「連携」ということが改革のキーワードである」と述べ、「具体的には医療計画の見直しにより、脳卒中、がん、小児救急医療など事業別に地域の医療連携体制、いわば地域のネットワークを構築する。そして、高齢者については、在宅医療の推進により、一番相応しい状態を確保するものである。このようにして医療計画と医療費適正化をマッチさせていくのが医療提供システムの改革の要諦である」さらに「医療計画の見直しの大きなキーワードは、医療機関間や関係職種の連携である」と述べている。病院と病院の連携が大きなポイントとなる方策として、病院内部で活用している外来、入院から退院までのクリティカルパスをさらに、病院と病院、さらには病院から在宅へ繋ぐ必要性としての地域連携クリティカルパスを実施することが提唱されている。

104　第Ⅱ部　保健医療サービスを支える制度

3. 地域で適切な医療サービスを保証するために
～医療ソーシャルワーカーの連携を通して～

1）地域連携クリティカルパスの活用

　厚生労働省資料による地域連携クリティカルパスの定義は、「診療にあたる複数の医療機関が、役割分担を含め、あらかじめ診療内容を患者に提示・説明することにより、患者が安心して医療をうけることができるようにするもの。内容としては、施設ごとの治療経過に従って診療ガイドライン等に基づき、診療内容や達成目標等を診療計画として明示する。」とされている。具体的には、2006年度診療報酬改定において、地域における疾患ごとの医療機関の連携体制を評価する観点から、地域連携クリティカルパスの活用により医療機関で診療情報が共有されている体制について、大腿骨頸部骨折に限り試行的な評価の新設が行われた。その後、第5次医療法改正で制度化、2008年診療報酬改定では、脳卒中の連携クリティカルパスの診療報酬評価（地域連携診療計画管理料、地域連携診療計画退院時指導料）が認められるなど、歴史（政策）が普及実態を追い越している状況であるといえる。そこで熊本市の脳卒中に対する体制の現状を踏まえて報告する。回復期リハビリテーション病棟との地域連携により急性期病院の在院日数は減っているのは明らかであるが、その後のシステム構築には課題も多い。

2）熊本における地域完結型診療体制の動きを通して

　筆者の勤務していた熊本機能病院（以下、当院）がある熊本市（二次医療圏約74万人）では、脳卒中に対する診療体制に特色があり、地域完結型診療体制（熊本方式）として引き合いに出されることが多い。それは、地域的、歴史的な背景のなか、複数の急性期専門病院とそれを取り巻く複数のリハビリテーション体制が整った病院（以下、リハ専門病院）、さらに退院後、在宅サービスや施設サービスに至るまで、地域全体で共通の目標をもち、支援体制に向けての連携パスが運用されているからでもある。

　熊本では、熊本脳卒中ネットワークとして、急性期病院とリハ専門病院と

第7章　さまざまな保健医療機関の役割と課題　105

の間に 1995 年以降、病病（診）連携において「脳血管疾患の障害を考える会」や 2003 年「回復・維持期リハを考える会」などが発足している。近年では、診療報酬上、熊本市では、国立病院機構熊本医療センターを中心に 2006 年より大腿骨頸部骨折の地域連携クリティカルパス（地域連携パス）を運用し、2007 年 4 月からは熊本県下の 56 病院・施設が参加した脳卒中地域連携パス（熊本方式）が運用されている。その後、熊本市とその近郊における脳卒中地域連携パスにおいては、意見の集約を行なうことができるように、先に挙げた連携の会を統合し 2007 年 8 月「熊本脳卒中地域連携ネットワーク研究会」（K-STREAM) が発足した。最近は「熊本脳卒中地域連携ネットワーク研究会」との共催で地域連携に係る情報交換のための会合が定期的に開催され、診療情報の共有、地域連携診療計画の評価と見直しがおこなわれている。

　さて、橋本[3]によると急性期病院からリハ専門病院へ移行する際の問題点として、入院予約から転院までの待機に日数が長いこと、ハイリスク症例・問題症例の受け入れが悪いこと、全身管理や治療の継続性が適切に行なわれているか疑問なことなどの問題点が指摘されている。これらは、急性期病院と回復期リハ病院だけでの問題ではなく、リハ専門病院間や療養病床群をもつ療養型病院や介護老人保健施設（以下、老健）などとの間でも問題となることである。特に、急性期病院が「24 時間断らない医療」を実践するためには、回復期リハビリテーション病院が急性期病院から患者をスムーズに受け入れることが必要であり、連携パスでの「在院日数」と「退院基準」からなる「退院時達成目標」を設定し、関与する病院と病院を繋ぐ必要がある。

　この流れにあって、医療ソーシャルワーカー（以下、MSW とする）は患者・家族が主体的にサービスや療養の場を選択できるよう、相談・支援の窓口、維持期への在宅支援を担うケアマネジャーや居住系施設、療養型病院や介護老人保健施設との連携、その調整の役割を担うことが多い。MSWは、入院早期より、アセスメントを実施し、心理的・社会的、経済的問題の確認と予後予測に則り支援している。当院では熊本脳卒中地域連携パスシートにおけるチェック項目に関しては、在宅準備の際の介護保険の説明、在宅意思確認、介護保険の申請、認定調査、ケアマネジャー決定、要介護認定、ケアプラン作成、家屋

調査、家屋改修、介護指導、退院前サービス担当者会議、退院情報書、転院依頼日の月日の記載や確認をMSWが担っている。

また、橋本[4]は連携のポイントとして、①お互いの信頼、特に医師間の信頼関係（face to face の連携、責任の明確化）、②医療レベルの担保、③リハを含む治療の継続性（診療指針と評価スケールの共通化と診療情報の共有）、④迅速な対応、⑤紹介患者は臨床力のある医師（専門医）が診る、⑥返事をしっかり書く（診療情報提供書・報告書・FAX、電話、メール）、⑦紹介患者は必ず戻す（かかりつけ医が主治医）、⑧聖域なき逆紹介（かかりつけ医のサポーター化）、⑨病診連携に関する情報公開、⑩病診連携室と MSW の存在、⑪連携の会の開催、⑫病院訪問を挙げている。

当院の急性期病院からの患者紹介経路としては、大きく「医師間」「MSWを経由」の２通りがある。紹介患者は「紹介後１週間内の入院」を目標に速やかな回復期リハへの移行に取り組んでいる。しかし、一方で患者・家族にとっては、発症・急性期治療後すぐに転院となる不安や戸惑いを抱えたまま当院へ入院されることも少なくない。そこで、必要に応じて家族来院による医師を交えた事前面談に加えて、急性期病院との「より顔の見える連携」、「患者・家族も安心して回復期へ移行できる」を目指し、2009 年９月より回復期リハ病棟の医師と MSW による事前訪問を開始した。その流れとしては、①急性期病院からの患者紹介があった際に、MSW 間では事前情報シートを用いて、②回復期リハ病棟の医師と事前訪問の要否検討を行う。事前訪問を行う場合、③事前訪問をすることになる急性期病院の主治医または MSW と訪問日程等（家族同席調整を打診）を調整する。④実際の訪問では、急性期病院到着時に連携室を訪ね MSW との情報交換、病棟では主治医や看護師から治療・ケアを中心とした情報収集後、当院医師による診察に MSW も同席する。診察を経て、本人・家族と面談を実施する。面談結果について、主治医・看護師と MSWに報告し、当院への転院希望の場合、搬送方法を含め転院の日時の調整を行う。

現段階の感想では、事前訪問導入前は、急性期病院からの事前情報シートでの情報を基に、転院後に家族を主とした面接になることが多かったが、急性期病院に医師と訪問し、医師の診察と家族への説明に同席することで予後予測を

確認でき、本人家族と面談できることで、発症前の患者の生活状況、家族のリハビリに対する期待や不安、保険・年金など経済面等を事前に確認することができるようになった。

　元来、予期せぬ事態で計画との違い（バリアンス）が発生した、または発生すると思われる患者・家族に対して支援を行うのが、MSW の役割の１つとして求められている。そのため、退院基準を設定する中で、予期せぬ事態を予測してバリアンスを最小限に留めるために、MSW が早期から関わるようにと指摘されることも多い。しかし、このようなバリアンスが発生する患者・家族への支援は MSW だけで行えることではない。その患者に関わるスタッフ全員が連携を意識することで、医療・ケアの質向上を、実現できるのだと考える。そのためには、連携する各専門職が「誰が、今、何の役割を担っているのか」を理解したうえで、様々な場面に応じた役割の交代をしていくことが必要であり、その役割に必要なスキルを使いわけていく能力も求められる。これらのことは、芝居のように事前に打ち合わせをするのではなく、場面に応じて臨機応変に行なわなければならないが、安易な「暗黙の了解」に頼ってしまっては、良い結果は望むことができない。お互いの限られた時間の中で効率よく情報を交換、共有し、共通の目的のために行動していくことが必要であり、お互いの足りない部分を補うからこそ連携の意味があることを意識しなければならない。

【注】

1　出典：中央社会保険医療協議会診療報酬基本問題小委員会資料　2017.12.6

2　辻哲夫『医療制度改革の理念』治療 vol 90. 南山堂、2008 年、p.658-665

3,4 橋本洋一郎「連携の考え方」、社団法人日本リハビリテーション医学（監）『脳卒中リハビリテーション連携パス－基本と実践のポイント』医学書院、2007 年、p.7-10

【参考文献】

「点数表改定のポイント　月刊保団連臨時増刊号 No1261　2018.3

第8章　医療制度と医療費に関する政策動向と
　　　　保健医療サービスの動向

はじめに

　本章においては、医療政策における変遷と医療費における政策動向について
捉え、保健医療サービス分野においては、病院の機能分化と診療報酬改定の方
向性、保険診療の仕組み、在宅医療を推進するにあたっての地域包括ケア時代
における課題について解説する。

1.　医療政策の変遷

　近年における医療政策を辿ると 1960 年代に遡る。この時代は福祉制度と老
人医療の基礎が築かれた時代である。現行の健康保険法が 1959 年に施行され、
すべての市町村が国民健康保険事業を行うことが義務化された。そして 61 年
には国民皆保険制度の体制が確立された。これにより全国民が何らかの公的保
険に加入しなければならなくなったのである。その後、1960 年代から 70 年代
は高度経済成長の時代であり、健康保険法の改正により、各医療保険制度にお
ける給付の改善が実施された。特筆すべきは 73 年改正の医療給付の変更であ
り、家族への給付率が 5 割から 7 割へと引き上げられたことである。これによ
り、国民健康保険をはじめとした各種医療保険の 7 割給付の足並みが揃った改
正であった。そして健康保険（社会保険）において高額療養費支給制度が創設
されたのもこの時代であった。追って 75 年には国民健康保険においても高額
療養費の支給が法定給付として完全実施に至ったのである。後に医療費の国庫

負担に多大な影響を及ぼす結果となる1973年1月から始まった老人医療費の無料化制度である。この制度は一定の所得水準以下である高齢者の一部負担分を公費で賄うことにより、高齢者が健康管理に関心を持ち、受療を促進する意図があったものである。とりわけ高齢者は複数の慢性疾患を持っていることが多く、自己負担も高額となるため、制度上、医療費の負担軽減を図ったものであった。しかしこの医療費の無料化制度は出来高診療と相まって老人医療費の急増を招いてしまったのである。

1) 老人保健制度の創設

　1980年代は、制度改正や新制度の発足により、かなり変化のあった時代であった。まず健康保険法の改正により家族への入院給付の割合が8割、外来給付も7割となった。82年には老人保健法が公布（83年）され、将来の高齢社会に対応すべく老人医療（70歳以上を対象）と健診事業（40歳以上を対象）を柱とした総合的な保健医療対策が推進されることとなる。また、この制度に伴い老人医療費の本人一部負担制度の導入がされた。84年には健康保険法が改正され、健康保険加入の本人負担が1割となった。86年には老人保健法の改正により、老人保健施設が創設された。入院中心の医療から在宅中心の医療・福祉サービスを展開することにより、膨らみ続ける老人医療費に歯止めをかけるべく「老人保健施設」に大きな期待が寄せられた。

2) 高齢者保健福祉10カ年戦略の策定

　1988年には高齢者保健福祉10カ年戦略（ゴールドプラン）が策定され、1999年までの目標設定がされた。在宅福祉分野では、ホームヘルパー・ショートステイ・デイサービス・在宅介護支援センターなどの整備目標値が設定され、「寝たきり老人ゼロ作戦」の展開や「高齢者施設の緊急整備」として特別養護老人ホーム・老人保健施設・ケアハウスなどの基盤整備目標が示された。

3) 医療政策変革期と介護基盤づくり

　1990年代は医療関連行政が特に変革期を迎え、制度改正が頻繁に行われた。

それまで医療機関に対して「出来高報酬払い制」であった高齢者医療での診療報酬には検査・投薬・処置料等が包括化された定額払い方式である「入院医療管理料」が導入され、老人医療に大きな転機をもたらした。また同年には、老人福祉法等関係八法が一部改正され、福祉各法への在宅福祉サービスの位置付け、老人および身体障害者の入所措置権の町村移譲、市町村・都道府県への老人保健福祉計画策定の義務付け等が改正された。91年には老人保健法の改正があり、訪問看護制度が創設された。翌92年には、第2次医療法改正があり特定機能病院と療養型病床群制度が創設された。93年には都道府県ならびに市町村の「老人福祉計画」がスタートし、2000年から始まる「介護保険制度」における介護保険事業計画と関連し、介護量を計画的に整備する上で重要な役割を果たすことになる。その後94年には「新ゴールドプラン」が策定され、従前のゴールドプラン策定時より進んでいる高齢化に鑑み、更なる在宅介護の充実に向けホームヘルパー数を17万人に増員し、訪問看護ステーションも5千カ所整備することなどが柱となった。97年には社会保障制度の構造改革が打ち出され、医療保険制度及び医療提供体制の両面から改革が検討され、医療制度改革の基本方針（医療提供体制・診療報酬・薬価制度・老人保健制度等）が取りまとめられた。改革の方向性は2000年を目途に実現できるように提言している。

4）医療費の抑制に向けた2000年改正

　国民医療費は95年には27.2兆円にのぼり、毎年およそ6％前後伸び、1兆円を超える規模で増加していた。特に老人医療費は8％規模で増加し、国民医療費のおよそ3分の1を占める状況であった。このままでは老人医療費の増大により国民皆保険は破綻することが明確なため、2000年介護保険法が成立、施行された。介護保険制度の開始により老人医療費の上昇は一旦留まったかに思えたが、その後、再び上昇に転じる一方、景気の悪化により保険料収入は伸びず、医療保険財政が危機的状況に陥ることは明白であった。2002年には診療報酬改定があり、薬価・医療材料を含め全体で2.7％の前例のないマイナス改定となった。特に長期にわたる入院のいわゆる「社会的入

院」が抜本的に見直され、入院医療の必要性が低い高齢者の保険給付範囲の見直しがされ、自己負担となる特定療養費制度が導入されたのもこの時期であった。2005 年、医療における構造改革として登場した医療制度改革大綱（以下「大綱」という）が策定された。この年閣議決定された「骨太の方針 2005」では医療費適正化の成果を目指す政策目標が設定され、大綱の三本柱として①「安心・信頼の医療の確保と予防の重視」②「医療費適正化の総合的な推進」③超高齢化社会を展望した「新たな医療保険制度体系の実現」が示された。また同年 10 月には介護保険制度における施設サービス（特別養護老人ホーム・老人保健施設・介護療養病床）において、保険給付であった入所施設における食費・居住費の自己負担制度が開始された。その後、医療保険制度においても 2006 年 10 月から慢性期病床を対象として同様の自己負担制度が開始されることとなった。

5）近年における医療政策

　日本における高齢化は世界に類を見ないスピードで進行し、高齢者人口が増加している。このような社会の変化へ対応する概念として 2013 年 12 月に成立したのが「持続可能な社会保障制度の確立を図るための改革の推進に関する法律」である。ここで登場したのが、新たな概念として示された「地域包括ケアシステム」である。この概念の構築に向けて必要なことは、医療・介護・予防・生活支援・住まいの 5 つの要素のそれぞれを充実させるとともに、一体的なものとして包括化することである。また、地域包括ケアシステムを推進していくためには、フォーマルサービスである介護保険等の公的サービスをはじめ、インフォーマルな保険外サービス等も充実させていく必要がある。但し、高齢化の状況は地域によって異なることから、それぞれの地域において目指すべき地域包括ケアシステムの姿も変わるため、その地域での資源を活用しながら、住民も含めた地域の多様な主体の連携による「地域づくり」を通じて、高齢者が住み慣れた地域で暮らしていくことができるよう、地域の特性を踏まえた支えあいのネットワークづくりが重要となってくる。

　戦後、我が国における主要の死因は、結核や胃腸炎といった感染症から生活

習慣病中心へと大きく変化している。これは、医療の発達により感染症による死亡が著しく減少したことにより日本人の疾病構造が変化し、相対的に悪性新生物や心疾患・脳血管疾患などの生活習慣病が増えたためである。そのため、医療の在り方も「治す医療」から「治し、支える医療」への転換が求められている。それと同時に、地域での生活を支えるためには、急性期医療後の長期ケアにかかわる医療・介護・生活支援等の各種の多様なサービスによって、高齢者等を地域で支える体制整備が重要な課題でもある。

2. 医療費に関する政策動向

1) 国民医療費の動向と現状

(1) 国民医療費の動向と構造

　国民医療費は近年増加傾向にあり、後期高齢者の医療費が占める割合が高くなっている。国民医療費とは医療機関等における保険診療の対象となる傷病の治療に要した費用を推計したものであり、具体的には、医療保険制度等による給付と後期高齢者医療制度や公費負担医療制度による給付であり、この給付に伴う一部負担金などによって支払われた医療費を合算したものである。2015年度の国民医療費は 42.3 兆円となり、このうち 14.0 兆円（33.1%）を後期高齢者の医療費が占め、近年では微増傾向にある。

(2) 国民医療費の制度別内訳

　それでは 2015 年（平成 27 年）ベースでの国民医療費の構造についてみてみよう。まず制度別の内訳では、最も多い割合が医療保険等の給付分で 46.8% を占める。この割合の内訳では国保の給付割合が 23.4%、協会健保が 11.8%、組合健保が 8.3%、共済組合が 2.6%、労災等が 0.7% となっている。次いで後期高齢者医療給付分が 33.1%、公費負担医療給付分が 7.4%、軽減特例措置分 0.4%（70 ～ 74 歳の方の一部負担金が段階的に見直される制度 2014 年 4 月実施）、患者等負担分 12.3% である。（表 8-2)

(3) 国民医療費の分配構造

　それでは国民医療費がどの分野に使われているかをみると、入院分で 36.8

図表8-1 医療費の動向
〈概要〉

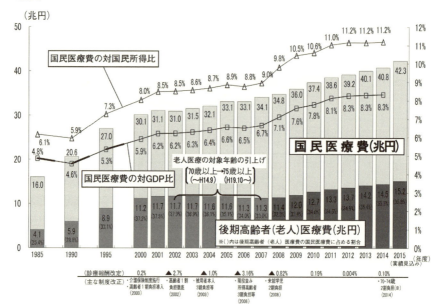

出典:2017年版(平成29年)厚生労働白書

%となり、その内訳では病院分が35.8%、一般診療所分が0.9%である。

入院外(外来分)では34.2%であり、その内訳では病院分が14.2%、一般診療所分が20.0%の割合である。その他、歯科診療で6.7%、薬局調剤で18.8%、

第8章　医療制度と医療費に関する政策動向と保健医療サービスの動向　115

表8-2

国民医療費の構造（2014年度）

国民医療費	42兆3,644億円
一人当たり医療費	333,300円

国民医療費の制度別内訳 (%)

医療保険等給付分	46.8	国保	23.4
		協会健保	11.8
		組合健保	8.3
		共済組合	2.6
		労災等	0.7
		船員保険	0.0
後期高齢者医療給付分	33.1		
公費負担医療給付分	7.4		
軽減特例措置	0.4		
患者等負担分	12.3		
その他	0.7		

表8-3

国民医療費の分配 (%)

入院	36.8	病院	35.8
		一般診療	0.9
入院外	34.2	病院	14.2
		一般診療	20.0
歯科診療	6.7		
薬局調剤	18.8		
入院時食事・生活	1.9		
訪問看護	0.4		
療養費等	1.3		

※表8-2,3は2015年度 国民医療費の概況、厚生労働省 に基づき推計したもの。

入院時食事療養費と生活療養費で1.9%、訪問看護費で0.4%、療養費等で1.3%の割合である。（表8-3）

116　第Ⅱ部　保健医療サービスを支える制度

表8-4

国民医療費の負担（財源別）

(%)

公費	38.9	国庫	25.7
		地方	13.2
保険料	48.8	事業主	20.6
		被保険者	28.2
患者負担	11.6		
その他	0.7		

●被保険者負担には，国民健康保険の保険料が含まれている。

※2015年度 国民医療費の概況、厚生労働省 に基づき推計したもの。

表8-5

医療機関の費用構造

(%)

医療サービス従事者 （医師、歯科医師、薬剤師、看護師等）	46.9
医薬品	22.5
医療材料（診療材料、給食材料等）	6.1
委託費	4.9
経費、その他（光熱費、賃借料等）	19.6

※2014年度 国民医療費、医療経済実態調査（2013年）結果等に基づき推計したもの。

（4）国民医療費の負担割合

　国民医療費の負担割合を財源別にみると、公費負担が38.9％であり、その25.7％が国庫負担であり地方負担分は13.2％である。また被保険者等からの保険料収入の割合は48.8％となっており、内訳は表8-4に示すとおりである。

（5）医療機関の費用構造

　医療機関を運営していく上でかかる費用についてみてみよう。医療サービスを提供するうえで必要となる人件費割合は46.9％であり、次いで医薬品、経費、医療材料費の順となっている。（表8-5）

2) 諸外国における医療保障制度

　ドイツやフランスが日本と同様に社会保険方式を採用しているのに対し、英

国やスウェーデンでは、保険料ではなく租税を財源として、国や地方公共団体の施策として給付を行う「税方式」を採用している。しかしドイツでは、日本のように全ての住民を公的医療保険に強制加入させるという形にはなっておらず、一定所得以上の被用者、自営業者、公務員等については、公的医療保険が強制適用されない。そのため実際に公的医療保険でカバーされているのは全国民の8割強であった。その後2007年に成立した公的医療保険競争強化法により、2009年1月以降は、全ての住民が公的医療保険又は民間の医療保険に加入することが義務付けられている。またフランスには、日本での国民健康保険のような地域保険はないが、法定制度として職域ごとに強制加入の多数の制度がある。

これに対して英国では、1942年の「ベヴァリッチ報告」による拠出を条件とせず、必要な場合はいつでも住民に無料の医療を提供するという形態を採っている。

スウェーデンでは、税方式により広域自治体による医療保健サービスの提供という形態を採っている。

一方でアメリカでは、高齢者及び障害者に対するメディケアと一定の条件を満たす低所得者に対する公的扶助であるメディケイドによる対応を採っている。現役世代の医療保障は民間医療保険が中心であり、企業の福利厚生の一環として事業主の負担を得て団体加入する場合も多く、民間医療保険の加入は約7割と多く大きな負担を担っている。なお、医療制度改革法の成立により、2014年から個人に対し医療保険に加入することが原則義務化され、民間の医療保険を含め、いずれかの医療保険に加入しなければならなくなった。

3) 地域包括ケア時代における地域医療連携

団塊の世代が75歳以上となる2025年を目途に要介護状態となっても住み慣れた地域で自分らしい暮らしを続けることができるよう、医療・介護・予防・住まい・生活支援が包括的に確保される体制（地域包括ケアシステム）の構築を実現することが急務となっている。今後認知症高齢者の増加が見込まれることから、認知症高齢者の地域での生活を支えるためにも地域包括ケアシステム

118   第Ⅱ部　保健医療サービスを支える制度

の構築が重要となってくる。しかし人口が横ばいで75歳以上の人口が急増する大都市部と高齢化の進展は緩やかであるが人口は減少していく町村部等、高齢化の進展状況には地域差が大きい。そのような状況下にあってソーシャルワーカー（社会福祉士）の果たす役割は、福祉課題を抱えた者からの相談に応じ、必要に応じてサービスの利用を支援するなど、その解決を支援する役割や利用者がその有する能力に応じて、尊厳を持った自立生活を営むことができるよう、関係する様々な専門職や事業者、ボランティア等との連携を図り、自ら解決することのできない課題については当該担当者への橋渡しを行い、総合的かつ包括的に援助していくことである。また地域の福祉課題の把握や社会資源の調整・開発、ネットワークの形成を図るなど、地域福祉の増進に働きかける役割など広範囲にわたって求められる。

4）病院の機能分化と診療報酬改定の方向性

　病院又は有床診療所は医療法上の病床区分に基づき、診療報酬制度によっていずれかの入院基本料又は特定入院料を施設基準として届け出て算定することになっている。

　「地域包括ケア」の概念が始まった2014年改正から診療報酬上の評価においては、一般病棟から回復期、慢性期に至るまですべての入院料において在宅復帰の要件が課せられている。尚、在宅復帰率の算定は、入院基本料、特定入院料によって異なるが次の計算式によって算出する。「直近6か月において自宅等へ退院した患者数（在宅復帰率の計算の対象外となっている転院等の患者は除く）」÷「直近6か月間に退院（再入院患者や死亡退院等の患者を除く）した患者数」である。

　地域包括ケアシステムの構築を実現していくためには、各地域における医療・介護の関係機関が連携し、切れ目のない医療・介護サービスの提供が必要となる。そのためには医師をはじめ歯科医師、訪問看護師、薬剤師、社会福祉士、地域包括支援センター、ケアマネジャー、民生委員、行政等の各職種同士の顔の見える連携が極めて重要となる。

　診療報酬上で、社会福祉士が配置されて算定が可能となっている項目が多く

あり、今後も更に増えていくものと思われる。

2014年に登場した地域包括ケア病棟（病床）を機能面からみると、そもそも亜急性期病棟を廃止して始まった経緯もあり、急性期病院からのポストアキュート機能と在宅で暮らす高齢者等の受け皿的なもの（サブアキュート機能）を兼ね備え、在宅復帰率の要件が課せられている。

今後、同病棟の機能について、急性期病棟等と連携して患者を受け入れる機能と、自宅等から受け入れ、在宅療養を支援する機能に分け、患者の状態や医療の内容に応じた評価を検討すべきという意見が大勢を占めており、今後の発展性に期待したい。

今後のMSWに求められる業務は、入院前から退院後までの、一連の支援を評価した体系に集約し、在宅支援という観点から一層、医療・介護・福祉・における多種多様な連携が求められることが予想される。

3. 保険医療サービスの課題

1）高齢化対策

国は超高齢化の時代において、高齢者が生き生きと活躍し、安心して暮らすことのできる社会を構築するためには、高齢者の雇用問題と健康維持が重要であると考え、様々な施策に取り組んでいる。生涯現役を維持するためには、健康づくりと疾病の予防が大切な鍵となるため、ここでは健康維持に関する保健医療サービスに焦点をあててみたい。

2013年における国民の「健康で過ごすことのできる期間」を表す健康寿命は、男性で71.19歳、女性で74.21歳であり、平均寿命とともに世界一の長さになっている。そのため健康づくり・疾病等の予防への取組みが重要となってくる。近年における急速な高齢化や生活習慣の変化により、疾病構造も変化しており、国民がかかる疾病全体に占める「がん」「心疾患」「脳血管疾患」「糖尿病」等の生活習慣病の割合が増加するといった変化が見られる。こうした生活習慣病は薬を投与すればすぐに治るといった性格のものではなく、普段の心がけである程度予防することが可能である。

120　第Ⅱ部　保健医療サービスを支える制度

　従って、日頃から各人が健康の大切さを認識して、健康づくりに取り組むことが大切であり、国をはじめ医療機関、保険者等も、それをサポートし、それぞれの役割を果たすことが重要である。第二次健康日本21では、健康寿命の延伸という大きな目標とともに、生活習慣病の予防等について、具体的な目標を設定している。

健康日本21（第二次）の概要

　2013年度から2022年度までの国民健康づくり運動を推進するため、健康増進法に基づく以下の5項目の取り組みが行なわれている。

①健康寿命の延伸と健康格差の縮小

②生活習慣病の発症予防と重症化予防の徹底

③社会生活を営むために必要な機能の維持及び向上

④健康を支え、守るための社会環境の整備

⑤栄養・食生活、身体活動・運動、休養、飲酒、喫煙、歯、口腔の健康に関する生活習慣の改善及び社会環境の改善

この目標は、科学的根拠に基づいた実態把握が可能な具体的なものとしていて、①の健康寿命の延伸については、「平均寿命の増加分を上回る健康寿命の増加」、健康格差の縮小については「都道府県格差の縮小」、②のうちがんについては「がん検診の受診率の向上」、循環器疾患については「メタボリックシンドロームの該当者及び予備群の減少」、糖尿病については「有病者の増加の抑制」、長年の喫煙習慣が主な原因の肺の生活習慣病である閉塞性肺疾患（COPD）については、「認知度の向上」、③のうち高齢者の健康との項目については「ロコモティブシンドローム」（運動器症候群）の認知割合の向上」といった目標になっており、概ね10年を目途として設定しており、5年後に中間評価をして、10年後に最終評価をし、その後の健康増進の取組みに反映することにしている。そのほか「日本再興戦略」（2013年6月閣議決定）でも「2020年までに国民の健康寿命を1歳以上延伸」という数値目標を掲げている。

2）がん対策加速化プラン

　主な死因別に見た死亡者数の推移にも見られるように、死因のトップである

「がん」対策が急務となっている。例えば乳がん・子宮頸がんについて市町村における検診（2013年厚生労働省調べ）受診率でみると、欧米各国が72.2%～84.5%で推移しているのに対し、日本ではそれぞれ41%・42.1%と低い検診受診率となっている。そのためがん検診については見直しを行っており、2015年12月に発表した「がん対策加速化プラン」は対策として3本の柱を立てており、そのうちの1つである「がんの予防」は、集積されたデータに基づき対策がとられている。

がん検診の見直しについては、胃がん罹患率・死亡率が減少し、ピロリ菌感染率が減少傾向にあることから、2016年度からは、これまで40歳以上としていた健診対象者を50歳以上とし、1年としていた健診の間隔を2年とすることに変更した。更に、市町村ではなく健康保険組合等の保険者が提供するがん検診の実態がつかめていないという課題があるため、データの把握に着手して

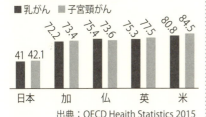

図8-6 がん検診

①市町村がん検診へのアプローチ

【課題1 低い検診受診率】

（乳がん・子宮頸がん受診率）
日本：41、42.1
加：72.2、73.4
仏：75.4、73.6
英：75.3、77.5
米：80.8、84.5

出典：OECD Health Statistics 2015

【課題2 市町村間の格差】

受診勧奨の方法	実施している市町村
個別に郵送で通知	48.3%
世帯主に郵送等で通知	25.0%
ホームページで周知	77.5%

出典：平成25年度厚生労働省調べ

具体策
◆各市町村の受診率・取組事例等の公表、精検受診率等の目標値設定
◆かかりつけ医等による受診勧奨、市町村による個別受診勧奨の徹底
◆検診対象者、市町村に対するインセンティブ・ディスインセンティブの導入
◆胃内視鏡検査実施の体制整備　等

具体策
◆保険者によるがん検診の実態把握・ガイドラインの策定
◆各保険者の受診率・取組事例等の公表、精検受診率等の目標値設定
◆検診対象者、保険者に対するインセンティブ・ディスインセンティブの導入　等

122　第Ⅱ部　保健医療サービスを支える制度

いる状況である。また、市町村間で検診受診率に格差があり、住民への受診勧奨にも温度差があることに原因があることもデータ分析に等により判明していることから、個別の受診勧奨等を始めているところである。

図8-7　主な死因でみた死亡率の推移 ―生活習慣病が増加し、疾病構造が変化―

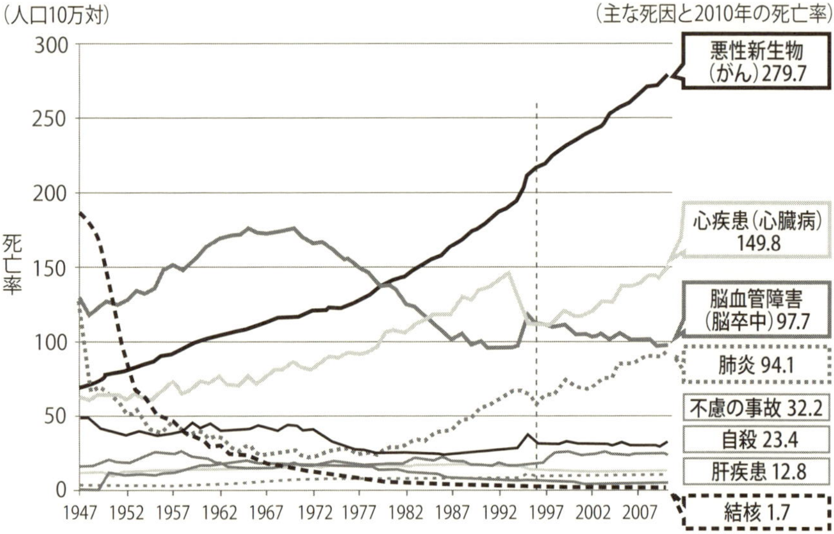

（人口10万対）　　　　　　　　　　　　　　　　　　（主な死因と2010年の死亡率）

悪性新生物（がん）279.7

心疾患（心臓病）149.8

脳血管障害（脳卒中）97.7

肺炎 94.1

不慮の事故 32.2

自殺 23.4

肝疾患 12.8

結核 1.7

資料：人口動態統計（1947 ～ 2010 年）

【参考文献】

平成 25 年度国民医療費、医療経済実態調査

平成 27 年度社会保障費用統計「国立社会保障・人口問題研究所」

公費負担医療等の手引き「全国保険医団体連合会」

平成 28 年版　厚生労働白書「厚生労働省編」

医科点数表の解釈「社会保険研究所」

第Ⅲ部

専門職連携と医療ソーシャルワーカーの役割

　　提供される保健医療サービスの質には、提供主体である各組織の目的、目標とされている内容と、その健全性（社会貢献性）が大きく関わってくる。このことがまた、保健医療サービスの担い手である各専門職の専門性や、その力量の発揮に、大きく影響する。ここでは保健医療サービスの提供にかかわる専門職に共通して求められる専門性と、利用者へのかかわり方について検討する。そして、チームとしてよりよいサービスを提供するための専門職連携を学ぶ。併せて、業務指針との関係から医療ソーシャルワーカーの役割が活かされるための発展的な検討を行う。

第9章　利用者の利益とチーム医療

はじめに

　人は病いを得て、医療機関を訪れるのだが、当然、病いが人間の形をしてあらわれるのではない。人は社会生活を営んでおり、生活者として病いを得たのである。肝心なことは、病いを得た人が、再び社会生活に戻ることが難しくなった場合である。その時、人は、その人なりの生き方を見つけなくてはならなくなる。医療機関は、そのためにできる限り支援をしなくてはならないが、それが難しくなっている。かつては、病気になっても一つの病院に入院し、治療を受け、治れば帰るし、そうでなければ亡くなる、ということが多かった。医師も患者を生活者として遇することができていた。

　しかし、少子高齢化、核家族化、慢性疾患の増加など病気の形態も変わるなどさまざまな要因で、国は、医療の機能分化を進めてきた。患者は、短期間で急性期から回復期、あるいは慢性期の医療機関や高齢者専門賃貸住宅、有料老人ホームなどを選択せざるを得なくなってきた。

　このような状況のなか、医師らは、患者を生活者として理解する間もなく、そのまま次の機関に患者情報を提供し、退院を進めていくことになる。今の医療システムでは、患者は生活者としての支援を受けにくいと言わざるを得ない。それをかろうじて補っているのが、医療ソーシャルワーカー（以下 MSW）ではないだろうか。

　この章では、チーム医療の一員として MSW は、どのように取り組んでいるのか、どのように利用者の利益を守ることにつながっていくのか具体的に事例

126　第Ⅲ部　専門職連携と医療ソーシャルワーカーの役割

を挙げて考えてみたい。

1.　利用者の利益をめざしたサービス

1）医療機関の特徴とその目標

　人は、急に病気になったとき、かかりつけ医がいればそこに相談するし、そうでなければ救急車を呼んで医療機関を受診する。重症であれば、かかりつけ医も救急病院などへ紹介をする。それらの病院は、「特定機能病院、地域医療支援病院の他、急性期病院では、重症・救急患者を主に受け入れ短期間に集中的に高度専門医療技術を用いて治療し、症状の改善を図る」[1] ことを行う。

　急性期の医療機関では、救命が目標で、それが短期間に行われる。その後、リハビリテーションが必要であれば、回復期リハビリテーション病棟がある医療機関に転院することになる。ここでの治療は、在宅に向けて、病棟においても療法室においてもリハビリテーションを行うことである。ただし、リハビリテーションが必要であるからといって、だれでも、いつでも入院してリハビリテーションを受けられるということではない。発症から退院までが一定の期間内でなくてはならないし、入院期間も、病名や症状によって期間は異なるが期限付きである。それに適った患者は、集中的にリハビリテーションを受けることができる。

　地域包括ケア病棟は、同じようにリハビリテーションを受けることができる。この医療機関では、とくに、在宅復帰支援の担当がいることが要件になっており、患者が在宅へ復帰することが求められる。入院するには、回復期リハビリテーション病棟と異なり発症から転院までの期間や病名症状は問われないが入院期間は限られている。

　長期に療養・介護を余儀なくされた場合には、介護療養型医療施設、介護老人保健施設があるが、入所までに時間がかかったり、患者や家族の希望する施設への入所は困難であったりと問題が多い。

　医療機関は、機能分化によって国のいう「症状にふさわしい治療」を分け持つようになったが、このような医療機関のあり方は、生活者としての患者より

第9章　利用者の利益とチーム医療　127

も、疾患によって移っていく、まさに病いが人の形をしているという視点が優先されやすい状況をつくった。MSW が、在院日数の短縮という方針の中で、患者の利益との板ばさみになって悩んでいるのが現実である。

2) チーム医療のあり方

　チーム医療とは、医師や看護師とコ・メディカル（医師、歯科医師、看護師以外の医療関係職種）により、適切に医療を行うことによって、患者を社会生活へもどすことを目標とする働きである。チーム医療のありようは、これまでに述べたように医療機関の役割によって異なる。しかし、一般的に、人々は医療機関によって目標が異なることなどを知らないで日常を送っている。それが、病気になった途端、病気のことを考える間もなく、今後のことを考える余裕を持たないまま、次の医療機関のことを考えなくてはならなくなる。そのような状況において、利用者がスムーズに治療を続けていくためのチームのあり方とはどのようなものか、事例を通して解説していく。

(1) 急性期医療でのチームのあり方

事例：患者・家族の主体性をチームでサポートする

　Aさんは、夫と死別してからは、一人で清掃のパートをしながら働いていた。経済的には楽でなかったが、何とか生活はできていた。親や兄弟はいないが息子が遠方にいる。

　Aさんは、職場の更衣室で倒れていたのを同僚に見つけられ、救急車で病院に運ばれた。救急病院では、脳梗塞という診断により治療が始まった。Aさんの状態は2週間も経つと落ち着いてきた。息子は、主治医から「状態が落ちついてきました。左のマヒは残っていますが、これはリハビリテーションを行うことで回復するでしょう。次の治療はリハビリテーションです。相談をする担当の医療ソーシャルワーカーに会ってください」と説明を受けた。

　息子は、「まだ2週間しか経っていないし、落ち着いたといっても食事を摂ることもできないし、歩けない。トイレだって行けなくておむつをしているのに」と、問いかけると、主治医は「ここは急性期の病院なので、

128　第Ⅲ部　専門職連携と医療ソーシャルワーカーの役割

> この後の治療はできません。次の病院を紹介しますので連携室に行ってほしい」と再度相談に行くことをすすめた。

　少し前の資料になるが、 厚生労働省の平成 20 年度受診行動調査によると、入院している人の 45.9％の患者が完治するまで同じ病院に入院していたいと希望している。これは、特定機能病院で 45.8％、大病院では 44.1％、中病院では 43.2％、小病院では 44.4％、療養病床を有する病院で 48.1％となっている。息子の不満は当然と言えるが、息子は連携室を訪れることにした。
　このように急性期病院の目的は救命であり、継続的な治療は次の医療機関へ繋ぐことである。チームワークはそのために能力を発揮することになる。いかにして、次の医療機関と「連携」し、治療の継続を可能にするのか。主治医は、患者や家族が納得したうえで、そのことを進めていくために連携の専門家として MSW を紹介することになる。MSW は連携に必要な情報をチームメンバーから収集したり、医師の病状説明に同席し通訳的役割を果たしたりする。
　息子の「なぜ？今の退院？」という不満、「どのようにして探せばいいの？」という不安を軽減することが、医療機関の目標を達成するために必要になる。Ａさんや息子の気持ちを配慮し不満や不安を軽減することと、早期の退院を成し遂げるとは、相反することのようにみえるが、実際には、Ａさんや息子の不満や不安の軽減が早期の退院につながるのである。
　息子は、MSW から急性期医療の役割について説明を受けたことで、次の医療機関に行くことが患者の利益につながるということを理解した。MSW は、転院先を決めるにあたり、Ａさんと息子に「何を大切に決めていきたいと思っているか」について尋ねた。ここで安易に転院先を紹介するのではなく、利用者がこれからのことをどのように考えていくかの第一歩として思いを尋ねることが大切である。思いを引き出すことが、彼らの尊厳を守り、自己決定を促すことにつながる。彼らは、リハビリテーションができるところ、遠方にいる息子が見舞いに行きやすい場所にあること、を大切にしたいと話した。MSW は、回復期リハビリテーション病棟のあるＢ病院の見学をすすめ、その結果、転院することになった。

（2）回復期医療でのチームのあり方

　回復期リハビリテーション病棟では、病棟での生活においてもリハビリテーションをめざした取り組みが行われる。治療の目標は、医師をはじめ看護師、理学療法士（以下 PT）、作業療法士（以下 OT）、言語聴覚士、MSW、薬剤師、栄養士らがいつも話し合って決めていく。ここでは、それぞれが専門家の立場で患者の状態を報告し、チーム全体で目標を決めていく。専門職は自分の専門性を出して議論をすすめていく。カンファレンスではそれぞれの専門職がお互いの専門性を認め、違いをどのようにして共通のものにするかが重要である。その調整を行うのが、患者の代弁者としての役割をとることの多い MSW ではないだろうか。チームの目標が患者の利益とずれないための調整能力を MSW は求められるのである。

　チーム医療のメンバーは、医療機関内の機能を「分け持つ」という役割を担う。医療機関の機能は有機的なものであるから、直接的に治療を行う医師やそれをサポートする看護師、コ・メディカルのそれぞれの役割はお互いに影響しあうものとなる。ただ、医療現場では法的に独占している業務、たとえば、医師や看護師、専門性がはっきりしている PT や OT などについては、影響しあうことはあっても誰でもが代わりに役割を担うことはできない部分もある。しかし、たとえば、MSW が「退院支援の役割」しか持てないということではなく、それぞれの機関のありようによっては「苦情窓口」や「セカンドオピニオン」の窓口になることもあるように、それぞれの専門職が何を分け持つかは、チーム内での関係によって決まる。とくに MSW は、業務の境界がはっきりしないことが多いため、信頼の厚い MSW は、いろいろな役割を「分け持つ」ことになるし、新人の MSW はできるだろうと判断されたことから役割を「分け持つ」ことになるだろう。チーム内の専門家らから信頼されることで分け持つ場は広がる。チーム内での関係によってあり方が規定されるなら、チームリーダーは、機関の機能を十分に周知し、より良い人間関係を構築している人になるだろう。

　先の事例のAさんの治療経過を追ってみよう。

　Aさんは、リハビリテーションの結果、下肢装具と杖で何とか歩くことがで

130　第Ⅲ部　専門職連携と医療ソーシャルワーカーの役割

きるようになった。リハビリテーションスタッフは、歩けるが実用的ではない
と考え、今後の生活は施設が安全と評価した。ところが、Aさんは自宅に帰り
たい、前のように一人暮らしをしたい、と考えていた。だが、自宅はエレベー
ターのない二階である。階段昇降は、訓練ができないほどの能力である。チー
ム・カンファレンスでAさんの希望を支持したMSWは、PTから「危険すぎ
る」といわれた。MSWは、Aさんの気持ちを大切にしたいこと、不可能なこ
とはAさんが納得しないと難しいこと、何より経済的な問題が自宅復帰を後押
ししていることをスタッフに伝えた。チームは、「では階段昇降をやってみて、
本人に納得してもらう」と結論をだし、階段昇降の練習が始まった。

　Aさんに「階段が上り下りできなければ自宅は難しい」ことを伝えると、A
さんはがぜん張り切り出し、ついに介助が必要ではあるが、何とか上り下
りが可能になった。次のカンファレンスでは、自宅訪問をすることになった。
MSWは、スタッフに、Aさんが自宅に帰った方が経済的に助かること、施設
も探しているが入所できるところが見つかりにくいこと、など退院に向けて動
いていることを逐一報告し、情報を共有した。

　この段階でPTやOTらは、そこまで帰りたいならリスクを最小限にするこ
とを目指そう、と自宅復帰がチームの目標となった。

（3）地域包括ケア病棟でのチームのあり方

　この病棟では在宅復帰率が重要になるため、特に在宅退院支援を行うことが
重要である。そのために支援する専門職は、入院評価会議から関わることにな
っている。在宅の可能性を入院の段階で評価することは、患者に負担をかけな
いことになる。入院期間が限られているため、在宅復帰が一定期間にできない
と評価される場合には、早期に受け入れ先を考えなくてはならない。ここでも
MSWは患者の思いを早めに評価し、チーム間で情報を共有できるようにする。
チームの役割は、病状やADLが、一定の期間で在宅に戻れることになるかど
うかを評価することである。不可能ならばどのような方法があるかを検討する
ことになる。その結果がチームの目標になる。

（4）慢性期医療でのチームのあり方

　長期にわたる療養や介護を必要とする患者が入院する場合、今後の方針をど

のようにするかは、医療機関によって大きく異なる。入院してくる前から、次の施設や病院を決めていないと受け入れない医療機関もあるし、それを問わない医療機関もある。また、病状に応じて受け入れることができなかったり、できたりする。慢性期医療では、それぞれの専門職が現在どのような動きになっているか、というチームメンバーへの心配りが必要である。藤田は「慢性期医療機関では、病棟業務がますます多忙になっているだけではなく、全体的に柔らかさよりも張りつめた空気がただよい始めているように感じる」[2]という。現在は、在宅退院を進める方向になっており、在宅生活ができないため慢性期医療への入院となっている患者を支援するには、どのようなチームワークが必要なのか。今後の課題である。

2. 苦情対応と情報公開の実際

1）患者や家族が情報公開を求める時

医療機関の目標が患者や家族の利益と一致しない場合、あるいは一致していないと患者らが考えた場合に苦情という形になる。苦情は、組織のありようにつながっているため、どのスタッフが対応するかは十分考慮されなければならない。まず、そのスタッフは患者や家族に対して公平な態度で対応できる人でなくてはならない。これは非常に難しい。というのも、治療に直接的に関与している専門家たちは、一生懸命にしてきたことを否定されたという気持ちが出てくるし、また、苦情を聴くことに慣れていない。そこで、医療機関では第三者的立場で直接的に治療に関わっていない MSW がその役割を担うことが多い。対人関係、関係調整についての専門家としての信頼があるからである。ただし、MSW は自分達の専門性がどこにあるのかを忘れてはならない。

2）苦情の対応の実際

苦情は、チームはもとより組織が成長する機会になり得るものである。そのことを十分に心がけて対応する。苦情を面倒なことと思わないことである。以下は、筆者が苦情を受ける時、患者らの不信感を募らせないために心がけてい

たものである。

①何が起きるのだろうかと、構えたり、緊張しすぎたりせずに、ゆっくりと真剣に、お話を伺いたいという姿勢で臨む。平静を装うあまり無表情な顔つきになると、相手によっては小馬鹿にされたと思ったり、圧迫感を感じたりするので気をつける。自分の非言語的行動がどのような印象を与えやすいかは、日頃から観察して注意しておく。

②言い訳をしない。

③安易に謝罪はしないが「そのような事があれば（仮定）怒りたくなるのはもっともです」と共感の態度で接する。

④話の内容については、要約したり、本質を伝え返したりして確認をとる。患者らが感情的になっているときは、彼らの感情そのものに焦点を当てないようにする。当てすぎると、ますます思いが募り、冷静な対話が成立しにくくなる。

⑤苦情の内容については、判断し対処する立場でないことを伝え、責任者に報告するために内容の確認をし、了解をいただく。報告後の対応について、どのような手順で返事を行うのかを説明し、確実に行う。

⑥最後に、言いにくいことを言ってくれたことに感謝していると、お礼を述べる。「言ってやろう」と意気込んでくる人もいるが、そこに至るまでには迷いがあったりする。また、困りに困って言いに来る人もいる。その行動を「ありがたく受けとめている」ことを伝えるのは、重要である。

3) 組織のあり方とコンプライアンス

苦情の対応では、苦情を受けた後の組織の姿勢が大切である。一つの苦情の後ろには、多くの無言の苦情があるという。苦情から学ぶことは多く、真摯に受け止めることが組織を再生する力になるのである。たとえば、一つの苦情から組織としての不都合をみつけだし、そこから組織の改善を図ることが可能になり、コンプライアンスを守ることにもつながるということもあり得る。

苦情を受けた者は、組織の長に報告する。この報告は、長が、苦情に関係する専門家等を集合させ事実関係について確認を行うための重要な情報である。

報告者は、憶測ではなく聞いた内容を忠実に伝えなければならない。組織は命令系統がはっきりしているので、関係者が集まる前に、報告者が個人的に動くことは現場を混乱させる。

　苦情を受けた者の発言は、患者らの気分を直接に受け影響されていることがあり、感情に走りやすくなる。そのため、原因となった人を探し出し追求したくなることがある。「人は誰でも過ちを犯す」ものであるから、これから同じ過ちを起こさないために「何をすべきか」という視点を心がけることが重要である。

　苦情を受けてからの組織の行動は各組織によって異なる。しかし、関わった専門家等はそれぞれの倫理綱領に則って行動をすべきである。「倫理」とは、特別なことではない。和辻によると「『倫』は、仲間で共同体としての意味を含むという。仲間は、人々の仲であり間である。『理』はことわり、筋道である。つまり、『倫理』とは『人間の道』」[3]ということである。しかし、正しいことを率直に言うことが歓迎されない場合もあることを、人々は知っている。どのような対話が効果的なのかは、日頃の人間関係が良好かどうかなど様々な要素が絡んでいる。つまり、共同体の一員としてのつながりがなければ、筋道を話すのは難しい。チーム間でのつながりは、専門家としてお互いを尊重し合っているかどうかが深く関わる。そのことが、最終的には組織を成長させることにつながるのである。

　誤解から苦情が生じている場合も、苦情の内容が正しい場合も、長の最終的な判断に従って行動をする。いずれにしても、うやむやにしない組織のあり方が、コンプライアンスを重視した組織のあり方といえよう。

おわりに

　人は病いを得たとき、医療機関の支援を期待する。これは当然のことである。また、医療機関もその人の病いを治し、再び社会生活に戻ることを支援したいと考えている。それを可能にするためには、現在の医療システムにおいては、チーム医療を行うしかない。チーム医療では、MSW が利用者の思いを代弁す

ることで、チームメンバーが専門職の立場から患者を生活者として捉えなおし、患者の今後をいち早く理解し、患者が自分で未来を見据えることを手助けする。そのことは、患者が再び社会生活に戻ることを支援し、また、戻ることが不可能になった場合でも、より自分らしく生きられるように支援することを可能にする。チーム医療が患者の期待に応えるには、チームメンバーのひとりひとりが自分の専門性を意識し、チーム全体として効果的に機能するよう努力すべきである。

【注】

1　金蔵常一「医療ソーシャルワーカー実践の場の分化」、村上須賀子・大垣京子編『実践的医療ソーシャルワーク論 第二版』金原出版、2009年、p.34

2　藤田花緒里「療養型病床群」同上書、p.192

3　和辻哲郎『人間の学としての倫理学』岩波書店、2007年、p.10-16

第10章 意思決定を支えるインフォームド・コンセント

はじめに

　人は病気や怪我を患ったとしても、患者である前に生活者である。生活者である私たちは、普段の暮らしの中で、その事柄の大小に関わらず、様々な決定をしながら生きている。この決定は、患者になっても同じことである。

　医療の現場で、患者の自己決定は、インフォームド・コンセントとして認識されつつある。加えて、患者が医学的な決定を行うために、患者と医師との間で行われるインフォームド・コンセントは、重要な意味をもっている。なぜなら、先に述べた生活者としての決定の中で、医療の自己決定は、命や健康に関係する決定でもあるからだ。では、この患者と医師との間で行われるインフォームド・コンセントにおいて、医療ソーシャルワーカー（以下、MSWとする）は、どのような役割を担っているのか。そして、MSWが関わることが、どのような意味をもつのか。

　この章では、事例も交えながら、インフォームド・コンセントとMSWの関係について考えてみる。

1. インフォームド・コンセント

1) インフォームド・コンセントとは

　インフォームド・コンセントとは、説明（Information）に基づく、同意（Consent）のことである。つまり、「患者が診療を受けた後、自分の状態について医師から説明を受け、患者は納得したうえで医師が提案した治療方針に同

136　第Ⅲ部　専門職連携と医療ソーシャルワーカーの役割

意する」ことである。

　このことからもわかるように、インフォームド・コンセントの基盤は、人権
（患者の権利）の理念に基づく、患者の自己決定の尊重である。これは、人間
の尊厳が医療の領域においても当然であり、「自分の命に関することは自分で
決める」という、人間として当たり前の尊厳と自由が存在することを指す。

　ただし、患者が、医師が提案した治療方針に納得して、同意するためには、
十分に自分の病気について知る、ということが前提となる。そもそも、医療の
専門家である医師と、医療の専門家でない患者の、医療に関する知識には差が
あって当然であろう。MSW はクライエント（患者）の支援を行う場合、まず、
患者が自分の身体のことを、どの程度理解しているかを確認する必要がある。
患者の理解が不十分である場合には、何度でも、医師から患者への説明の場を
設定する必要がある。加えて、MSW はインフォームド・コンセントの場に同
席し、場合によっては、医師の言葉を患者にわかりやすく言いかえたり、患者
の思いを代弁するなど、患者が医師の説明を理解できるよう、支援する役割を
もつ。

事例 1

　患者は誤嚥性肺炎を繰り返していた。それまでの嚥下評価でも、「口か
らの食事はかなり誤嚥の可能性が高い」と評価されていた。何度目かの入
院時には、患者の意識も、はっきりせず、口からの食事も限界にきていた。
患者は元気なときに、「自分がもしもわからなくなったら、夫に自分のこ
とは決めてほしい」と事前指示を行っていたため、介護している夫に、主
治医から「今後、栄養をどのように摂るのか」についてインフォームド・
コンセントが行われ、MSW も同席した。

　主治医は夫に、今後の栄養方法として、3 つの方法を説明した。その 3
つとは、①経鼻経管栄養、②胃瘻、③点滴、である。主治医は、丁寧にそ
れぞれの利点やリスクを説明した。MSW は時々、医師の言葉を言いかえ
て伝えた（たとえば、医師が「経鼻栄養」と言えば、「経鼻栄養とは鼻か
ら管を、胃の中まで入れて……」というように）。また、MSW は主治医

と共に、夫の説明に対する理解を確認するため、「ここまでで何か質問はありませんか」「お話のスピードは速くないですか」などと声掛けをしながらその場に立ち会った。しかし、夫はなかなか決めかねている様子であった。（夫は70代後半であるが、認知面の問題もなく、自分の生活や病気についても、しっかりと、自分のことは自分で決めることができた。）

　そこでMSWは夫に、まず、「奥様が話せるとしたら、なんておっしゃるでしょうね」と尋ねた。すると夫は、「うちのは、元気なときに、もし、自分が寝たきりになったとしたら、『なにもしてほしくない』と言っていました」と答えた。MSWは夫の答えを受け止めたうえで、続けて、「決めるために、どんなことがわかれば決められそうですか」と尋ねた。すると、夫はしばらく考え、「胃瘻とかにすれば、また、前のように元気になるんでしょうか」と主治医に質問した。主治医は、どの方法を選んだとしても、予後は厳しいことを夫に伝えた。その結果、夫は、患者の『なにもしてほしくない』という意向を尊重し、栄養方法は点滴のままを選択した。

2）インフォームド・コンセントの歴史

　「インフォームド・コンセント」という言葉が医療の現場に登場したのは、1957年にカリフォルニアで下されたサルゴ事例判決[1]とされる。この事例は、患者が腹部大動脈の造影検査後に下半身麻痺になったというもので、検査の危険性について医療者側から事前の説明がなかったことを問題として患者が訴えたものである。判決文には、「患者が医師の提案した治療法に対して知的な同意をする基礎を作るのに必要な事実について、もし医師が患者への義務に違反して、何も説明しなかったならば、医師は責任を負わなければならない。また、患者に同意して貰うためには、医師は、処置や手術について分かっている危険性は最低に見積もって話してはいけない。と同時に、医師は、何よりも患者の福祉を最も重視しなければならない。それゆえ、危険性の内容について説明する時には、インフォームド・コンセントに必要な事実の十分な開示に調和する程度の慎重さが必要であることを認識することである。裁判所からの陪審への指示を修正して、医師にはインフォームド・コンセントに必要な事実の十分な

138　第Ⅲ部　専門職連携と医療ソーシャルワーカーの役割

開示と、勿論それに調和した自由裁量とがあることを、陪審に告げるべきである」と述べてある。

　これ以後、アメリカでは1960年代に入ると、「患者の人権運動」も起こり、サルゴ事例と同様の判決が相次いで下された。このようにして、医療の現場で、インフォームド・コンセントは、法的にも遵守するべきものとして定着していった。

　日本においても、1930年の長崎地方裁判所佐世保支部判決で、医療者側から患者への説明義務に違反するという判決がある。こうした判決はあったが、日本でインフォームド・コンセントの概念が用いられるようになったのは1980年代後半頃からである。1990年に日本医師会の生命倫理懇談会より「『説明と同意』についての報告」が公表された。その後、1997年に医療法の改正が行われ、インフォームド・コンセントが医療者の努力義務として盛り込まれたのである。

3) インフォームド・コンセントと意思決定支援

　インフォームド・コンセントでは、患者に法的同意能力（理解能力・判断能力）があることが前提である。では、「同意する能力がある」とは、どういうことであろうか。

　「ユネスコ生命倫理学必修」によると、「同意する能力の基準は、自己の立場、提案された治療の性格、代替法、受け入れたときあるいは拒否したときに起こる結果、選択肢それぞれの危険と利益などが理解されればよい」としている[2]。

　この基準から事例1をみてみよう。事例1では、患者は意識がはっきりせず、表10-1の③に該当する。さらにこの事例では、患者が事前指示で夫を意思決定の代行者としていたため、夫にインフォームド・コンセントが行われたのである。

　では、事例1でMSWは夫が意思決定を行うために、インフォームド・コンセントの場にどのように関わっていくだろう。インフォームド・コンセントで大切なことは、まず、患者が病気について正しく理解することである。

　このことを踏まえ、事例1をみると、MSWは医師の言葉を夫にわかりやす

第10章　意思決定を支えるインフォームド・コンセント　139

表10-1　同意する能力の基準

①与えられた情報を理解する能力
②状況の性質を十分に認識する能力
③関連する事実を評価する能力
④選択を執行する能力
⑤理解した情報を現実的かつ合理的な意思決定に用いる能力
⑥同意もしくは非同意の意思決定の結果を十分に認識する能力

国際連合教育科学文化機関（ユネスコ）人文社会科学局著、浅井篤、高橋隆雄、谷田憲俊、監訳：ユネスコ生命倫理学必修（第1部）授業の要目、倫理教育履修課程、医薬ビジランスセンター、2010より

表10-2　同意する能力がない人の区分

1. 対象者からの区分
　①いまだ自己決定ができない人々（たとえば、未成年など）
　②もはや自己決定ができない人々（たとえば、認知症患者など）
　③一時的に自己決定ができない人々（たとえば、意識のない人など）
　④恒久的に自己決定ができない人々（たとえば、重度の知的障害者）

2. 状況からの区分
　①経済的に恵まれない状態
　②読み書きができない
　③社会的・文化的事情
　④とらわれた人々（たとえば、囚人や実験補助者など）

国際連合教育科学文化機関（ユネスコ）人文社会科学局著、浅井篤、高橋隆雄、谷田憲俊、監訳：ユネスコ生命倫理学必修（第1部）授業の要目、倫理教育履修課程、医薬ビジランスセンター、2010より

く言いかえることはもちろんのこと、医師と共に、夫が医師の説明を理解できているかも確認している。さらに、決めかねている夫に対し MSW は、「解決構築」[3] の面接技法を用い、夫が自己決定できるよう支援を行っている。

　万が一、患者が自分で決めることができず、「お任せします」と言った場合、「今までに大事なことは、どのように決めてきたのか」、「決めるためにどのようなことがあれば（わかれば）、決めることができそうか」というような質問を行い、患者が自己決定できるよう支援を行う必要がある。このような MSW

の関わりは、患者の権利を基本に据える医療福祉の原点と言えよう。

4）判断能力がない患者へのインフォームド・コンセント
—— 患者の意思の推定と意思決定代行者

事例1のように、患者に判断能力がない場合、家族が意思決定代行者となり、治療方針を決断することになる。しかし、この代諾については賛否両論ある。

谷田は、家族が意思決定代行者になることについて、「有史以来のやり方」[4]という見解を示している。

意思決定代行者が決定する場合でも、可能な限り患者自身の意向を尊重することが望ましい。MSW は意思決定代行者に、事例1で行ったように「患者が話せるとしたら、なんと答えるでしょうね」という質問や、あるいは「今まで何かを決めるときには、どのように決めてきたのか」という質問を行う。MSW のこのような声掛けは、意思決定代行者の「一人で決めた」という心理的負担を減らすことにもつながる。

事例2

患者は 80 代女性。脳梗塞による重度の右片麻痺と失語症、嚥下障害が残っていた。嚥下障害も重度であり、栄養を口から摂ることは難しく、食事は鼻から入れたチューブ（以下、経鼻経管栄養とする）で摂っていた。また、患者は身寄りがなく、病前はアパートに一人暮らしであった。

ある日、患者が左手で鼻から入れたチューブを抜いたため、医師や病棟は安全面から、患者の左手にミトンをつけることを決めた。この日から患者は、主治医や看護師の姿を見ると、ミトンのついた左手を振り、困ったような顔を見せるようになった。病棟では、誰かの目があるときには、患者の左手のミトンを取って対応しており、その際に患者は、左手を振ることも、困ったような表情を見せることもなかった。このことから、主治医をはじめとする院内のこの患者に関わるスタッフは、まず、スタッフ間でカンファレンスを行い、ミトンを外すためにどのような方法があるかを話し合った。一つは、食事のたびに経鼻経管栄養のチューブを入れたり、抜

いたりする方法。もう一つは、経鼻経管栄養をやめ、胃瘻（胃にチューブ
を造設し、栄養を入れる）にする方法があがった。一つ目の食事の度にチ
ューブを入れる方法は、この患者の場合、一度抜くとなかなかチューブが
入りにくく、かえって患者の身体的苦痛を増やすことになると考えられ、
「現実的でない」と却下になった。残る方法は、二つ目の胃瘻をつくるこ
とであった。胃瘻を造ることで、ミトンを外せ、患者の笑顔が増えること
が予想されることや、食事の時間を短縮できるので、患者が食事で拘束さ
れない時間が増え、患者に良い影響を与えるのではないかとチーム内から
意見があがった。しかし、医師がインフォームド・コンセントを行っても、
患者には重度の失語症があり、患者自身の意思を確認することが難しかっ
た。また、患者の代わりに意思決定代行を行う親族もいなかったため、主
治医は胃瘻を作ることについて、院内の倫理委員会に諮ることを決めた。

　まず、1回目の倫理委員会では、倫理委員会申請に至った経緯が、主治
医と病棟から説明された。この1回目の倫理委員会では、「胃瘻を造るこ
とが、本当に患者のためになるのか。医療者側の都合ではないか」、「本当
に親族はいないのか」についての議論が中心となった。

　MSWはすでに、患者の今後の生活についてもアセスメントを行ってお
り、成年後見制度利用も視野に入れていた。しかし患者には、成年後見制
度の申立者がいないため、MSWは行政に相談し、行政が患者の親族調査
を開始していた。1回目の倫理委員会でMSWは、親族の状況について行
政が調査中であるという報告を行った。

　1回目の倫理委員会では結論は出ず、2回目は病院と全く関係のない、
第三者の弁護士も交え、委員会を開催することとなった。2回目の倫理委
員会のときにも、主治医や病棟から経過が伝えられ、MSWは親族調査の
結果を報告した。親族調査の結果は、親族はいたが、30年以上交流がなく、
「一切患者には関われない」、というものであった。さらにMSWは、こ
の患者が30年以上住んでいるアパートの大家と長年に渡り交流があった
ことを報告した。また、MSWより、病前に患者と近しかったアパートの
大家と近日中に面接予定であることも伝えた。その結果を3回目の倫理委

142　第Ⅲ部　専門職連携と医療ソーシャルワーカーの役割

員会で報告し、検討することとなった。

　MSW が患者の住んでいたアパートの大家と面接した結果、患者は30年に渡り、この大家の家に毎日お風呂に入りに行っていたこと、大家は患者を「お母さん」と呼び、患者は自分の身の上を話すほど親交があったことがわかった。さらに、患者はこの大家に、「自分がもしも寝たきりになったら、縛られたり、機械につながれたりしたくない」と話していたことも面接の中でわかった。

　3回目の倫理員会では、MSW から大家との面接の内容が報告された。この MSW の報告の中で、患者が元気な時に大家に話していた「自分がもしも、寝たきりになったら、縛られたり、機械につながれたりしたくない」という話から、倫理委員会は、「患者は、左手につけられたミトンを不快に感じていることを表出しているのではないか」ということが推察できるとした。故に、「患者が話せるとしたら、医師からのインフォームド・コンセントの結果、胃瘻を選択するだろう」と、倫理委員会は結論を出し、胃瘻を造ることが承認された。そして最後に、今後、患者の病態に変化があれば、当院がいつでも対応していくことも確認された。

　この事例でも患者は重度の失語症のため、自分の意思を表すことができなかった。さらに、事例１のような事前指示もなく、意思決定代行を行う親族もいなかった。しかし、病院は胃瘻を造ることについて、医療者側の価値観やスピードだけで物事を進めず、あくまでも患者の意思を大事にすることを心掛け、時間と議論を重ねた。MSW は丁寧なアセスメントや、患者と関係する人々と面接を行うことはもちろんであったが、しかしそれだけでなく、MSW は、時に職種の違いから意見の食い違いがあった場合には、「誰のために検討するのか」という「クライエント（患者）の自己決定とクライエント（患者）の権利の尊重」という基本を忘れず、他職種に説明し、院内、院外（行政も含め）の連携を行った。

5）医療ソーシャルワーカーとインフォームド・コンセント

　インフォームド・コンセントは、患者と医師の間だけのものではない。MSWがクライエント支援を行う上でも、インフォームド・コンセントが大切である。「医療ソーシャルワーカーの倫理綱領」[5] の中にも、このことが示されている。倫理綱領の中には、インフォームド・コンセントという言葉は使われていないが、それにあたる表現がある。倫理基準の「説明責任」や「利用者の自己決定の尊重」、「利用者の意思決定能力への対応」は、インフォームド・コンセントを表しているといえよう。

　つまり、MSWがクライエントの自己決定を大前提にするのは当然のことであり、加えて、MSWがクライエント支援を行うときには、クライエントに支援方法を伝え、その結果、予測できる可能性についても説明したうえで、クライエントと共通目標を共有することが大切である。

　MSWがどのように支援方法をクライエントへ伝え、クライエントと共通目標を共有するかについて、簡単であるが次に事例をあげておく。

事例３

　50代の難病の患者Ａさんは、移動に電動車椅子を使用するが在宅サービスを利用することなく、10年ほど１人で生活できていた。しかし、年数の経過と共に、Ａさんの病状は少しずつ進行し、状態が悪い時には、外来に来ることもできなくなっていた。そのため内服薬が途切れてしまうこともあり、内服薬が途切れることで、Ａさんの症状はさらに悪化するという悪循環が起こるようになってきた。Ａさんもこの状態をどうにかしたいと考え、MSWに相談に訪れた。

　MSWは、まずＡさんが病状について医師からどのように説明を受けているかを確認した。MSWは、Ａさんが自分の病状について正しく理解できていることを確認したうえで、次にＡさんが在宅で「どのように暮らしたいか」、と「今までどのように暮らしてきたか」を尋ねた。また、合わせて「今までの生活の工夫」についても尋ねた。Ａさんの在宅生活の希望は、「薬が切れないようにして、今までと同じ（好きな音楽を聴いたり、

144　第Ⅲ部　専門職連携と医療ソーシャルワーカーの役割

友達と遊ぶ）生活をしたい」というものであった。さらに MSW は詳細に
Ａさんの生活について確認し、Ａさんの望む生活について教えてもらった。
　その後、MSW はＡさんの望む暮らしの実現に向けて、「MSW がどのよ
うに役にたてるか」について尋ねた。するとＡさんは、「薬を切らさない
ようにするための方法がわかるといい」と答えたので、MSW はＡさんに、
今日の面接で話し合う内容について確認したうえで、今日のＡさんとの面
接の共通目標を、「Ａさんの望む暮らしを実現するために、薬を切らさな
いための方法についてわかること」とした。ここで初めて、MSW は社会
資源（薬剤師訪問サービスなど）をＡさんに紹介した。また、MSW はＡ
さんに、社会資源を活用しても考えられるリスクについても説明し、その
時の対応についても話し合った。MSW は面接の進み具合やＡさんの理解
を確認しながら面接を進めていった。結果、Ａさんは納得し、自分の望む
暮らしの実現のためにサービス利用を決めたため、MSW は、サービス利
用に向けてどのように進めていくかをＡさんに示した。
　Ａさんは現在も、サービスを利用しながら在宅生活を続けている。

おわりに

　インフォームド・コンセントは患者の権利である。患者が自分の病気を理解
し、納得して自分で決めることは生活者として当然のことである。しかし、医
療者側と患者では医学の情報に差がある。また患者の多くは医療従事者に遠慮
し、思っていることを十分に言えないことも多い。MSW はそのことも理解し、
生活者であるクライエント（患者）支援を行わなければならない。そのために
も、MSW は医療福祉の専門職として、真摯に学び続ける責任がある。

2.　サービスの質の確保と専門職としての成長

　ヒューマンサービスの様々な分野で、各提供機関がサービスの質の自己評
価・自己点検や外部評価を行い、その結果を公表することが求められている。
　特に専門性の高い保健医療サービスのような分野においては、提供するサー

ビス内容に関する知識において、提供者側（専門職）と利用者（患者・家族）との間で「情報の非対称」が生じやすいため、サービスの質を客観的に評価し、一般向けにわかりやすく公表することは、利用者がサービスを選択する際に重要な参考になる。

医療機関を対象にした第三者評価機関としては、財団法人日本医療機能評価機構があり、厚生労働省や日本医師会、健康保険団体連合会など幅広い団体・個人からの出資で運営されている。その他にも患者主体の医療の実現を目的とした非営利団体などが患者サービスの度合いを評価している。

ここでは、どのような観点から保健医療サービスの質が評価されているかを理解するために、日本医療機能評価機構が実施している病院機能評価事業について紹介する。

1）組織としての質の確保

同機構では、医療環境や社会の変化に応じて数年ごとに評価項目を改定しているが、2015年度からは「機能種別版評価項目 <3rdG:Ver1.1>」を適用しており、6種類に区分した病院の機能種別ごとに評価項目を設定している。[6]

次に示すのが、全ての種別に共通となる4つの評価対象領域であり、各領域に大項目、中項目が列記され、それを評価するための視点がさらに具体的に列記されるとともに、評価の参考にする要素までが列記されている。

〔第1領域〕患者中心の医療の推進
　　　　　・病院組織の基本的な姿勢
　　　　　・患者の安全確保等に向けた病院組織の検討内容、意思決定
〔第2領域〕良質な医療の実践1
　　　　　・病院組織として決定された事項の診療・ケアにおける確実で安全な実践
〔第3領域〕良質な医療の実践2
　　　　　・確実で安全な診療・ケアを実践するうえで求められる機能の各部門における発揮
〔第4領域〕理念達成に向けた組織運営

146　第Ⅲ部　専門職連携と医療ソーシャルワーカーの役割

　　　　　・良質な医療を実践するうえで基盤となる病院組織の運営・管理
　　　　　状況
　「地域医療を支える中小規模病院」を対象とする「一般病院1」の機能種別
では、中項目の数が全部で71項目に及ぶが、このうち、最初に問われる第1
領域の一番目の評価項目を例にとると、次の要素から構成されている。
〔大項目〕1.1 患者の意思を尊重した医療
〔中項目〕1.1.1 患者の権利を明確にし、権利の擁護に努めている
〔評価の視点〕○患者の権利が明確にされており、実践の場面で擁護されてい
　　　　　　　ることを評価する。
〔評価の要素〕●患者の権利の明文化
　　　　　　　●患者の権利の内容
　　　　　　　●患者・家族、職員への周知
　　　　　　　●権利擁護の状況
　　　　　　　●患者の請求に基づく、診療記録の開示状況

　これに続く二番目の評価項目は、「患者が理解できるような説明を行い、同
意を得ている」かどうかを問うており、いわゆるインフォームド・コンセント
の実施状況やセカンドオピニオンへの対応などが評価の要素に組み込まれてい
る。
　「患者支援体制の整備と患者との対話促進」もこの大項目の中の評価項目に
位置づけられており、「患者が相談しやすいように、相談窓口や担当者などが
明確にされていること、また、必要な経験や知識を有する職員が配置されるな
ど、相談支援体制が確立していること」が評価の視点とされていることから、
「総合相談窓口」や「医療相談室」の設置とMSWの配置も評価につながる
ことが考えられる。
　以上を概観すると、患者中心で利用者本位のサービスが提供される体制が医
療機関に強く求められていることがわかる。個々の患者に必要な診療そのもの
が適切かつ安全に行われることは医療機関に課せられた当然の使命だが、こう
した第三者評価に耐えられるようなサービスの質を常に保つ努力が、関係者に

求められている。

2) 専門職としての成長

　前述の評価項目には、第4領域の中に「教育・研修」という大項目が含まれている。院内での教育・研修だけでなく、院外の教育・研修機会に職員が参加することへの支援も評価対象となっているように、専門的な倫理・知識・技術が要求される医療分野のサービスでは、従事者の資質の維持・向上に向けた努力が常に求められる。

　およそ専門職にとって、生涯にわたる自己研鑽への努力は職業倫理のうちに含まれると言っても過言ではないが、日進月歩の医療技術に対応していく上でも保健医療分野の専門職にとって卒後教育や生涯研修は特に重要といえる。

　その責務は、個人や一医療機関だけの努力に負わせるべきではなく、各専門職団体が構成員の生涯研修を促し、組織的にサポートしていく体制を整えることが重要である。

　保健医療分野では、多くの職種が資格化されていることもあって、資格そのものの更新制は法的には採られていないが、それだけに現任者を対象にした継続的な研修システムの確立が重要と考えられ、実際に医師、歯科医師、薬剤師などをはじめ、各職種の専門職団体では、独自の生涯研修制度を設けている。

　初任者・新人向けの基礎的な研修から中堅向け、そして特定の専門分野に特化した研修プログラムまで、各団体でそれぞれに設けられている。後者については特に一定の年限以内に所定の研修ポイント（単位）を修了することを更新の要件とする認定制度を取り入れている場合もある。

　また、たとえば「がん専門看護師」のように、一定の要件を満たした大学院修士課程のカリキュラムと連動したスペシフィックな資格認定制度も、関係団体・機関の間で構築され、高度専門職業人教育と実践経験とを積み重ねながら、特定の分野での指導的な専門職を育成していく動きが各職種で見られる。

　特に重層的な仕組みを構築しているのが日本看護協会であり、前述の「がん専門看護師」の認定が1996年から始まって次第にバリエーションが増え、2017年12月現在、13分野の専門看護師、21分野の認定看護師、3つのレベル

148　第Ⅲ部　専門職連携と医療ソーシャルワーカーの役割

の認定看護管理者という 3 種類の協会内の資格認定制度を設けており、この時点でそれぞれの要件を満たした登録者数は、順に 2,104 人、18,728 人、3,328 人となっている。(最も新しいのは 2017 年 12 月に認定が始まった「災害看護専門看護師」) [7]

　また、日本理学療法士協会でも、基礎理学療法、神経理学療法、運動器理学療法など 7 分野の専門理学療法士と認定理学療法士の制度を実施しており、両者の分野構成が同じであること、前者は当該分野の研究能力の向上が、後者は当該分野の高い専門的臨床技能の向上などが目的とされているところが特徴的である。

　社会福祉分野でも、日本社会福祉士会とは別組織として設立された認定社会福祉士認証・認定機構によって、2012 年から認定社会福祉士制度が始まり、高齢、障害、児童・家庭、医療、地域社会・多文化の 5 分野の高度な専門知識と技術を身に着けた社会福祉士を認定するようになったほか、一般社団法人認定介護福祉士認証・認定機構が発足した介護福祉士の分野においても 2015 年 12 月から認定介護福祉士の認定が始まった。

　こうした上級資格の創設は、各職種の生涯研修制度とリンクして、自己研鑽の目標づくりにつながることが期待されるが、普及が課題となっている職種もあるのが実情である。

　そして、保健医療サービスの専門職に求められるのは、技術的な面でのスキルアップだけではない。「感情労働」ともいわれるヒューマンケアの分野では、責任の重い多忙な業務に追われる日々が、多くのストレスを従事者に蓄積させる場合もあるだけに、バーンアウト(燃え尽き)を予防するような対策や、いわゆる「ケアする人のケア」も大切である。

　一方、実践のなかで改善や解決、解明をすべき課題や問題に直面した場合に、それを克服し、より良いサービスへと発展させていく手掛かりを得るために、保健・医療・福祉専門職などを対象とした社会人向け大学院でリカレント教育を受け、研究方法を身につけて、自らの研究テーマとして探究していくような努力も期待される。

　臨床・実践と、研究、教育とがトライアングルを構成するように循環し合う

関係が、保健医療サービスの各専門職の分野で構築されることが、個々の専門職の成長を支えるとともに、実践家が第一線の経験を持ち寄り、新たな知見の理論化を目指すような取り組みが幅広くなされていくことが、この分野の発展にとっても有益なはずである。

【注】

1　星野一正「インフォームド・コンセントの発展を促したナタソン判決. 時の法令」1998：1582 年、p. 47-551

2　谷田憲俊著「具体例からはじめる　患者と医療従事者のためのインフォームド・コンセント取扱説明書」診断と治療社　2013 年、p. 69

3　「解決構築」とは 1970 年代、アメリカ、ウイスコンシン州ミルウオーキーでインスー・キム・バーグ、スティーブ・ディ・シェーザーと同僚のセラピストが共同でつくりあげた面接技法。

4　谷田憲俊著「具体例からはじめる　患者と医療従事者のためのインフォームド・コンセント取扱説明書」診断と治療社、2013 年、p. 81

5　「医療ソーシャルワーカー倫理綱領」2005 年

6　公益財団法人日本医療機能評価機構「病院機能評価事業」 https://www.jp-hyouka.jcqhc.or.jp/accreditation/outline/　最終確認 2018 年 1 月 10 日

7　公益社団法人日本看護協会「資格認定制度 専門看護師・認定看護師・認定看護管理者」http://nintei.nurse.or.jp/nursing/qualification/　最終確認 2018 年 1 月 10 日

【参考文献】

秋山薊二「エビデンスに基づく実践（EBP）からエビデンス情報に基づく実践（EIP）へ — ソーシャルワーク（社会福祉実践）と教育実践に通底する視点から —」国立教育政策研究所紀要 第 140 集　平成 23 年 3 月

インスー・キム・バーグ／磯貝希久子監訳「家族支援ハンドブック」金剛出版、1997 年

大垣京子「医療ソーシャルワーカーの働き」村上須賀子・横山豊治編著　久美

出版、2010 年

川村隆彦「ソーシャルワーカーの力量を高める理論・アプローチ」中央法規、2011 年

佐藤俊一・竹内一夫・村上須賀子編著「新・医療福祉学概論」川島書店、2010 年

谷田憲俊著「具体例からはじめる　患者と医療従事者のためのインフォームド・コンセント取扱説明書」診断と治療者 2013

ピーター・ディヤング、インスー・キム・バーグ／桐田弘江・玉真慎子・住谷祐子訳「解決のための面接技法第 4 版」金剛出版、2016 年

星野一正「Ⅰ．レクチャーシリーズ 9 インフォームド・コンセントは如何にあるべきか？」日本産科婦人科學會雑誌 1999 年 2 月

医療法制研究会編『医療六法 平成 30 年版』中央法規出版、2018 年

第11章　医療ソーシャルワーカーの役割と
業務指針

1.　医療ソーシャルワーカー業務指針

1）医療ソーシャルワーカー業務指針作成までの経過とその意味

　医療ソーシャルワーカー（以下、MSWとする）には他の保健医療サービス専門職のような独自の国家資格はない。しかし、1989年厚生省（当時）より「業務」の「指針」が示され、その業務は、国からの認知を受けている。

　「業務指針」作成までの経緯には、長い年月を要している。

　1947年、保健所法が全面的に改正され、同法第2条に公共医療事業が、保健所業務のひとつとして規定されたことによって、医療ソーシャルワークが保健所の業務として法的に位置付けられた。今日に至るも医療ソーシャルワークの法的根拠は唯一この保健所法の規定のみである。

　1948年3月には、占領軍の指導に基づく保健所の整備を推進するために、モデル保健所講習会が開かれ、その際に用いられた資料を収録して「保健所運営指針」が、厚生省から出されている。この「保健所運営指針」の第14章「保健所における医療社会事業」は、保健所業務の中での医療社会事業に関する最初の業務基準である。

　1958年に保健所でのMSW業務基準は作成されたが、病院のMSW業務基準の作成は、着手されなかった。日赤病院、国立療養所、社会福祉法人、厚生年金病院や労災病院など、一部準公立病院の業務基準は作成された。しかし、それらは国レベルのものではない。

　高齢社会を目前にして、社会福祉分野の専門職として「社会福祉士及び介護

福祉士法」が1987年に制定された。その国会審議の衆参両院社会労働委員会において厚生省は、「社会福祉士」とは別建てで「医療福祉士」の資格を作ることを表明した。翌年1988年7月「医療ソーシャルワーカー業務指針検討委員会」（以下検討委員会）が発足している。MSW業務は生活全般の問題に関わる業務の特性上、「いわばよろず相談的」で「その範囲が必ずしも明確でない」ことから、資格法制定の前に、まず「何をする人か」など業務の範囲を規定する必要があった。そして業務上、保健医療分野の専門職との連携が密であるため、これら国家資格者の職種間での合意を取り付ける手続きを要したのである。MSW業務が医療関連職能団体において合意されたことは画期的である。「検討委員会」の構成は保健所、全日本病院協会、日本病院会、日本精神病院協会、日本看護協会、日本医師会、社会福祉・医療事業団、それに当事者団体の日本医療社会事業協会（当時）である。国家資格者別では13人の委員中医師7人、看護婦1人、保健婦1人である。保健所保健婦や看護婦との業務の棲み分けは長年の懸案事項であったが、ここにその合意をみたのである。

　厚生省がこれほどの労をとったということは、「医療福祉士」国家資格を国会に上程する前段の作業であったからこそ、着手されたものと推測される。残念ながらMSWの国家資格は陽の目を見なかったが、厚生省のお墨付きの「業務指針」は存在することになった。

　その後、13年を経過した2002年に、国立病院のMSWに福祉職俸給表を適用するにあたって、社会福祉職として、より明確に表す必要から「業務指針」は改訂された。

2）医療ソーシャルワーカー業務指針の内容
（1）どのような実践をするのか：業務の範囲
業務指針ではMSWの業務の範囲を以下の6領域で示している。

①療養中の心理・社会的問題解決・調整援助
②退院援助
③社会復帰援助
④受診受療援助

⑤経済的問題の解決、調整援助

⑥地域活動

　後述の事例のプロセスで示すように、これらの業務はそれぞれ単独で独立したものではなく、援助過程でお互いに関連し、補い合っている。言い換えれば、MSWは一事例中これらの6領域を重層的に関連させながら援助過程を組み立てている。（図11-1）

図11-1　業務指針6領域の構成図

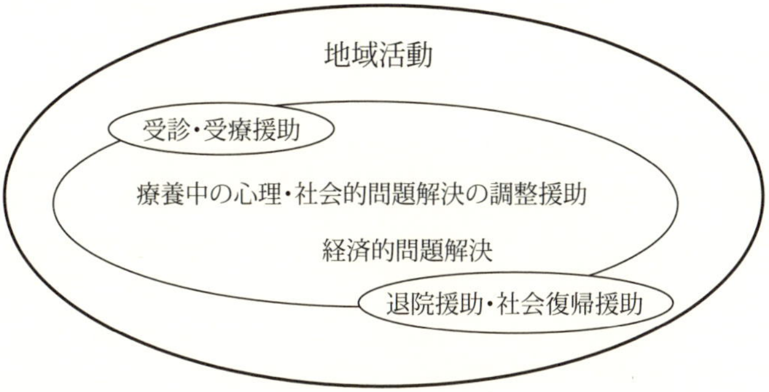

①療養中の心理・社会的問題解決・調整援助

　外来、入院、在宅医療を問わず療養生活上に伴う不安を受けとめ、対応する。療養中の生活全般に関する問題、たとえば家事、育児、就労などの問題解決への援助を行う。これには家族関係の調整や患者同士、学校、職場、近隣等との人間関係の調整をも含む。ことにがん、エイズ、難病など疾病の受容が困難な場合や、患者の死による家族の精神的苦痛の軽減などは心理的アプローチが重要となる。

②退院援助

　今やMSWの最多、最重要業務となり、当該業務を主な任務とする雇用も拡がっているくらいである。

　今日、医療は急性期医療・慢性期医療の機能分化が進み、さらには在宅医療へと移行しつつある。しかし、このように機能特化した医療を適切に選択し得る人は稀である。たとえば回復期リハビリテーション病棟への転棟には「発症

後2ヵ月以内（疾患によって1ヵ月以内）の状態」という厚生労働省が定めた基準枠がある。医療供給制度は複雑化している。在宅医療への移行には、さらに住宅環境の整備、訪問看護、訪問介護の導入など複雑なケアプランを要する。

一般国民にとって、こうした「移動を伴った医療」を適切に受けることは容易ではない時代になっている。「移動」を滑らかな継続として保障するには機能分化した医療場面のMSW同士の連携が有効である（図11-2）。全国的に、脳卒中や大腿骨頸部骨折など、疾患ごとのクリティカルパスを使っての連携のシステム化が、MSWも関与して進んでいる。さらに医療情報に加え生活情報をも連携させる「MSW連携シート」をツールとするMSW同士の連携の試みも始まっており[1]、この退院援助業務は今後進化を続けるであろう。

退院という療養環境の変化は「放り出される」という心理的危機をはじめ、経済的危機、家族関係の危機をも伴う。危機の回避には医療と福祉をコーディネートして患者家族に届けることができるMSWの役割が不可欠であるといえる。

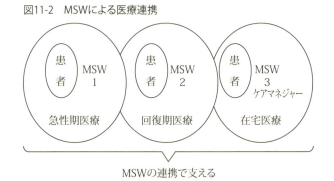

図11-2　MSWによる医療連携

③社会復帰援助

今日、医療技術の進歩などにより、病いを抱えながらも就労する人々は増加している。生活習慣病に加え、がんや障害を抱えながら勤務を継続している人々も数多い。病や障害に配慮した職場復帰への支援や、原職復帰が困難で転職を余儀なくされる場合の職業安定所との連携や事業主へのアプローチなど社会復帰援助はMSWならではの領域である。しかし、一般病院医療の実態では、

復職、復学へのプロセスに一人の MSW が継続して関われることは稀となってきた。ここでも MSW 同士の連携が重要となる。

④受診受療援助

受診受療援助は社会福祉士の業務範囲には含まれない MSW ならではのより医療にコミットした業務の領域である。それゆえに、この領域の業務のみ医師の指示を要すると、業務指針の「業務の方法等」の項で特記してある。生活者としての「人」が診断を受け、治療を受けるということは何を意味するだろうか。誰しも診断、治療、入院、退院などの療養過程における変化には、それが日常的に体験していない事柄ゆえに何らかの不安がつきまとうものである。この基本的認識を踏まえ「療養すること」を支援する業務が受診受療援助である。MSW は患者・家族の心情を受けとめ、医療者に伝える。例えば経済的理由や宗教的立場から、患者が療養上の指導を受け入れがたい場合など、診療に参考となる情報を、医療者へ情報提供することなどである。このように患者・家族と医療者の橋渡し役を担う。適切な受診や受療を選択できるよう病院、診療所などの具体的情報提供をすることもこの業務に含まれる。

また、近年 MSW は医療チームに位置づき、入退院、入退所のカンファレンスに参加し、入院や退院にかかわる、いわば治療方針の決定にも MSW の立場から参与するに至っている。

⑤経済的問題の解決、調整援助

MSW の中心課題は時代が変わろうとも経済的問題解決である。他の医療専門職が関わりにくい「お金」の問題は独自領域とも言える。医療の場において経済的問題は、医療費の支払い問題を契機に表面化しやすく、緊急性も高いことから、他部門からも相談依頼として持ち込まれる割合が高い。

⑥地域活動

施設医療から在宅医療にシフトしている今日、MSW の退院援助には限界要因が立ちはだかる。それは受け皿としての地域医療福祉資源の不整備ないしは崩壊状況である。MSW は地域の関連団体とも連携しつつ、地域包括ケア・システム作りに積極的に取り組まねばならない時代を迎えている。詳しくは第13・14章を参照されたい。

156　第Ⅲ部　専門職連携と医療ソーシャルワーカーの役割

（2）どのような方法で実践するのか：業務の方法

業務指針では業務の方法について、以下の7項目をあげている。

- ①個別援助に係る業務の具体的展開
- ②患者の主体性の尊重
- ③プライバシーの保護
- ④他の保健医療スタッフ及び地域の関係機関との連携
- ⑤受診・受療援助と医師の指示
- ⑥問題の予測と計画的対応
- ⑦記録の作成等

　実践方法として業務指針では、①「個別援助に係る業務の具体的展開」で明確に社会福祉実践過程であると位置づけている。解説するにあたって筆者のかつての勤務地である広島市立安佐市民病院での実践事例を述べよう。下線部は前述の「業務の範囲」の領域などを示す。（事例は一部改変を加えている。）

事例：個別援助に係る業務の具体的展開

　MSWと「筋萎縮性側索硬化症」（ALS）のA氏（1936年生、当時58歳）との出会いは難病の公費負担制度である<u>「特定疾患治療研究事業」の申請のため、神経科の主治医の紹介で医療相談室に来室</u>したことから始まった。（経済的問題の解決、調整援助）

　公費負担医療申請手続きと同時に、ALS協会の全国組織から介護に関する本を取り寄せて欲しいとA氏は筆者に依頼した。将来、自分が動けなくなったときのために妻に読ませておきたいという主旨だった。

　その後、A氏は筋力が衰えないようにとリハビリも兼ねて、自宅から8kmの距離を徒歩で通院し続け、時折、日常生活ぶりを話しに来室していた。筆者はこの間、病気の進行、障害の進行と付随して起こる生活上の困難や、対応する社会資源について、家族に話しておく必要を感じた。

　来室してくれた息子、B氏に、福祉の制度である身体障害者手帳、障害年金、日常生活用具（ベッド、車イス）、ヘルパーなどの利用方法と、医療分野のケアである訪問看護ステーションについて情報提供をした。そし

第11章　医療ソーシャルワーカーの役割と業務指針　157

て、何より重要な問題である呼吸器の管理についても言及し、「まだ現実味がないかもしれないが、呼吸器を装着した生活を選択するのか、それを拒否するのかは、今後の生活設計にとって重要なので、家族で話し合っておくこと」を勧めた。（問題の予測・課題の整理）

　その時、Ｂ氏の一番の不安要因は、Ａ氏の妻つまり母の介護力であった。残念ながら安佐市民病院には訪問看護制度はまだ創設されていないこと、そして、制度を立ち上げることは検討されてはいるが、公立病院という制約もあり進んでいないことを伝えた。さらに、当事者からの「必要である」との要望は説得力もあり、制度創設への強力な推進力になり得ることをつけ加えた。（社会資源開発）

　Ａ氏の病状は急速に進んで、その年の冬には呼吸困難を伴うようになった。なおかつその直後には、妻が脳梗塞で入院するという事態を迎えた。幸い妻は後遺障害もなく、軽快退院となったが、在宅療養の介護中心者としての負担をかけるわけにはいかない状態となった。

　Ａ氏の呼吸器装着に関する自己決定は「否」であった。呼吸器装着患者を長期に受け入れる病院は県内には皆無であった。島根県の山村の総合病院に頼み込めば、なんとか考慮してくれるとの情報が一件あるのみだった。「家族から遠く離れた病院での療養生活を選択しない、また、在宅療養生活は家族に迷惑をかけるから選択しない」ゆえに、結論としては呼吸器を装着しての延命を拒否したのである。（患者の主体性の尊重）

　病態は進行し「脳血管障害による体幹機能障害（２級）」「疾病による自己身辺の日常生活活動が極度に制限される呼吸器機能障害（１級）」により身体障害者手帳１級の交付を受け、全面介助の在宅療養生活をプログラムしなければならない時期がやってきた。

　咽頭摘出手術の目的で耳鼻科に入院し、手術後、安静を保ったため筋力は極度に低下した。耳鼻科は手術件数も多く、入院待機の患者も多い診療科である。術後「退院」は、たちまち「退院問題」と化した。（退院援助）
咽頭を摘出し、言葉を失ったＡ氏の瞳の力は失せ、50音の文字盤を使い、足の指で一文字、一文字示しながら語られる言葉は、「帰りたくない」「妻

158　第Ⅲ部　専門職連携と医療ソーシャルワーカーの役割

に迷惑をかける」「早く死にたい」であった。(療養中の心理・社会的問題解決・調整援助)

　しかし、妻や息子Ｂ氏と話し合って取り決めたケアプランに沿って退院に至った。(計画策定)　入院中に立てたケアプランでは、在宅療養を始めたＡ氏と妻のニーズにマッチしない部分があるので再考してほしいとのＢ氏からの要請で、ケアプランの修正を行った。(モニタリング)　その会議はＡ氏の自宅のベッドサイドでもたれた。参加者は地区保健師、医師会訪問看護ステーション看護師、ヘルパーステーション保健師、ヘルパー、ケアマネジャー、それに当院の訪問看護師として師長と看護師とMSWの筆者であった。ケアプランは息子Ｂ氏が50音の文字盤を使いながら、Ａ氏の意向を1つひとつ確認しながら決定したが、この修正されたケアプランでの在宅療養生活は2週間足らずで終わった。肺炎を併発し呼吸困難で再入院に至ったからである。そして1ヵ月後に他界された。

　業務指針に記されている「個別援助に係る具体的展開」に則して事例のプロセスを振り返る。

　一般的に、依頼のきっかけは制度利用など経済的問題である場合が多い。しかし、その背景にある療養生活上のさまざまな問題も予測しつつ聴き取ることが大切である。初期の面接において患者・家族と信頼関係を築いてゆくことがその後の援助過程の基盤となる。Ａ氏の療養上の課題は、呼吸器装着後どのような生活を再構築するかである。家族の生活が変わらざるを得ない。その生活を支援する社会資源を最大限検討した。

　また、転院先の情報収集をし、患者・家族及び医療スタッフに情報提供もした。患者の主体性を尊重した自己決定を支援したいところであるが、あまりに限られた制度環境のもとでの選択であり、自己決定の尊重とはいえない、悔いの残る結論であった。患者・家族とともに制度環境の不備を認識するに至り、以後の社会活動につながっている。

　個別援助としては、医療スタッフと連携をとりながら退院計画を作成し、実際に退院した後のモニタリングで不具合が生じていることが判明し、再プラン

第 11 章　医療ソーシャルワーカーの役割と業務指針　159

を作成し、A氏の死去により終結している。

（3）どのような環境で実践するのか：適切に果すための環境整備

①組織上の位置付け

　保健医療機関の規模等にもよるが、できれば組織内に医療ソーシャルワークの部門を設けることが望ましい。医療ソーシャルワークの部門を設けられない場合には、診療部、地域医療部、保健指導部等他の保健医療スタッフと連携をとりやすい部門に位置付けることが望ましい。事務部門に位置付ける場合にも、診療部門等の諸会議のメンバーにする等日常的に他の保健医療スタッフと連携をとれるような位置付けを行うこと。

②患者、家族等からの理解

③研修等

　組織上の位置付けは重要である。組織は、それぞれ目標を掲げて組織されている。MSW の目標、役割とフィットする組織上の位置付けが望まれる。

　最初の「MSW 業務指針」（1989 年）の厚生省（当時）の原案では「独立部門として位置付け」という文言があったように医療ソーシャルワーク部門を設けることを第一義としていた。

　しかし、近年、退院援助にシフトした業務実践のありようから、「地域連携室」に所属し、上司は看護師長が担うという位置付けが潮流となっている。退院援助のみならず、業務指針に掲げられている業務の範囲を遂行するためにこの潮流で良いのか、今一度組織上の位置づけを再考すべきであろう。

3）医療ソーシャルワーカー業務指針の活用法

　「業務指針」は、MSW の業務内容のみならず、その業務環境の整備に関しても組織上の位置付けや専用の部屋や電話の確保にまで言及している。

　圧倒的多数の他の保健医療専門職スタッフに対して、少人数のMSWが、自らの専門領域を自己紹介し、医療チーム内で足場を確保するための強力な「支え」に「業務指針」はなり得る。これは、筆者の現場体験からの認識である。かつて、MSWとしての筆者の所属機関は市立病院で、しかも医事課という事務局の所属であったため、数年おきに上司が転勤で変わった。その都度行政マ

160　第Ⅲ部　専門職連携と医療ソーシャルワーカーの役割

ンの上司に業務内容を説明するのは、やっかいな仕事だった。「業務指針」が示されてからは、「ほう、国が決めているのか」と、通りが良くなった。また、病院の改築の度ごとMSW室は潰され、これまたその都度、独立した相談室の確保に交渉を要した。その際も、業務の方法である「プライバシーの尊重」の項を利用した。

2.　医療ソーシャルワーカーの役割と業務指針

　国からのお墨付きである業務指針はMSWにとって大きな拠りどころではある。しかし「業務指針」はあくまで求められている業務上の指針であり、医療ソーシャルワーク実践の基礎である。目標ではない。「業務指針」を実践に落とし込むためには、ソーシャルワーカーとしての視点と留意が必要である。また、「業務指針」は長年MSWの先駆者たちが培ってきた実践や、新たな医療環境のもとで苦戦し業務を開発し進化させている実践者たちの役割を網羅している訳ではない。それらソーシャルワーカーの役割の本来部分で、業務指針に触れられていないMSWの役割を補記しておく。

1)　利用者の自己決定とアドボケーターの役割（業務指針に付加すべき業務）

　前述の事例でもわかるように、利用者の自己決定の支援は重要でかつ困難な役割である。意識がもうろうとしていた中で呼吸器装着の意思確認が何度も繰り返され、A氏の意思を代弁する家族の答えは二転三転した。結局、妻や息子が迷いながら取り上げた結論は「着けない」であった。その選択の過程にMSWとして寄り添ったが、実に苦渋に満ちた選択であった。人工呼吸器をつけた患者の、在宅療養生活支援システムが存在し、その質も量も確保されていれば、A氏とその家族は異なった選択をしていたに違いない。

　A氏の人工呼吸器を装着してからの療養生活には、

　①当該市民病院で長期入院ベッドを確保すること

　②医療依存度の高い患者への訪問看護、訪問介護体制を組むこと

が考えられた。

①に対して、医療者（主治医及び神経科部長、病棟師長）に人工呼吸器を装着して長期療養可能な医療機関が近隣に皆無であることを示し、神経科への転科後の長期入院を交渉したが実現しなかった。

②に対し、当時呼吸器装着患者に対応可能な訪問看護ステーションはこれまた皆無であり、当該市民病院の訪問看護が必要であった。病院内の医師、看護師、労働組合などあらゆる部門に、医療依存度の高い患者への訪問看護制度の創設の必要性を語り、訴えた。

そうして次のソーシャルアクションに繋がったのである。

2）ソーシャルアクション・変革への触媒の役割（業務指針に付加すべき業務）

A氏のような難病患者や、癌患者など、医療依存度の高い患者の在宅療養問題を当該市民病院の各部門に訴え、認識を広めていくと、医療スタッフの中から、訪問看護制度創設のために、業務では認められていないが、自分たちの時間を使って一歩踏み出す動きが起こった。それは在宅酸素療法担当医師による各部局各職種（医師、看護師、薬剤師、理学療法士、臨床工学技士、栄養士、MSW）が関わるカンファレンスの新設であり、内科外来看護師による「在宅療養指導」の取り組みであった。さらに、訪問看護養成講習を受けた看護師たちと、MSWとの同行家庭訪問の実行である。これらのデータは院内の「在宅医療に関する検討委員会」で報告し、院内の共通認識を得る重要な資料になった。

そして始まったばかりのこの「在宅医療支援システム」と「訪問看護制度」を、A氏は短期間の在宅療養生活ではあったが、利用することができた。その後、息子のB氏は、MSWの存在と訪問看護制度を後押しする意味で、「遺族からの要望」という一文を病院に提出して、在宅医療支援の必要性を強調してくれた。その延長で、広島市が公募した介護保険市民委員会の委員役も担った。

こうした一連の動きにMSWが関われる有利性がポジショニング上2点ある。その1点は相談業務のプロセスで多職種間を横断的につなげるポジションに居ることである。どの診療科にも出入り可能で、どの病棟にも出かけられるのがMSWである。また、地域にあっても、医療と福祉の関係機関に、名刺

162　第Ⅲ部　専門職連携と医療ソーシャルワーカーの役割

1枚で出入り可能なのがMSWである。もう1点は生活場面に密着した情報を得ることができ、しかも病棟管理や、事務管理など、管理部門から一歩はずれた存在として、利用者のニーズを聴き取るポジションに居ることである。

　「在宅医療支援システム」と「訪問看護制度」などこれらシステムづくりというソーシャルアクションのポイントをまとめると、①利用者の悩みや不安をキャッチする感受性を磨き、②生活場面を思い描く想像力を働かせる、③そこで生まれたMSWとしての問題意識を表現してみる（周りの人びとにつぶやき、語り合い、呼びかけてみる）、④その中から理解者を得て手を組み、「最初はちょっとボランティアよ」と、自分の時間で、業務外で行動してみる、⑤その実践のデータを集積し、住民、利用者、スタッフの評価を得て、最後に交渉し、システムを創設していくという過程であった。

3) 利用者のエンパワメントと医療ソーシャルワーカーの視点

　難病患者の介護問題を認識し、自らの役割に気づいた息子B氏の働きには目を見張るものがあり、MSWとして学ぶことが多かった。このように課題を認識した当事者に圧倒される場面をMSWは数々経験する。筆者の場合、実践の場が広島市であったことから被爆者との関わりでそれを経験することが多かった。

　広島のMSWは日常の相談業務で被爆者にかかわる。彼らは「原爆を許すまじ」「戦争を許さない」の一念において共通している。

　「被爆者ゆえに、当たり前のことなのだろうか？」その真の答えを教えられたのは、1977年、国連非政府組織が主催した国際シンポジウムにおける生活史調査であった。たまたま当時来談していたひとりの被爆者に声をかけ、調査票に沿って聴き取りをした。そして、その原体験の重みに鳥肌が立つ深い衝撃を覚えた。彼女は眼前で焼死する兄を残し、業火の中「われ一人助かりたい一心で」助けを求める人々の手を払いのけつつ、生き延びた。調査票は問う、「そのとき、あなたはどんな思いでしたか？」と。「余裕があってこそ、隣人愛とかいうけど…。私は特別にすどい（残酷な）人間じゃったかも知れんけど…。」と嗚咽で声がかすれ、言葉が続かなかった。

1945 年 8 月 6 日のあの日、24 歳の彼女を「すどい人間」にしたのは、他ならぬ原爆である。「この世にあんなむごいこと、二度とあちゃあいけん」との思いで、命を脅かすものに対して、被爆者たちは敏感である。

広島の MSW たちはこうした被爆者の証言を支援してきた。被爆体験を語ることは実体験を再現しなければならない苦痛も伴い、エネルギーを要する作業である。しかし、MSW のかかわりで被爆者としての生きざまに価値を見出し、真摯に聴き取る人々との交流を意図的に設ければ、後に続く人々のために核兵器廃絶の声をあげ始める。前述の彼女も肝臓がんと闘いながら、被爆証言を続け、そして逝った。

当事者には当事者のみが発し得る言葉がある。当事者は一番深刻な叫びを持っている。それが人々の心をゆさぶり、感動をよび、事態が動いていく。しかし、目の前の苦境に押しつぶされ、声をあげられない時もあるだろう。当事者が本来の力を発揮することができるよう側で支え、エンパワメントを育む資源として MSW が機能することも大切である。そして彼らの力が開花するまで少しの間待つ忍耐が必要な時もある。

3. 医療ソーシャルワーカー業務指針を越える拡大への取り組み

問題解決のため、変革を志向するソーシャルワークを、チェンジ・エージェント・ソーシャルワークと名づけておこう。

「環境（体制、制度、システム）」を変革するための働きかけにはエネルギーが要る。優しさだけでは実践できない。MSW としての強さが要る。その強さはどこからくるのだろうか？

個人に起こった生活問題を、他者のものとして切り離して捉えている限り、「ともに」困難に立ち向かおうとするエネルギーは生まれて来ない。他者は他者でありわがことにはなり得ないが、わがことに近い認識をすることは可能である。

そのスキルとして、生活史の聴き取りがあると考えている。生活史をひたす

図11-3 医療ソーシャルワーカー業務指針の拡充

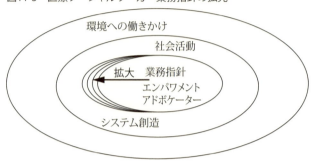

ら聴く意味は、「そのとき、どんな思いだったのですか？」と内面に問いかけてこそ、心の奥のひだにある想いや意思に触れることができる。そしてその想いを、聴いた者の人生にひきつけ、重ね合わせ「自分だったらどうするだろう」と想像することにより、はじめて、その人の人生を知ることができる。そして、他人事とは思えなくなるのだと考えている。この、わがことに近い認識を得ることが、チェンジ・エージェントの力の源となる。聴かされ、知ってしまった者のミッションとなるのである。被爆者や患者会のリーダーの生きざまを聴かされた筆者の体験からの実感である。

2005年、在宅医療ソーシャルワーク実践101事例を収集した[2]が、在宅療養環境が整っていない現状において、退院援助で在宅生活を再構築支援する際、環境への働きかけは必須で、各ワーカーの孤軍奮闘が読みとれた。

それらは既存資源の社会資源化であり、既存の社会資源の活用拡大など、さまざまな環境（制度・システム）の変化を求める働きかけ、チェンジ・エージェントとしての働きであった。

地域包括ケアシステム機構等が国をあげての喫緊課題となっている今日、地域のサービス供給源開発など、包括的なケアの充実を実現させるチェンジ・エージェントとして、より環境への働きかけを重視した実践モデルの構築が、現場から早急に求められている。

今日、大部分のMSWにおいて、「環境への働きかけ」は勤務時間外を使った働きではないだろうか。チェンジ・エージェントとして「環境への働きかけ

「に関する実践」を、業務指針に位置付けることが、これまた環境（国の基準）に働きかける実践として取り組むべき課題であろう。

【注】

1　浜中美保子・阿比留典子著　転院後の継続支援を可能にする「MSW連携シート」、『病院』69巻3号、医学書院、2009年

2　在宅医療助成勇美記念財団の研究助成を受けて、「我が国の在宅医療における医療ソーシャルワーカー実践事例の調査研究－医療ソーシャルワーカーの国家資格化と養成カリキュラムのあり方を求めて－」を行った。①退院前②退院直前③退院後の各段階で、本人、家族、チーム、関係機関、地域とどのように関わり支援を行ったか、詳細に記載することを依頼した。事例の一部は「在宅医療ソーシャルワーク」勁草書房に収録。

【参考文献】

村上須賀子『新時代の医療ソーシャルワークの理論と実際』大学教育出版、2005年

久保紘章・副田あけみ編著『ソーシャルワークの実践モデル』川島書店、2005年

村上須賀子他編著『在宅医療ソーシャルワーク』勁草書房、2008年

村上須賀子・大垣京子編著『改訂第2版　実践的医療ソーシャルワーク論』金原出版、2009年

村上須賀子『変化を生みだすソーシャルワーク　──ヒロシマMSWの生活史から──』大学教育出版、2015年

第12章 チームにおける協働とコーディネート

1. 保健医療サービスを担う専門職

保健医療サービスを実現するチームはどのような専門職によって構成され、それぞれにどのような役割を担っているのか。本節では、根拠法令に基づいて各専門職が担う役割について述べていく。

1）法に基づく保健医療サービスの専門職
・医師

医師法では、「医師は、医療及び保健指導を掌ることによって公衆衛生の向上及び増進に寄与し、もつて国民の健康な生活を確保するものとする」（第1条）と、その任務が規定されている。

もとより、国民には、日本国憲法第25条で健康で文化的な最低限度の生活を営む権利が保障されており、国は社会福祉、社会保障、公衆衛生の向上、増進に努めなければならないと定められているが、上記の医師法に見られる「公衆衛生の向上、増進」「国民の健康な生活の確保」という医師の使命は、こうした憲法の理念を実現させる職責を負っていることを示す形となっている。その業務は、医師法で「医業」と呼ばれ、「医師でなければ、医業をしてはならない」と、業務独占が認められている他、「医師でなければ、医師又はこれに紛らわしい名称を用いてはならない」と、名称独占も認められている。（第17・18条）

医師は個々の患者の診療にあたる医業を行うだけでなく、医療機関の実質的

な責任者すなわち「管理者」の立場を務めることが、医療法第10条によって規定されている。

病院・診療所の管理者は、一般的には「病院長」「院長」などと呼称されているが、それぞれ、医業をなす場合は医師、歯科医業をなす場合は歯科医師に限定されており、他職種が務めることはできない。介護保険法に基づく介護老人保健施設の管理者である施設長も、医師とされている（ただし、都道府県知事の承認を受け、医師以外の者に管理させることができる）。

・歯科医師

歯科医師法では、その任務について医師法第1条の「医療」に相当する部分を「歯科医療」に置き換え、それ以外は医師法とまったく同じ表現で規定されている。（第1条）

歯科医業に関する業務独占や名称独占についても医師法と同様に認められている。近年では、訪問診療で地域を回る歯科医師の姿も珍しくなくなっている。

・薬剤師

薬剤師法では、「薬剤師は、調剤、医薬品の供給その他薬事衛生をつかさどることによって、公衆衛生の向上及び増進に寄与し、もつて国民の健康な生活を確保するものとする」（第1条）と、その任務が規定されている。

同法第19条により、「販売又は授与の目的」での調剤自体が、薬剤師の業務独占とされており（ただし、医師、歯科医師、獣医師はこの限りではない）、研究開発などの場合を除き、他者に供せられる薬剤の調合等の行為がこの免許を受けた者に限定されているが、さらにこの行為は、医師、歯科医師、獣医師の処方箋によらずに行ってはならない旨、第23条で規定されている。同条ではまた、医師らの同意を得ないで勝手に処方箋を変更してはいけないことが定められているが、続く第24条で、処方箋の中に疑義がある場合、それについて交付した医師らに問い合わせ、確かめた後でなければこれによって調剤してはならないということも規定しており、適正な調剤業務の実施を図るしくみになっている。

・助産師

医療法が対象にしている機関を狭義の医療機関とすれば、そこに病院、診療

所と並んで規定されているのが助産所であり、一般的には「助産院」と呼ばれているが、その管理者は助産師に限られている。(第11条) 保健師、助産師、看護師のうち、個人開業が助産師のみに可能とされているのは、このことによる。看護職の中で、最もはやく制度化されたのも助産師であり、1868（明治元）年の太政官布告で「産婆」の職責の重さが謳われていた。その後、1974（明治7）年制定の医制に免状の要件が規定され、1899（明治32）年には勅令として「産婆規則」が制定されたが、現在の根拠法は、戦後、1948年に制定され、2001年に名称変更された保健師助産師看護師法である。

同法第3条により、「助産師とは、厚生労働大臣の免許を受けて、助産又は妊婦、じょく婦若しくは新生児の保健指導を行うことを業とする女子をいう」と定められており、業務独占となっている。(ただし、医師はその限りではない)

同法の保健師、看護師では男女の限定はされておらず、資格取得や就業は両性に開放されているが、この助産師だけは、現在も「女子」に限定されている。

・保健師

保健師は、保健師助産師看護師法第2条において、「厚生労働大臣の免許を受けて、保健師の名称を用いて、保健指導に従事することを業とする者」と定められている。

同法第29条で、「保健師でない者は、保健師又はこれに類似する名称を用いて第2条に規定する業をしてはならない」と制限しており、名称独占の資格ではあるが、業務独占にはなっていない。

病院所属の保健師もいるが、保健所や市町村の行政機関の保健関係部署で、地域住民の保健指導等にあたる者が多いのが特徴といえる。それをふまえて、保健師には、傷病者に対して療養上の指導を行うに当たって、主治の医師、歯科医師がいる場合は、その指示を受けるという義務（第35条）に加え、就業地を管轄する保健所の長の指示を受けたときはそれに従わなければならないとされている。(第36条)

・看護師

看護師は、保健師助産師看護師法第5条において、「厚生労働大臣の免許を受けて、傷病者若しくはじょく婦に対する療養上の世話又は診療の補助を行う

170 第Ⅲ部　専門職連携と医療ソーシャルワーカーの役割

ことを業とする者」と定められている。

　同法第31条で、「看護師でない者は第5条に規定する業をしてはならない」と業務独占が認められている。（ただし、医師、歯科医師、保健師、助産師はその限りではない）

　看護職以外の医療従事者の国家資格が法制化される際には、看護師に認められた上記の「診療の補助」に関する業務独占が部分的に解除され、新規参入が認められてきた。

　なお、助産師と看護師についても、2007年から名称独占化が図られた。

　また、保健師、助産師、看護師はそれぞれ独立した免許であり、国家試験も別々に行われるが、2007年から、看護師試験に合格しない場合には、仮に保健師・助産師の試験結果が合格水準に達していても、免許が申請できないことになり、看護師免許が必須化された。

　2014年には看護師の診療補助業務に「特定行為」を追加する保健師助産師看護師法の重要な改正が行われ、翌2015年10月1日から施行されている。それまで、同法第37条では看護師らに「医師又は歯科医師が行うのでなければ衛生上危害を生ずるおそれのある行為」いわゆる医行為を禁止してきたが、この改正により、特定行為については、医師の指示の下、看護師が手順書により行うことを認め、「人工呼吸器からの着脱」や「抗精神病薬の臨時の投与」など38行為が診療の補助とされた。この業務を行う看護師には、実践的な理解力、思考力及び判断力並びに高度かつ専門的な知識及び技能の向上を図るための研修を義務付けており、改正法の施行に伴い、厚生労働大臣が指定した機関によって研修が実施されている。

　同法の改正は、「地域における医療及び介護の総合的な確保を推進するための法律の整備に関する法律」（以下、「医療介護総合確保推進法」と略）の成立に伴うものであり、こうした看護師業務の拡大には、いわゆる「団塊世代」が後期高齢者となる2025年に備え、拡がる在宅医療ニーズへの対応という側面があるとみられる。

　保健師助産師看護師法には、准看護師も第6条で規定されているが、厚生労働大臣ではなく、都道府県知事の免許によること、「医師、歯科医師又は看護師」

の指示を受けて業務を行う必要があることなどが看護師と異なる。

・診療放射線技師、臨床検査技師

　診療放射線技師は、医師、歯科医師の指示のもとに、放射線を人体に照射することを業とする他、磁気共鳴画像診断装置等を用いた検査を「診療の補助」として行うことが認められていたが、根拠法の診療放射線技師法が、前述の医療介護総合確保推進法を受けて改正され、2015年度からこの業務範囲も拡大した。扱える画像診断装置として「核医学診断装置」が政令に追加された他、一定の条件の下での「造影剤の血管内投与」、「肛門からのカテーテル挿入等を伴う下部消化管検査と画像誘導放射線治療」が認められ、病院・診療所以外の場所での健康診断における胸部エックス線検査に必要とされていた医師・歯科医師の立ち会いが、一定の条件の下で不要となった。

　これを受けて、職能団体の日本診療放射線技師会では、拡大した業務に対応できる講習会を開講した他、養成教育の内容にも関係科目の単位数の加増など、見直しが行われた。臨床検査技師は、1957年に制定された衛生検査技師法で検体検査を業務とする職種が衛生検査技師として確立していたのに加えて、1970年に人体に直接触れる生理学的検査もできる臨床検査技師を追加する改正が行われたことで法制化されたが、2006年から衛生検査技師資格は廃止されて今日に至っている。生理学的検査と採血は、「診療の補助」として医師の指示を受けて行うことが認められてきたが、こちらも診療放射線技師と同様の経緯で2015年度から業務範囲が拡大し、新たに次の検体採取行為が行えるようになった。①鼻腔拭い液、咽頭拭い液、鼻腔吸引液等を採取する行為、②膿、表皮、粘膜等の表在組織を採取する行為、③スワブにより便を採取する行為。合わせて、次の2つの生理学的検査も追加された。①基準嗅覚検査及び静脈性嗅覚検査（静脈に注射する行為を除く）②電気味覚検査及びろ紙ディスク法による味覚定量検査。

　これらの業務を行うには、講習会の受講が義務付けられ、職能団体の日本臨床衛生検査技師会が厚生労働省の指定を受けて開講した他、養成教育の見直しも行われた。

172   第Ⅲ部   専門職連携と医療ソーシャルワーカーの役割

・理学療法士、作業療法士、視能訓練士、言語聴覚士

1965 年に理学療法士、作業療法士が法制化され、理学療法、作業療法をそれぞれ「診療の補助」として医師の指示のもとに行うことが業務とされている。理学療法士については、理学療法としてマッサージを行うことも認められているが、それ自体を独立開業して行うことはできず、「病院又は診療所において又は医師の具体的な指示を受けた」場合に限定されている。1971 年に視能訓練士が法制化され、医師の指示のもとに「診療の補助」として、視機能回復のための矯正訓練、検査を行うことが業務とされている。1997 年に言語聴覚士が法制化され、音声・言語機能や聴覚に障害のある者について、言語訓練等の訓練、検査及び助言指導その他の援助を行うことを業とするが、そのうち、嚥下訓練、人工内耳の調整等、省令で定める行為に関しては、「診療の補助」として医師又は歯科医師の指示を受けて行うものとされている。

・心理専門職

精神科、心療内科、小児科等の医療機関の他、教育や福祉、司法、産業界など様々な分野でヒューマンケア・サービスに携わる心理学の専門家がおり、1988 年から民間団体の認定資格である「臨床心理士」の有資格者らによって心理臨床が実践されてきているが、関係者の長年の悲願であった資格制度の法定化が 2015 年に実現し、「公認心理師法」として 2017 年に施行。2018 年に第 1 回目の試験が行われて国家資格の有資格者が誕生する。文部科学省、厚生労働省の共管の名称独占資格であり、支援対象者に当該支援に係る主治医がいる場合は、その医師の指示を受けることが定められている。

保健医療サービスに携わる職種としては、以上のほかに、歯科衛生士、歯科技工士、臨床工学技士、義肢装具士、救急救命士、柔道整復師、あん摩マッサージ指圧師・はり師・きゅう師、管理栄養士、栄養士がある。

そして、わが国では 1953 年にはすでに全国組織ができるほどの医療ソーシャルワーカー（以下、MSW とする）が存在し、毎年 10 月 1 日現在で厚生労働省が全国の病院からデータを集めて公表している「病院報告」でも[1]、いまだに「医療社会事業従事者」という職種名で人数が把握されているが、2016

年分の報告によると 9,461 人。この報告では同時に、「社会福祉士」の人数も集約されており、同年には 10,906 人と医療社会事業従事者数を上回っている。この両者がダブルカウントされていることが推定されるとともに、社会福祉士の方が多いのは、その有資格者が MSW 業務に従事しておらず、事務部門や管理部門で働いているケースもあることによると考えられる。

2009 年時点でのデータでは[2]、医療社会事業従事者数が 9,206 人に対し、社会福祉士数は 5,183 人に留まっており、社会福祉士資格を持たない MSW も 4,000 人ほどいたものと推定されるが、その後の 7 年間で社会福祉士資格の保有率は急速に高まったことが伺われる。

この他に、社会福祉士と同時に法制化された介護福祉士や、2000 年からの介護保険法施行に伴って創設された介護支援専門員（ケアマネジャー）も、保健医療サービスとは密接な関係にあるヒューマンケアの担い手といえる。

2. 多職種協働が目指すサービス

医療ソーシャルワーカー（以下、MSW とする）の役割遂行上、多職種連携・協働は欠かせない。

多職種による協働のモデルには、目標の共有度、役割の重複や開放の程度により、①マルチ・ディシプリナリーチーム、②インター・ディシプリナリーチーム、③トランス・ディシプリナリーチーム、の 3 種類がある。[3]

マルチ型協働とは、たとえば、病院の日常業務のように一人の患者に、多数の職種がそれぞれの専門職としての業務を、組織的に行う状況を表している。インター型協働とは、各職種が共通目標を設定するなど意見交換をし、有機的な役割分担を発揮していく協働をさす。カンファレンスの場面などがその例にあたる。また、トランス型協働とは、精神科デイケアの場のように各職種が専門領域を超えて臨機応変に同じ業務を果たしていく方法である。[4]（図 12-1）

ここでは、MSW が日常的にすすめているインター型協働での多職種協働のあり方を具体的な事例で述べておく。[5]

図12-1　多職種チームの類型　　　　　　　（菊池和則（1999）の整理を改変）

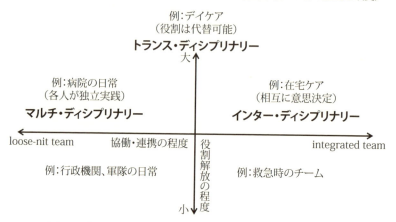

出典：野中猛著『図説ケアチーム』中央法規出版、2007年、p.14

1）事例にみる多職種協働の実際

事例：脳出血患者の回復期リハビリ病院での初期カンファレンス

　村上氏（仮名）は仕事中に脳出血で倒れ、救急車で脳神経外科病院に搬送され、保存的治療を受けた。入院翌日からベッドサイドでリハビリテーション（以下リハビリ）が開始されたが、右片麻痺、失語症が残存し、車椅子で移動ができる状態になった時点で回復期リハビリ病院に転院した。

　転院した初日に担当MSWは村上氏と妻に面接し生活面、心理面の情報を聴き取った。

　以下は初回面接の記録である。

　［初回面接］

　村上氏と妻来室。

<u>生活歴・病歴</u>

・村上氏は農家に生まれ、地元の高校卒業後東京の大学に進学。Uターン就職で地元の一流企業に入社。製品開発企画部門に所属しているが、企業の成績がかんばしくなく部門の縮小に取り掛かっていた。部門の長として残務整理もあり、残業につぐ残業で5ヵ月半、休日もなく長時間労

働であった。発症前夜も出張先から最終の新幹線で帰り、書類整理し、3時間くらい眠って出勤したところだった。

経済状況
・傷病手当金を受給中
・二人の子供の教育費が今後かさむ時期である。
・村上氏の実家（車で30分の距離）は土地所有も多く資産家。

家族状況
・子供は二人で、いずれも来春私学の受験を控え塾通いをしているが、経済的な不安もあり精神的な動揺も大きい。
・妻は週30時間のパート就労、夫発症後は休んでいる。

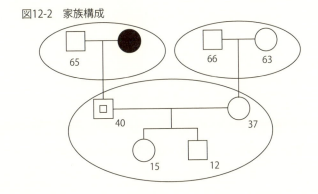

図12-2　家族構成

村上氏の希望
・会社人間と称されるくらい生活時間の大半を仕事に費やし、趣味もない。経済問題もあるが、生きがいとしても、そして子供たちに父親としての姿を見せるためにも職場復帰を強く望んでいる。

妻の思い
・発症後は病状回復のみが心配であったが回復期リハビリ病院への転院が決まったころより、急に今後の生活の不安が頭をもたげてきて眠れぬ夜が続いている。とにかく、経済的な見通しを早く立てたい。職場復帰出来ねば社宅（エレベーターのないアパートの3階）を退去しなければな

176　第Ⅲ部　専門職連携と医療ソーシャルワーカーの役割

らない。

・会社の働かせ方に問題があったのではないだろうかとの思いもある。同僚も見舞いに来た際、「（夫の）責任も重く、過重労働だった」と言っている。

・妻の父は定年退職し年金生活。母は泊り込みで手助けに来てくれている。

[MSW の印象]

利用者の問題解決能力・潜在的な力

・村上氏は時々うなずく程度で多くを語れない。ただし、職場に関する話題のときには眼を輝かせ背筋が伸び、強く復帰への意志を表明した。職場復帰に関して楽観的な受けとめかたをしているように感じた。

・妻の焦燥感は強く、表情も切羽詰った感じである。早口で話すが、まとまりよく話し、判断力も高く問題解決能力が期待できると思われた。

[初回カンファレンス]

　転院より4日後に主治医を進行役として15分間のカンファレンスが行われた。

　初回カンファレンスの目的はゴールをどのように設定するかである。この事例のテーマは「職場復帰できるのか？」である。元の職場に帰れるのか？　元の職場が困難であれば会社内で別の部署へ配置転換が可能か？　元の会社へ復帰できないのであれば別の選択肢は何か？　これらの選択に伴って、経済保障はどのようになるのか？　村上氏の今後の人生設計にかかわる重要なテーマである。

　各職種から初期のアセスメントが報告された。

　理学療法士（PT）からは、

「移動は車椅子、車椅子からの立ち上がりは介助が必要、背もたれなしで座位保持可能でバランスは良好、上下肢の関節可動域はほぼ正常、歩行は平行棒内監視、膝折れあり、階段昇降は要監視。」

　作業療法士（OT）からは、

「髭剃りのスイッチのオン、オフに時間がかかる。上半身の整容では、常に洗面台の縁にもたれかかっていた。環境からの手がかりに気づいて反応すること、

第12章　チームにおける協働とコーディネート　177

問題が生じた際に適切に対処することができない。」

言語聴覚士（ST）からは、

「聞くことは日常会話の理解に問題なし。話すことは、喚語困難、発語失行が
みられ、簡単な意志の伝達は可能、複雑な内容の伝達には、聞き手側の誘導や
推測が必要。読むことは、漢字単語の読解 10/10、仮名単語の読解 8/10。簡単
な漢字単語を書くことは可能だが、仮名書字は困難。」

病棟看護師（Ns.）からは、

「OT でのリハビリを病棟内で繰り返しているが、できないことに強いショッ
クを受けている。職場の上司面会後は精神的に落ち込んでいる。」

MSW からは、

「初回面接の情報をもとに本人の職場復帰への強い意志と所帯の経済状況や妻
の問題対処能力などについて報告」

5職種のアセスメントを職場復帰に際しての障壁として検討すると、まず、
①会社の社宅に退院できないようであれば転宅か代替社宅を検討しなければな
らない。②元職場への復帰には複雑な内容を部下に伝える企画部の責任者の職
は無理ではないか。③会社勤務にはスーツを着ること、動作の同時処理能力の
機能回復が必要であるなど、数々の課題があがった。回復の目標を通勤可能レ
ベルまで期待できるのか、初期のアセスメントでは判断しかねた。

●初期カンファレンスの方向性

当面の課題：①PT は自宅退院を目標に階段昇降の力をつける。

②元職場への復帰は言語能力の回復がネックになる可能性があ
るのではないか。MSW は会社に職場配属転換の可能性につ
いて打診する。

③村上氏の世帯の経済生活保障の方策（子どもの奨学金、労働
者災害補償保険（労災保険）申請の可能性など）を MSW が検
討を進める。

④Ns. は OT と協働し、病棟でもリハ訓練の継続を見守り励
ます。

中期的課題：年齢、家族状況、本人の意欲からして、なんらかの職業生活復

帰を目標とする。

以上の課題に向かって、各職種の訓練計画をさらに明確化することが確認された。各職種とも本人の訓練意欲継続のため、個々の訓練の意味を職場復帰との関連で繰り返し説明することとし、初期カンファレンスを終えた。

2) 多職種協働の目的と医療ソーシャルワーカーの役割

カンファレンス場面でもみられることであるが、MSW には医療言語を生活言語に翻訳・通訳する役割がある。たとえば、「階段昇降が監視である」という現状の身体機能は、この村上氏の生活にとってどういう意味を持つのかを、医療チームスタッフに翻訳する役割である。階段を昇降できなければ、社宅に帰れないということであり、職場復帰の入り口の難関を意味する。また、複雑な内容を話すことができない言語機能の障害が、職場での役割遂行上、大きなネックになり、職場復帰への隘路になることを、チーム全体で検討するよう提起することである。さらに村上氏の職場復帰に向けてその障壁となる要素を細分化して、医療チームのそれぞれが各役割を最大限に遂行して目的を果すよう、チームのコンセンサスを醸成する役割もあるだろう。

チームの目標は事例ごとに異なるが、いずれにしても、その人のよりよい人生設計にとって、最適の医療サービスが利用できることを目的に、多職種協働はある。

利用者を中心にして、専門職がお互いの役割を尊重し、お互いの業務を浸食することなく関わるのがマルチ・ディシプリナリーであるが、連携が重要視される今日において多職種協働のあり方はここに示すインター・ディシプリナリーが多くなっている。今後在宅ケアが進んでいくとさらに専門職間の垣根は低くなり、トランス・ディシプリナリーへと移行していくだろう。しかし、この協働においてはお互いの役割が重なり合うことで、葛藤が生まれがちである。まず多職種というチームを考え、他の職種と向き合い、対話できる関係になっていくことが、各職種に共通して求められる。そこで発揮される機能はコーディネート機能である。

そのために、有能な MSW は、あたかもオーケストラのコンダクターのご

とき働きを示す。コンダクターは各楽器の演奏に長けている必要はない。各パートが渾身の技で奏で、コンダクターが感動の交響曲に結実させていく。コンダクターは常にひとつの職種が担わなくても良いが、MSW が最適であると考える。目指すは小澤征爾である。

3. コーディネート機能とサービス開発

1）コーディネート機能の基本

（1）生活の視点からのコーディネート機能

コーディネート機能とは、ある目的のために、人や組織を結び付けて、共通の方向性に沿ってそれぞれの機能を調整し効果的に組み合わせて発揮させることにより、一定の成果を実現する機能である。このようにして生み出された結果が「連携」であり、コーディネート機能は「連携」を生み出す力である。

医療福祉分野におけるコーディネート機能は、多様な職種や組織の専門性や機能を結び合わせて、利用者が必要とするサービスを提供することであり、それが誰に対しても継続的に提供できるような仕組みづくりでもある。

医療施設の中においては、患者の入院時から、退院に向けて、院内の多様な職種が連携しチームとして機能することが求められている。MSW には、医療に軸足を置きつつ退院後の患者の生活を考える立場から、院内においてチームに働きかけをして、退院後の生活に必要なサービスを実現していくコーディネート機能が求められている。退院後の患者の生活の視点を院内に持ち込むのは、MSW に期待される役割である。同時に、退院後の療養及び生活のために、入院中から、院外の他の医療機関や福祉施設、ボランティア団体、地域団体、行政等との連携を進めて行くことが求められている。患者が必要とするサービスを、その代理人として、適切に組み合わせて実現するためにコーディネートすることは、サービスのブローカー機能の一つである。

（2）職種や組織の特性や役割を理解し目的を共有

このようなコーディネート機能を果たすために求められるのは、関係者の間での「目指すもの」の共有である。利用者の将来の安定した生活のために何が

重要で何が求められているのかということを共有し、それを提供していくために、それぞれが何をしていくべきなのかという共通理解を生み出すことが必要になる。院外での多様な職種や組織の連携においては、一方的な指揮命令関係によることができないために、問題意識の共有と行動の合意づくりが重要になる。

　また、利用者が必要としているサービスを的確に把握するとともに、関係する職種や組織の得手不得手やできることとできないことを理解した上で、適切な働きかけをしていくことが求められている。それぞれの職種や組織の特性や機能、役割を理解していることが、効果的なコーディネートには重要となる。

（3）新たなサービス開発も視野に

　既存のサービスを組み合わせるだけでは利用者のニーズに対応できない場合には、関係する職種や組織と連携して、新たなサービスを開発していくことも必要になる。利用者の置かれた状況と必要とする支援を分かりやすく説明し、新たなサービスの提供の必要性を説明していくことは、MSW ならではの役割である。なお、新たなサービスの開発には、サービスの新たな提供内容の開発と、サービスの新たな提供プロセスの開発とがある。たとえば、第5次医療法改正で努力義務とされた地域連携クリティカルパスは、組織間の連携を進めるためのサービスの新たな提供プロセスの一つといえる。院内における連携のプロセスを生み出すことも同様である。このようなサービスの新たな提供プロセスを生み出すことが、新たなサービスの創出につながることもありうる。

　コーディネートの対象としては、個人と個人の連携、医療機関などの組織内での連携、そして医療機関と他の医療機関や福祉施設などの組織間の連携などがあり、目指すサービスの内容によって取り組む対象が異なってくる。

2）コーディネート機能に求められる能力
（1）専門職としての共感力、対話力

　コーディネート機能を担うために求められる能力としては、対話力・表現力や分析力・企画力などがあるが、何より求められるのは共感力である。

　共感力には、利用者への共感と、連携相手の職種や組織への共感の両方が必

要となる。利用者への共感は、利用者の不安や悩みへの共感とともに、利用者が自分の生活の中で重視しているものや価値観などについての共感が大切になる。それによって、利用者が真に求める方向でのコーディネートが実現できる。連携相手の職種や組織への共感では、相手の立場や心情を冷静に理解できる力が求められる。それによって、新たな連携についての可能性が把握でき、重点的な働きかけも可能になる。なお、利用者への共感は、単なる感情移入や相手との一体化ではなく、自立した自分が、同じく自立した存在としての相手と正面から向き合い、違いを認め尊重し、相手の思いに寄り添い、感じ取る感受性に基づくものである。このような、人に対する感性が求められている。

　対話力では、相手の話を聴く力と相手の話を引き出す力、そして自分の思いや考えを伝える力が求められる。利用者の話を聴くためには、相手の人格を尊重しその生活への関心を持つことが大切であり、相手の話を引き出すためには、自分が相手に真剣に向き合い相手の話を真摯に聞いているというメッセージ、すなわち本音を話しても私はちゃんと正面から受け止めるというメッセージを、相手に対する自らの態度を通じて継続的に発信することが必要になる。また、異なる職種や組織との対話では、専門分野によって異なる用語や考え方や常識の違いを超えて、対等なコミュニケーションを通じて共通理解を深めることが必要になる。いずれの場合も、自分の考えや思いを、相手に対して簡潔に分かりやすく説明する表現力が重要である。

（2）サービス開発の企画力と行動力

　企画力では、目先の顕在化した問題だけでなく、その問題を生み出した背景を捉えた上で、目指すべき目的と方向性を明確にし、全体像を整理した上で、提案すべき解決策をまとめる力が重要である。解決すべき問題を掘り下げ、その問題の背景や原因、それを引き起こしている社会の底流変化といったものを分析し理解しなければ、表面的・断片的で対症療法的な対策の繰り返しに終わりかねない。問題意識と目的意識を共有するためには、その背景を掘り下げて考える分析力が大切であり、それによって、その問題が実は多くの関係者に共通に関わる問題であることが理解され、関係者が連携して解決に取り組む必要があるという意識が共有される。問題の背景を考える中で、どのような方向性

182　第Ⅲ部　専門職連携と医療ソーシャルワーカーの役割

での取組みが必要なのかについての合意も生み出される。そのような問題解決の基本的な方向性が十分に共有されていれば、取組みの過程で問題が生じても、同じ方向性の中での別の選択肢を試していくことが可能となる。実行過程で直面する様々な不測の事態や困難に対して、柔軟で多様な対応策を考えて実現にまで持ち込む力が、真の企画力である。

　困難に耐えて進む忍耐力も同時に重要である。そして何よりも、まず自らが主体的に行動を起こしていく行動力が求められる。目指せば叶う訳ではないが、目指すものを掲げそれに向かって一歩を踏み出さなければ何も始まらない。

（3）継続的なシステムづくりの実践

　さらに、安定的に継続できるシステムづくりの視点も大切である。一時的にうまくいくとか、ある特定の場合だけうまくいくというのではなく、継続的に機能する仕組みを考える必要がある。

　システムづくりとは、ある目的を達成するための仕組みづくりであり、多様な社会資源を有効にかつ安定的に機能するように組み合わせて、継続的に活用できるような仕組みをつくっていくことである。つまり、個別事例ごとにその都度、一から対応していくのではなく、類似の事例については、一定のやり方で対応するというルールを関係者や組織の間で合意しておくことである。これにより、個別の対応がより迅速にスムーズに行えるようになり、その分、新たな困難事例に重点的に対応していく余力も生まれる。長続きする安定的なシステムづくりには、経済的に無理がないことや、一定のルールなどの仕組みづくりとともに、関係者によって共有され共感される理念が重要となる。

　このように、多様な職種や組織の力をつなぎ・活かして自分の能力以上の成果を生み出すことが、コーディネートの仕事である。自分の業績だと自慢する訳ではないが、自分がいなければ生まれなかったと思える成果が、やりがいにつながる。

3）コーディネート機能に求められる視点

（1）環境変化を幅広く捉える視点

医療福祉サービスを取り巻く環境は、大きく変化している。それは具体的に

は、地域包括ケアシステムにみられるように、保健・医療・福祉サービスの一体化・連続化であり、専門職の多様化やサービス提供主体の多様化、サービス利用支援者の多様化などである。

　医療福祉サービスの提供に関わる組織が急速に多様化し、個別の医療機関単独では到底対応できなくなってきている。福祉施設、在宅サービス提供機関、福祉事務所、地域団体など、きわめて幅広い組織や職種との連携が求められるようになっている。また、従来、行政が直接提供していた地域の医療福祉のコーディネート機能の一部が、地域包括支援センターなどでは行政以外の組織によっても担われるようになってきており、このような組織との連携も重要になっている。専門職の多様化やサービス提供者の多様化も進んでいる。多くの専門職が新たに生まれ、その活動場所も病院や診療所、福祉施設だけでなく、在宅やグループホームなどにも、多様に広がっている。それは、個別の施設内での完結したサービス提供から、在宅など施設外も含めた複合的なサービス提供への展開という側面も持っている。サービス利用支援者側の多様化としては、従来、医師や福祉事務所のケースワーカーなどが行っていた業務が、地域包括支援センターやケアマネジャーなどに広がっている。

(2) 一体的・連続的なサービス提供の視点

　医療福祉サービスの一体化・連続化への取組みの底流にあるものは、これまで別々のものとして提供されていたサービスを、個別の病気や障害だけに目を向けるのではなく患者一人ひとりの生活に目を向けて、よりよく生きるための総合的な環境づくりの支援をしていこうという動きである。人の暮らしには多様な側面があり、それを全人的に支えていこうとすれば、多様なサービスが、一体的・連続的に提供されることが必要となる。これを支援することこそが、MSWの使命であり、このような変化の中において、医療の知識を踏まえながら、患者の生活全般を考えた療養・生活環境づくりにどれだけ貢献しうるのかが問われている。

4. 地域包括ケアシステムを進めるコーディネート機能

1) 地域包括ケアとコーディネート機能

(1) 地域包括ケアと連携

　地域包括ケアは、2000年に介護保険制度が開始された中で、保健・福祉・医療の専門職やボランティアなど地域の様々な資源を統合した包括的なケアとして提唱され、その後、「地域包括ケア研究会」(座長・田中滋氏)で数次にわたり報告書がまとめられて概念が整理されてきた。

　2016年にまとめられた報告書「地域包括ケアシステムと地域マネジメント」では、「医療・看護」「介護・リハビリテーション」「保健・福祉」が専門職によるサービス提供とされ、その機能を十分に発揮するための前提として、「介護予防・生活支援」や「すまいとすまい方」が基本となり、これらの要素が相互に関係しながら包括的に提供されることが重要であるとされている。(図12-3)

　このため、「地域包括ケアシステムの構築は、地域資源をどのようなバランスで組み合わせ相互に連携させるかに関わるマネジメントの仕組みとして議論すべきテーマとして理解しなくてはならない。」としている。

　このような連携の仕組みづくりを、医療面の状況を理解した上で本人の生活を考え、その選択を尊重し実現していくとともに、地域の仕組みとして継続的に考えていけるコーディネート機能が求められている。

図12-3

出典：地域包括ケア研究会報告書 2016年3月

(2) 生活の視点での医療と社会のつなぎ役

　このように、地域包括ケアシステムの推進が社会課題となり、医療が医療施設の中だけでなく在宅・地域へと広がり、医療と福祉が連続的になる中で、

MSW には、院内外において、多様な職種や組織と連携していくことが求められている。いわば、医療に軸足を置きつつ、患者の「生活」に焦点を当てた、医療と社会とのつなぎ役とでもいえる役割である。

　医療関係職の多くは、患者と1対1の関係性で関わり、その関係性は、サービスを提供する側とされる側という一方向的なものである。しかも、日常的に関係する職種の範囲は、多くの場合、医療施設の中での医療関係職種に留まり、医師をリーダーとする指揮命令関係など意思決定過程のはっきりとしたものであることが多い。これに対して、MSW の活動は、その主たる対象が「病気」ではなく患者の「生活」であるが故に、地域社会の多様な職種や組織の連携が求められている。

（3）多様な組織・職種による連携

　保健・医療・福祉分野の関係職種・組織のみならず、公営住宅など行政の多様な部署や、町内会などの地域組織、ボランティア団体など、幅広い分野の多様な性格の組織との調整も必要となる。特に、生活の場である地域では、自主防災への取組みの中から、日々の助け合いの取組みが生まれてきているケースもあり、医療福祉サービスの受け皿としての助け合いの地域づくりも期待されている。そこでは、町内会などのように地域を基盤とする組織とボランティア団体のような一定の目的でつながった組織との連携や、民間と公的部門との連携など、性格の違う組織の連携が求められており、専門用語や考え方、価値基準、判断基準、行動様式の違いを超えて、問題意識を共有し協働していくことが求められている。このような協働を進めていくためには、相互が対等な関係で気楽に真面目な意見交換のできる場づくりが求められる。

（4）医療現場に軸足を置いた連携コーディネーター

　医療の知識を持ち医療現場に軸足を置いて活躍する MSW には、患者の生活の視点を基本として、よりよいサービスを提供するために、地域社会の多様な組織や専門職種の連携のコーディネート機能が期待されている。そのためには、多様な職種や組織の役割や機能を理解し、それぞれの特性をつなぎ合わせることが必要である。エビデンスで動いている医療の世界での説得力と、社会のシステムづくりの視点の両方を持つことにより、その役割を果たすことが期

待されている。

　同時に、患者が置かれた医療面での状況を関係者に正確に説明し、理解を得ることが大切である。医療サービスの提供は主に医療施設や自宅の中で行われ、健康な人は病気の治療や療養に関する情報に触れる機会が少ないことから、患者が置かれた状況が周囲の人に理解され難いこともある。このため、患者が地域社会においてどのような支援を必要としているのかを説明し理解を得ることが、連携を生み出す第一歩となる。

2) 地域社会で求められるコーディネート力

(1) 現場の課題を組織の課題にそして社会の課題へ

　MSW には、個人の生活を見守る温かな目と、必要なサービスが提供される仕組みづくりを考える冷静な目の両方が求められている。同時に、社会の不条理に対する良質な怒りを感じる感性も求められている。

　社会の多様な職種や組織を結び付けて社会の仕組みづくりを生み出していくためには、社会全体を見る大きな視点が大切になる。それぞれの職種や組織の特有の機能や特性を理解した上で、それぞれのできること、得意なことを組み合わせていくことが必要である。自分の知識や経験、ネットワークを活用することにより、個人が頑張れば解決できる課題だけでなく、組織内部での連携や組織同士の連携などの組織の連携で解決できる課題や、社会のシステムや制度として解決すべきレベルの課題まで目を向けていくことが求められている。そのためには、個人としての自分、自分が所属する組織、そして、必要なサービスを創造し提供していくために関連する組織や専門職を総体としてとらえ、相互の協働関係を具体的にイメージして伝えていく力が求められる。まず自分ができることに全力を尽くすのは当然としても、それだけでは解決できない課題については、自分一人で悩むのではなく、他の専門職や組織の力をつないで、「現場の課題を組織の課題に、そして社会の課題へ」と、視野を拡げて解決策を考えていくことが求められている。

(2) 地域社会の多様な職種・組織との連携経験

　現場から組織へ、そして社会の課題へと視点を拡げていくのを、垂直方向の

視点の拡大だとすれば、水平方向の視点の拡大として、地域社会の多様な職種や組織との連携へと視点を拡げていくことが同時に大切である。

MSW の活動は、社会での多様な職種や組織との連携という新たな分野に広がりつつある。各地で、MSW が中心となった連携のシステム化の事例も報告されるようになっている。医療の知識を持ち、多くの場合医療施設をその活動の基盤としながらも、社会における利用者の生活を見つめることのできる専門職として、新たな活躍の可能性の発展期にあるといえよう。日々現場で多様なケースに対応している MSW が、各地での連携のコーディネートの実践事例を持ち寄り、新たなサービス内容の提供、新たなサービス提供プロセスの実現などについての情報を共有し、成功事例の分析やうまくいかなかった原因の振り返りを蓄積することで、実践力を開発していくことが求められている。

3）学生時代から準備するコーディネート力
——幅広い視点と社会への問題意識

コーディネート力は、社会の現場に出て具体的な事例に取り組む実践過程において、実力として身についていくものではあるが、学生時代から、幅広い視点と社会への問題意識を身に付けておくことが重要であり、それが現場で仕事を始めた時に生きてくる。

人や組織をつなぐ楽しさ、成し遂げる面白さを理解するとともに、視点の切り替え、システムづくりの意識などについて考えることが大切であり、社会の光の当たらないところに目を向ける意識や感性を育てていくことも大切である。

人と組織をつなぐ楽しさは、自分の力だけではできないことを人と組織をつなぐことによって達成していく喜びであり、自分の役割に手応えを感じることから生まれる。何かを成し遂げる面白さは、小さな成功体験の積み重ねから始まる。最後までやり切ることは簡単ではないが、その困難に耐えて実際に成果を生み出すことの積み重ねが大切である。

学生時代から、幅広い視点と社会への問題意識、組織連携や社会システムづくりなどについて考え、コーディネート力を身につけるように努めておくことが求められている。

188　第Ⅲ部　専門職連携と医療ソーシャルワーカーの役割

【注】

1　厚生労働省、平成 28 年（2016）医療施設（動態）調査・病院報告の概況、
　　http://www.mhlw.go.jp/toukei/saikin/hw/iryosd/16/　最終確認 2017 年
　　12 月 6 日

2　厚生労働省、平成 21 年（2009）医療施設（動態）調査・病院報告の概況、
　　http://www.mhlw.go.jp/toukei/saikin/hw/iryosd/09/　最終確認 2017 年
　　12 月 6 日

3　菊池和則「多職種チームの３つのモデル」社会福祉学 39(2)、日本社会福
　　祉学会、2000 年、pp.17-38

4　野中猛著『図説ケアチーム』中央法規出版、2007 年、p.14

5　県立広島大学保健福祉学部の５学科（看護学科、理学療法学科、作業療法
　　学科、言語コミュニケーション障害学科、人間福祉学科）では４年次に全
　　学科協働で運営する「チーム医療実習」科目がある。医師が設定した架空
　　の事例に対して各学科の教員が専門領域のアセスメント経過を執筆する。
　　事例は筆者が医療ソーシャルワーカー担当部分を作成したものである。

【参考文献】

医療法制研究会編「医療六法 平成 30 年版」中央法規出版、2018 年

地域包括ケア研究会『地域包括ケアシステムと地域マネジメント』三菱 UFJ リ
　　サーチ＆コンサルティング、2016 年

一條和生・徳岡晃一郎『シャドーワーク－知識創造を促す組織戦略』東洋経済
　　新報社、2007 年

金子郁容『新版コミュニティ・ソリューション』岩波書店、2002 年

ダニエル・ゴールマン／土屋京子訳『SQ　生き方の知能指数』日本経済新聞出
　　版社、2007 年

野中郁次郎・紺野昇『知識経営のすすめ－ナレッジマネジメントとその時代』
　　ちくま新書、1999 年

P・F・ドラッカー／上田惇生他訳『非営利組織の経営』ダイヤモンド社、1991
　　年

第IV部

地域連携と保健医療サービスの向上

　保健医療福祉領域での専門職の連携が言われて久しい。国も地域連携クリティカルパスなどを提起し、保健、医療、福祉の連携の推進を進めていこうとしている。この連携の必要性、またそのあり方について、それぞれの専門職が明確に認識しておかなければ、利用者にとって有効な連携の構築がなされない。ここでは保健福祉サービス実践で求められる連携の在り方について、利用者主体ということを基本において先進的な事例から専門職間のチーム形成の在り方、専門性を検討する。また、医療ソーシャルワーカーのサービスの質の向上に必要な評価の視点を示していく。

第13章 利用者主体を実現する 医療ソーシャルワーカー

はじめに

　筆者が以前所属した医療機関は、医療法人立の民間の医療機関であり、周囲には同規模の医療機関が2つ存在している。医療法人と公立の病院であり、それぞれが地域中核病院としてその役割を遂行しようとしている。公立病院は地域において提供が困難な医療（①救急・小児・周産期・災害などの不採算・特殊部門に関わる医療の提供　②高度・先進医療の提供など）を担ってきたが、近年多くの公立病院の経営状態が悪化しており、更に医師不足に伴う診療体制の縮小を余儀なくされ、その経営環境や医療提供体制の維持が極めて厳しい状況になっている。その結果として、同じような厳しい現状におかれている民間の医療機関に、地域医療の一端を担う機能がより強く求められる傾向にある。

　そして現在、筆者は以前所属した同地域の医療法人であるクリニックで勤務している。そこでは外来患者や在宅患者への相談対応を行っていて、実際、入院患者を逆紹介で受けたり、あるいは外来患者の入院や検査を依頼する側に立ち、医療ソーシャルワーカー（以下、MSWとする）の重要性を改めて感じている。逆紹介で受ける患者情報について医療・看護情報以外のMSWの情報提供は、在宅や外来で介入する際、役立つ情報が多く、アセスメントがしやすくなる。また退院前カンファレンスに参加することでMSW間の病診連携が可能となるため、患者が安心して地域に戻ることができるようになる。また診療所から病院へ入院を依頼する際、紹介先にMSWが存在することで、その患者の問題点なども入院前から相談できるし、その結果退院調整も迅速に進め

ることができる。そういった意味では、地域の中で動ける MSW も大事な役割を担っている。このように病診連携がスムースに行われるためには、今後、診療所にも MSW を積極的に配置することが望まれるし、こういった流れが地域包括ケアの構築の一部分を担うことになる。

　今後、高齢社会に伴い、急性期型医療から慢性期型医療への転換を迫られている現在、慢性疾患や認知症を抱えたまま暮らせる地域環境の整備が必要不可欠である。従って退院後、安心して療養するためには、医療と介護の連携を強化していく必要がある。このような環境にある地域の医療機関と医療福祉関係施設との、連携調整の実状と今後の理想的な展開についてここでは述べていく。

　保健医療機関における、MSW の役割は、常に利用者の立場を考え、利用者が最も満足できるように介入することである。まず患者とその家族が中心であることを理解し、そしてそれを取り巻く職員、関係機関、地域住民を巻き込んで MSW がそれぞれの連携調整をしていくことが理想的な役割ではないかと考える。

　しかし、医療ソーシャルワーク援助の内容はあくまで利用者のニーズにより限定されるものであり、MSW は利用者を援助しながら、今援助している内容はどの「範囲」のことであるかをはっきりさせる必要性がある。つまり MSW として援助しなければならない領域を明確にして、その領域内では責任を持って援助することが重要な視点である。

1.　ソーシャルワークの視点からの利用者主体とは

　昨今の医療制度は、平均在院日数の短縮化が進み、専門的な知識で迅速な退院調整が求められるようになったこと、診療報酬改定では、2012 年に退院調整加算、2016 年に退院調整加算廃止に伴い、退院支援加算が新設された。また 2018 年には退院支援加算が入退院支援加算に名称変更されたことから、ますます MSW（社会福祉士）を求める医療機関が増え、定着しつつあり、専門性を駆使した援助へのニーズも年々大きくなっている。

　そのために MSW によって援助され解決されなければならない問題も増え

ており、患者や家族の心理的・社会的問題への介入なくして医療が遂行されない場合も多くなっている。これは医療事情が複雑になり、医療機関に課せられるものも、より高度かつ複雑になっているということである。

　厚生労働省から通知されている MSW の業務指針の中に、業務範囲が6項目あるが、その1つである地域活動の項目では、患者のニーズに合致したサービスが地域において提供されるよう、関係機関、関係職種等と連携し、地域の保健医療福祉システムづくりの参画を行うとある。その中でも関係機関、関係職種等と連携し、高齢者、精神障害者等の在宅ケアや社会復帰について地域の理解を求め、普及に進めることとある。

　実際、私たちが利用者に介入する場合、医学的判断を踏まえ、医療機関の専門職からの各種情報を収集した上で利用者との面談を実施することが多い。その中で利用者の思いや要望にできるだけ沿えるような介入を心がける。

　たとえば、誤嚥性肺炎で入院した患者について、経口摂取が難しくなり、胃ろうの増設を行ったケースがある。その家族はどうしても経口摂取をあきらめきれず MSW に相談に来た。今後一生、経口摂取ができなくなるのは残酷だと訴え、1%でも望みがあるのであれば、危険を冒しても嚥下訓練を継続して欲しいという強い思いであった。そこで主治医や看護師、言語聴覚士と相談し、家族の思いを伝えた。結果、嚥下訓練を継続することで、家族の思いを聴くことができ、患者本人の生きていく希望にもつながった。ここで考えたいのは、患者の主体性の尊重という MSW の視点に立って考えることがいかに大切であるか、ということである。同じく業務指針の業務の方法等に、下記の項目がある。

　①業務に当たっては、傷病に加えて経済的、心理的・社会的問題を抱えた患者が、適切に判断できるよう、患者の積極的な関わりの下、患者自身の状況把握や問題整理を援助し、解決方策の選択肢の提示等を行うこと。
　②問題解決のための代行等は、必要な場合に限るものとし、患者の自律性、主体性を尊重するようにすること。

　まさに、前述のケースは、上記の内容を実践に移し、利用者主体を進めることができたケースであった。

2. 保健医療福祉専門職との連携で実現する利用者主体

　従来から医療機関のMSWは、利用者の退院支援を中心に業務を遂行している。特に急性期医療機関においては限られた在院日数の中で退院支援を行わなければならず、いつのまにか利用者の思いが置き去りにされていることが多々ある。結果、利用者が満足せずに転院・転所していく、あるいは自宅に帰っていく。このようなことが発生しないように対応できるかどうかは、いかに保健医療福祉専門職と効率的に連携がとれているかにかかっている。日本の社会の高齢化に伴い、在宅医療が推進されるようになり、退院調整や地域連携がより重要視されるようになってきた。そういった時代背景から医療機関に地域連携室や病診連携室といった名称の部署が設置されるようになった。そこにMSWや看護師が配置されることで、より効率的な退院調整が可能となったため、従来MSWが所属した部署「医療相談室」「医療福祉相談室」「医療福祉課」などの名称から前掲の部署名に変更する医療機関が増えた。その人員構成はMSWの他に看護師、事務員といった複数の職種で構成されている。つまり、部署内においても複数の職種と連携をとりつつ、他部署・他機関との連携をうまくとっていく時代になったわけである。

　最近の診療報酬改定の傾向は、退院調整が重点化され点数も高くなっているが算定条件も厳しくなっている。専任の退院調整担当や退院困難な利用者の抽出、早期の多職種を巻き込んだカンファレンス開催等の一定の条件を満たす必要があり、さらに、入院を予定している患者が安心して入院できるよう、入院前の支援を行う場合も加算された。これは診療所にMSWが配置されることで医療・看護情報とともにMSWの情報提供が迅速に流れやすくなる。つまり患者・家族に安心して入院してもらえるるシステム作りとなるのではないか。入院前の支援を行うその中で中心となるのは、看護師、MSWであろう。看護師は医学知識や看護技術を基盤として患者の医療と生活をトータルに判断できる視点、MSWは社会資源、技術、の知識を基盤に一人一人の患者の主体性に寄り添う視点から、お互い競合せずに入退院調整を行っていく必要がある。かつ

第13章　利用者主体を実現する医療ソーシャルワーカー　195

表13-1　連携の７つのモデル

```
１．ヒエラルキー（階層）連携モデル
　　　　①施設種別連携モデル
　　　　②救急連携モデル

２．ネットワーク連携モデル
　　　　①疾患別連携モデル
　　　　②職種別連携モデル
　　　　③連携コーディネータ別モデル
　　　　④連携室間連携モデル
　　　　⑤教育研修・治験連携モデル
　　　　⑥IT連携
　　　　⑦疾患管理モデル
```

※「新たな医療連携の実践」医療マネジメント学会、平成13年発刊

関係職種間の調整をスムースに行っていくのもMSWの大切な役割である。

　たとえば、ネットワーク連携の７つのモデル（表13-1）の中の職種別医療連携モデルでは、各専門職ごとのネットワークは形成されているが、各職種間のネットワークを形成していかない限り、利用者主体の保健医療サービスの向上はあり得ない。また連携室間連携モデルは、最近、医療機関で現実に実践しているところが増えており、利用者の確保や紹介がその部署を中心にして展開されている。各医療機関がそれぞれの強み、弱みを把握することで機能分担していく時代では、より強い連携が求められる。この疾患についてはどこの医療機関で対応してもらえるか、タイムリーに把握しておくことが、地域連携室のひとつの機能でもある。また、MSWは医療機関に所属しながら地域に出て行く必要性を求められている（図13-2）。つまり、利用できる全ての社会資源やネットワークを駆使できるのもMSWであると考える。

　連携について以下の３つに分けて説明する。

1）前方連携

　診療所や医療機関からの紹介で連携を行う。入院や外来診療、検査等の依頼を迅速に行うためには、紹介元の医師や地域連携スタッフと所属医療機関の医師・看護師・コ・メディカルスタッフ・その他の職員の間に入って連携調整を

図13-2 地域医療連携と患者システム・医療システム・ソーシャルワークシステムの三角形

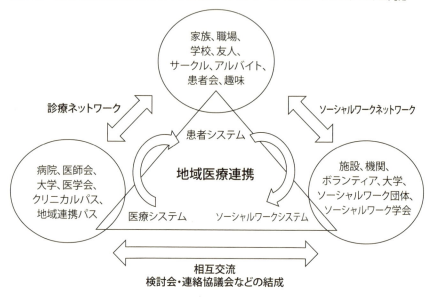

出典：新・社会福祉士養成講座17 保健医療サービス 中央法規出版、2017年、p.37

する。その中で最も大事なことは、いかに迅速に正確に対応できるかということである。紹介元の医療機関からは、紹介内容についてすぐ理解できる人材の配置を希望される。豊富な医療知識を考えるとやはり看護師の配置が適切なのかと判断する。しかし、入院相談では、いろいろな社会的、経済的、心理的な問題を抱えた利用者であることが多々ある。そういった場合、入院相談の際に早期介入ができるMSWの存在は大切である。ここでも診療所MSWの存在によって入院前の情報をより詳細に把握できることになる。

これによって、利用者の初期計画を立てることを早期に行うことができ、在院日数の短縮にもつながっていく。またこのようなシステムが定着してくると、地域診療所医師からの相談を受けることが多くなり、問題に応じた適切な社会資源の提供が可能となり、地域の診療所との連携がより密接となっていく。それは結果的には利用者への医療福祉サービスへとつながっていく。一つの医療

第13章 利用者主体を実現する医療ソーシャルワーカー　197

機関に所属する MSW が地域の診療所の医療福祉サービスの向上にもなっているわけである。

2）院内連携

利用者が医療機関に入院あるいは外来受診している場合、MSW は必要に応じて介入する。しかし、単独で問題解決はできないわけで、院内の専門職といかに効率的に連携をとっていくかにより利用者のサービス向上が実現される。たとえば利用者が入院費用の相談で来所した場合、利用者の経済状況を聞いた上で制度の紹介をすると同時に、主治医、看護師、事務員とも情報の共有を行うことで、そのような状況を踏まえた治療計画の検討が可能となる。つまりできるだけ負担のかからないような工夫ができるわけである。

ある利用者から治療に納得がいかなくて MSW に相談があったとする。その状況を聞いたうえで、主治医や関係職種と連絡をとって話し合いの場を設定することが、利用者に安心して療養してもらうための連携調整となる。

また最近は、高齢者や認知症高齢者の入院が多くなるに伴い独居の人も増えているため、インフォームド・コンセント（医師が患者に診療の目的や内容を十分に説明し、患者の同意を得ること）の際、MSW が同席することが多くなっている。そういった状況には必ず MSW に同席を求めるシステム構築ができれば理想的である。

MSW の部署に医師や看護師、コ・メディカルスタッフ、事務員などの出入りが多いほど、業務の情報提供もしやすくなるし、連携調整もしやすくなる。何かあれば MSW に依頼をするといった流れができれば、所属機関内での認知度も高くなるわけで、院内連携がスムーズに展開しやすい。しかし、何でも引き受ける状況が定着してしまうと、今度は丸投げ状態になってしまい、業務の不均衡が生じてしまうので、適切に振り分ける技術が必要になってくる。

3）後方連携

利用者が退院する場合、退院支援として、院内だけではなく院外の多くの医療福祉専門職との連携調整が不可欠である。また退院先に関係なく、入院前の

かかりつけ医や施設関係者への退院調整進捗状況を適宜報告するのも重要である。

(1) 転院・転所の場合

　家族事情や直接自宅への退院が難しい場合、医療ニーズが高い利用者は他の医療機関に転院となり、医療ニーズが高くない場合は社会福祉施設等へ転所となる。その際、どのくらい医療機関や施設を把握しているか、つまり、転院（所）先の強み、弱みは何か、どのようなスタッフがいるのかを熟知していることで迅速な転院調整が可能となる。最近は施設が多様化しており、各施設の機能を十分把握して、利用者のニーズに合った施設を如何に提供できるかも大切である。他の医療機関や施設と連携がとれるようになると、空床状況を定期で報告してもらえ、効率的に調整ができることにもつながる。同時に連携室間の連携がとれることで、複雑なケースの依頼も交渉しやすくなる。

　転院転所調整では、利用者の希望や思いを十分聴き取り、できるだけ希望に沿った調整を行う。どのくらい多くの社会資源が提供できるかということである。利用者が十分理解をし、納得した選択ができるかどうかは、MSW の情報提供の仕方にかかっている。

事例：転院先についての情報不足が、転院への決断を阻んでいた例

　退院支援で家族と面談をしたが、家族の間で転院か在宅かで結論が出なかったので、転院の場合と在宅の場合の利点について十分話し合い、転院の方向で話しを進めることになった。そして、転院先の選択においては、自宅からの距離、アクセス、費用、ケアの質など、できる限りの情報を提供できるようにすると同時に、転院先にも相談に行ってもらった。

　転院先からどのくらい正確に情報を収集できるかで利用者の安心度合いもかわってくる。急性期の場合、限られた期間の中でより迅速に上記の流れを遂行しなければならない。そのポイントは短期間でいかに利用者との良好な関係が築けるかということ、同時に、いかに他の医療機関と密に連携できているかである。その間の、利用者の揺れ動く心のサポートも必要になってくる。結果、その利用者に「あなたがいてくれてよかった」とい

第13章　利用者主体を実現する医療ソーシャルワーカー　199

う言葉をかけてもらえれば、まさに医療福祉サービスの向上の努力が確認できたと言える。

　また多様化する施設について、その施設の質を見極めることができる力も必要である。

（2）在宅の場合

　在宅導入の場合は、地域の医療福祉関係職種との迅速で密接な連携が必要となる。この在宅調整については、2009年の診療報酬改定で点数化され、在宅導入のためのカンファレンスを積極的に開催できるようになった。以降、入院当初からの多職種間カンファレンスが、スムースな退院調整には必要不可欠となっている。つまり、利用者の状況によって適宜カンファレンスを開催しているのが現状である。

　まず、利用者と家族の面談を行い、在宅導入の意思確認を行う。それから在宅導入のためのケースカンファレンスを開催していくが、その場合、利用者の状況に応じて参加メンバーも検討していく。院内では主治医、看護師、リハビリスタッフ、栄養士などの専門職の参加調整を行い、院外ではケアマネジャー、訪問診療医師、訪問看護師、ヘルパーなどの地域の専門職への依頼調整を行う。診療所にMSWが配置されていれば勿論MSWの参加も必要である。基本は利用者の入院している医療機関が開催場所となるが、状況によっては利用者の自宅で行う場合もある。カンファレンスの進行はMSWかケアマネジャーが担当することが多く、必要に応じて複数回の開催も実施する。しかし実際は、専門職の時間調整は難しく、急性期病院では1回だけの開催が多いのが現状である。カンファレンスの内容は利用者や家族の希望や思いを十分配慮した上で、もちろん利用者や家族にも参加してもらい、利用者の状況に応じたサービスの提供を議論していくことになる。その場合、MSWの視点をしっかり入れて、意見を述べることが大切である。ある程度方向が決定し具体的なサービスが決まれば、地域の専門職への情報提供を、MSWから院内のスタッフに依頼していくことが多い。またリハビリスタッフによる家屋調整についても、MSWが同行することも多く、その場合は、利用者の生活の状況を把握することで、よ

200　第Ⅳ部　地域連携と保健医療サービスの向上

り適切な在宅導入を実践できることを目的としている。

　ここでケアマネジャーとの関係について注目する。職種上、業務が重なることが多い MSW だが、入院中の利用者の情報をより適切にケアマネジャーに伝え、ケアマネジャーと連携して情報の共有を行い、お互いが協力しながら利用者を支えていく大事な役割を担っている。利用者が医療と介護で切れ目のないサービスを受けられるように「顔の見える連携」がケアマネジャーと MSW にも求められている。

　さらに、最近は在宅療養支援診療所（病院）との連携も担うようになっており、その内容を筆者の以前所属した医療機関を例に以下に説明する。

（3）在宅療養支援診療所（病院）との連携

　在宅療養支援診療所（病院）（表13-3）は緊急時の入院ができる病床を常に確保し、受け入れ機関の名称を届け出ている。病院がそういった依頼を受けていると、緊急時の入院依頼については必ず受け入れをしなくてはいけない。従って、そのような連携による利用者が退院する場合は、もちろん、カンファレンスを開催し、安心して自宅に帰ることができるように調整を行う必要がある。以前、病院の医師に診療所との連携で困っていることや意見を聞いたところ、自宅で最期が迎えられない、自宅で看取りを依頼したい、入院適応に関する認識の違い、事前協議ができる患者さんの情報の共有、といった意見があった。このような問題については、在宅を専門に活動している診療所の設置（2016年診療報酬改定で新設された在宅専門診療所）、24時間対応可能な訪問看護ステーションの増加、退院前カンファレンスの積極的な実施、地域包括ケア病棟の設置などで、かなり解決されつつある。しかし、社会的問題を抱える場合、入院が長期化したり在宅導入が難しくなる。この問題は本来 MSW が中心となって介入するべき問題であるが、現状の MSW は早期退院を求められている故、結果としては転院・転所といった方法をとらざるを得なくなる。最近では退院先を紹介し調整することを専門とする機関が増えているが、そういった機関からの情報を利用者に満足してもらえるよう提供することも MSW の役割である。

表13-3 在宅療養支援診療所・病院の概要

在宅療養支援診療所

地域において在宅医療を支える24時間の窓口として、他の病院、診療所等と連携を図りつつ、24時間往診、訪問看護等を提供する診療所

【主な施設基準】
①診療所
②24時間連絡を受ける体制を確保している
③24時間往診可能である
④24時間訪問看護が可能である
⑤緊急時に入院できる病床を確保している
⑥連携する保険医療機関、訪問看護ステーションに適切に患者の情報を提供している
⑦年に1回、看取りの数を報告している
注：③④⑤の往診、訪問看護、緊急時の病床確保については、連携する保険医療機関や訪問看護ステーションにおける対応でも可

在宅療養支援病院

診療所のない地域において、在宅療養支援所と同様に、在宅医療の主たる担い手となっている病院

【主な施設基準】
①200床未満又は4km以内に診療所がない病院
②24時間連絡を受ける体制を確保している
③24時間往診可能である
④24時間訪問看護が可能である
⑤緊急時に入院できる病床を確保している
⑥連携する保険医療機関、訪問看護ステーションに適切に患者の情報を提供している
⑦年に1回、看取りの数を報告している
注：④の訪問看護については、連携する保険医療機関や訪問看護ステーションにおける対応でも可

機能を強化した在宅療養支援診療所・病院

複数の医師が在籍し、緊急往診と看取りの実績を有する医療機関（地域で複数の医療機関が連携して対応することも可能）が往診料や在宅における医学管理等を行った場合に高い評価を行う。

【主な施設基準】
①在宅医療を担当する常勤の医師が3名以上配置
②過去1年間の緊急の往診の実績を5件以上有する
③過去1年間の在宅における看取りの実績を2件以上有している
注：上記の要件（①〜③）については、他の連携保険医療機関（診療所又は200床未満の病院）との合計でも可

資料：平成26年3月20日 厚生労働省保険局医療課資料

　また、医師同士のコミュニケーション不足といった意見については、病院医師・訪問診療医師いずれも多忙であるため、カンファレンスになかなか参加できず、直接連絡をとることも難しく、利用者を取り巻く情報の共有が困難になりがちである。それを解消していくためには、間に入って調整できる役割の人材が必要となり、それが地域連携室に所属するスタッフ、特にMSWであるこ

202　第Ⅳ部　地域連携と保健医療サービスの向上

とが望ましい。また診療所に配置されたMSWの存在も連携の上で重要な役割を果たせる。

(4) 逆紹介について

　地域の診療所から紹介された患者の状態が安定すれば、基本は紹介元の診療所に逆紹介する。しかし、一般的に利用者の多くは、病院への通院を希望する傾向にあり、それが地域の診療所の不満につながることも少なくない。病院の医師の立場をとれば逆紹介を勧めるが、利用者の強い希望があれば逆紹介を強制できなくなる場合もあって、診療所との連携が難しいことがある。このような場合、地域連携のスタッフが、かかりつけ医の意味を十分説明し、利用者に理解してもらい、逆紹介できる体制があれば、より地域の診療所との強い連携ができ、また紹介してもらえる関係を構築できる。

3.　保健医療福祉連携と利用者主体の実現

　ここまで述べてきたことを、まとめてみよう。

　MSW は、所属機関の要求と利用者のニーズの間に立って、援助を行っている。現在、医療機関が MSW に求める内容は複雑多岐になり、他職種や他機関と積極的に連携していかないと、業務が展開できにくくなっている。そのニーズは年々増加していると感じる。今、国は団塊の世代が 75 歳以上となる 2025 年までに住み慣れた場所で最期まで暮らすことができる「地域包括ケアシステム」の構築を目指している。その柱が高齢者の在宅生活を支える医療と介護の体制である。よって利用者のニーズも高くなり、それに応えていくためにも、MSW 自身が、より質の高い技術や社会資源の提供を行っていくことが求められている。ここではそのような時代のなかで、どういった連携が理想的なのかを考えたい。

　ソーシャルワークの研究者であるジャーメイン (Germain, C.) は保健医療領域の専門職種連携をコラボレーションとして展開した。それらの専門職がチームとして利用者の生活を支えることを目標として連携する必要性を指摘した。

第13章　利用者主体を実現する医療ソーシャルワーカー　203

　現在、退院支援については一定の基準を満たせば算定可能となっているが、そのためには利用者の入院当初から医師・看護師・MSW の介入が必要不可欠であり、システム構築が充分でないまま加算が先行され、形骸化されかねないことについては、今後の課題と言える。より良い連携を目指し、各地域で医療関係職種と在宅関係職種の交流会や勉強会が実施される事が多くなった。筆者が以前所属していた医療機関の地域においても交流会が定期で開催されていて、下記のような意見が出されている。

　　・緊急受診の依頼は受け入れ機関の医療機関が受けないといけないが、勤務
　　　医と地域の診療所に温度差があり、スムーズにいかない。
　　・訪問看護ステーションと医療機関の看護部との間での情報の共有が難しい。
　　・在宅導入のカンファレンスについても、在宅療養にかかわっているスタッ
　　　フが全員出席できる状況ではないので、積極的な情報の共有ができていな
　　　い。
　　・緊急時の対応を行う医療機関側も、地域の診療所から紹介される患者の状
　　　況を、実際に会って把握しておくことも必要。

　以上のような意見が出され、病診連携は在宅現場と医療機関側のギャップを埋めることから始める必要性があるということが確認され、今後継続した交流会が望まれる。

　以上から今後の連携のあり方として、

　①情報の共有：定期的な交流会や事例検討会、そしてスタッフ自身の意識付け医師同士のコミュニケーションを密にしていくためには、その間に介在できる人材が必要である。つまり利用者の情報提供を迅速に行っていくことが信頼関係を持つ基本である。

　②地域連携室の適切な人材配置

　医師・看護師・MSW・事務員で構成するのが適切かと考える。また医師・看護師については、その所属機関で、ある程度の決定権を持つ人材であって、ベッドコントローラーも兼ねていると、入院調整がよりしやすくなる。

　また地域連携室の中を、利用者を確保する機能と、退院支援を行う機能の2つに分ける医療機関が増えているのは、より効率的な連携調整ができるからで

ある。従って看護師・事務員が利用者確保機能を担い、退院支援の機能は退院調整看護師とともに MSW が担い、豊富な社会資源を利用しながら、かつ保健医療福祉専門職との連携の下で、調整を行っていくことが理想的だと考える。しかし、利用者確保側においても、外来での調整や入院時のアセスメントのため、専任の MSW を必要とするであろう。

③地域の診療所へのかかわり

地域の診療所の医師にとって病診連携は、入院が必要な際にスムーズに入院できるシステムであるが、時には入院が難しい場合もあり得る。その場合、筆者の所属していた医療機関では、他の医療機関へ入院相談を行い、紹介患者の入院実現への協力を行っている。そうすることで、地域診療所の医師からの信頼を得ることができ、安心して入院紹介をしてもらえる。また地域の診療所の利用者からの相談事も受けることで、より強い信頼関係が構築されるし、また診療所 MSW の存在は、病院 MSW にとってより連携がスムースに行われることとなる。

④保健医療福祉専門職とのかかわり

外部の保健医療福祉専門職とのかかわりは、主に在宅導入で連携をとる場合が多い。カンファレンスを実施する場合に、訪問診療医師、訪問看護師、ホームヘルパーなどの連携調整が必要になってくるが、急性期病院での調整となると、迅速性を要求され、全員揃ってのカンファレンスが不可能となる。その結果、利用者が自宅退院してから調整する場合も多い。特に診療所医師は多忙でカンファレンスに参加することがほとんどなく、今後の課題でもある。同時に病院側も医師の同席は時間が取れないことが多く、カンファレンス冒頭での病状説明のみのこともある。あとは看護師やリハビリスタッフで、在宅現場のスタッフに対応している。この場合、看護師や MSW が利用者の病状を十分把握して情報提供できるようにしなければならない。カンファレンスは病棟で行うことで、利用者の状況を観察しながら、看護師からも情報収集できるし、訪問看護師は看護師どうしでコミュニケーションをとることもできる。またリハビリ状況を現場の専門職に把握してもらうめには、実際のリハビリの時間に合わせての設定も大切である。または、利用者の自宅を場所にして実際生活の場

第13章　利用者主体を実現する医療ソーシャルワーカー　205

を見てカンファレンスを行うこともある。このように、利用者の状況にあわせて配慮できることが望まれ、この役割には、利用者と医療情報を併せ持つことができる MSW が適切だと考える。2018 年度の診療報酬改定で退院時共同指導料を行う職種に社会福祉士（MSW）が追加され、診療所 MSW の活躍の場が拡がりつつある。

　福祉職にとって医療機関は「敷居が高い」イメージがあり、連携がとりにくい機関ではあるが、加えて社会福祉とは異なる文化をもつ医療機関のシステムを把握せずに情報収集が行われ、混乱を招く場合が多い。

　現在、筆者の地域では、情報提供あるいは情報収集、そして主治医や看護師への面会等については MSW を窓口としたため、かなり問題は解消されている。ただ MSW が窓口となると、依頼が集中した際の対応が物理的に不可能となることが充分予測され、その対応が今後の課題といえる。

　最近ではケアマネジャーが相談室を訪問することがかなり増えているのが特徴である。各医療機関の MSW が気軽に立ち入る事ができる環境作りを、MSW 自身は勿論のこと、各医療機関組織全体への意識付けが必要である。

　⑤施設との連携について

　医療機関だけでなく、最近は高齢者の施設が複雑多岐になり、各施設が医療連携を求めて来ることもある。ここで問題になるのは、施設によっては医療福祉専門職が不在で、連携でのトラブルが発生することが多いことである。また施設の質の問題もあり、退所援助がスムーズに行われないこともある。施設の職員対象に勉強会や研修会を実施することで、保健医療に関する知識を修得してもらい、より適切な連携調整を展開できるような改善をはかる必要がある。こういった連絡調整のための会の開催も、地域連携室の役割である。同時に、お互いルールを守っていくために契約書を交わし、質の向上に努めることも大切である。また、利用者がスムーズに地域に帰ることができるための方法のひとつとして、地域連携パスがある。（図 13-4）　この流れに沿って治療を進めていくことで、利用者も安心して入院し、自宅に帰っていけるようになっている。このパスが適切に流れるように、各専門職とカンファレンスを開催し、調整していくのも MSW の役割である。

図13-4 地域医療連携の流れ

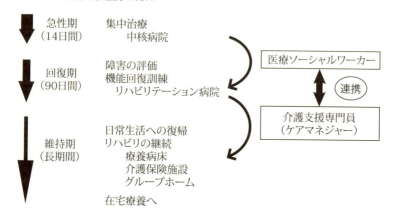

新社会福祉士養成講座 17「保健医療サービス」中央法規出版、2017年、p.221

⑥医療ソーシャルワーカーの認知

　MSWは上記の連携での中心的な役割を担い、保健医療福祉専門職の間に入り連携がスムースに運ぶための調整を行っている。そのことに関連して「その専門性は他の専門職が持つ深さへの専門性とは少し異なる幅の広さへの専門性である。利用者の生活を守り、できるだけ自己決定を尊重していくことがソーシャルワークの価値であるからには、制約はあるがその観点を失ってはソーシャルワーカーとして医療の場にいる意味はあまりない。[1]」と指摘している。

おわりに

　医療事情が複雑多岐になるに従い、MSWに求められるニーズも複雑になっている。年々高齢者の割合が高くなる中、医療と介護の連携は大切である。よってMSWも退院調整だけではなく、入院前、退院後の利用者の生活を把握することで、実施した退院調整のアセスメントが可能となる。それを実現するにはMSWの配置人数や質の向上等、課題は多いが、その実現に向けての責

任は MSW に重くかかっている。医療機関において MSW としての国家資格が確立されない限り、置かれている立場は変わらない。独自の国家資格を実現することで、より認知度も上がり専門職として業務を遂行しやすくなると考える。保健医療サービスの間でより顔の見える連携調整能力を発揮し、実践できるのは、MSW だと確信している。

【注】

1　杉本照子監修『医療におけるソーシャルワークの展開』相川書房、2001 年、p. 7, p. 14

【参考文献】

柴山悦子・平島裕子『医療ケースワークの初歩的実践』医学書院、1979 年

医療マネジメント学会『新たな医療連携の実践』2001 年

藤田拓司著・医療経済機構監修「逆紹介促進のためのシステムづくり」『医療白書 2004 年版』日本医療企画

村上須賀子・竹内一夫他編著『ソーシャルワーカーのための病院実習ガイドブック』勁草書房、2007 年

『保健医療サービス』新・社会福祉士養成講座 17、中央法規出版、2017 年

第14章　医療ソーシャルワーカーの実践から問う地域連携

1. 地域包括ケア体制における地域資源としての医療福祉機関の意義

1）医療サービスと介護サービスの有機的連携の時代

（1）　わが国の医療連携の現実

　わが国の医療システムにおいて、病院、診療所など疾患を予防、治療する場を医療提供施設、通称「医療機関」という。そしてこれら医療機関は、新しい医療提供体制構築のために、機能分化、重点化、効率化が推進されており、その体制整備を「医療連携体制」という。「医療連携体制」とは、これまで各章で述べられた医療法等の改正や、診療報酬制度上の"点数誘導"と呼ばれるインセンティブによって、「患者の病態」と「医療提供の場」を区分し、その組み合わせによって、医療機関の機能・役割を規定し、それらを一体的につなぐことで治療の軸を保障していくことである。さらに、「連携」は医療領域にとどまらない。慢性期疾患の内、医療依存度の低い患者層を医療領域から分離し、高齢者用住宅や介護施設等、在宅を含む介護領域への移行を図っている。介護領域の最前線では、多様化する医療管理や看取りへの対応、DM（ディジーズ・マネジメント：Disease Management）を含む「慢性疾患管理」としてのケアマネジメント技能が必要とされる。

　医療と介護領域の連携では、多機関・多職種協働といわれるように、利用者とその家族に多くの支援者（地域資源）が関わることになる。それぞれの支援者の専門的アセスメントをどのように一つにまとめあげ、利用者本来のサー

ビスとするか、制度から要求される効率性とケアの質とのバランス、退院前カンファレンスなど限られた時間や制約の中での協働のシステム化など、現場が直面する課題は多い。「医療、保健、福祉の統合」が叫ばれて久しいが、そうした意味での地域連携または地域包括ケアの前段として、まずは地域医療機関同士が、シームレスな治療継続のための連携体制を構築する必要があり、早急な体制づくりが求められている。

各医療機関には、連携の窓口となる「地域医療連携室」「地域医療センター」などの部門が設置されるようになり、病院と診療所の連携体制を図る「病診連携」、病院と病院間の連携体制を図る「病病連携」を業務の柱として、診察・検査予約の受付、紹介・逆紹介の推進、自院機能の広報や研修などの企画、地域連携クリティカルパスの運用窓口としての役割、介護事業所など地域関係機関との調整業務、転院など患者への具体的支援となる相談業務など多岐にわたる業務を担っている。

経年の制度改正や基盤整備を経て、2002（平成14）年「医療提供体制の改革の基本的方向」（「医療提供体制の改革に関する検討チーム」中間まとめ）において、現在の「医療連携体制」の基本的な仕組みがつくられる。この仕組みは「地域完結型医療」と表現されるが、代表的な連携モデルは［急性期治療→回復期リハビリテーション→療養病床（慢性期治療）・在宅医療］というように疾患（発病）を起点とする、あくまでも治療過程に沿った「医療の完結」である。報告書中「医療と介護の連携を進め、生活の質（Quality of Life: QOL）を重視した医療が提供されるようにする」[1]という地域包括ケアへの萌芽は見られるが、この段階ではそのための具体的な方策は示されていない。

（2）有機的な連携と医療ソーシャルワーカーの支援

同じく2002年に、第11章でも示されているように「医療ソーシャルワーカー業務指針」も改定され、医療ソーシャルワーカー（以下、MSWとする）が「社会福祉の立場から」支援する存在であることが明確にされた。そして現医療法において、「医療サービスと福祉サービスが有機的な連携を図る」ことと規定され、医療機関管理者の責務とされている。この「有機的な連携」という言葉の理解の深め方が、地域包括ケア体制で培われるべき地域連携への重要

な第一歩と思われる。

「有機的」とは、「多くの部分が集まって、一個の物を作り、その各部分の間に緊密な統一があって、部分と全体とが必然的関係を有しているさま」[2]といわれる。そして、おそらくは部分の単純な総和以上の何かが生まれるような活動の状態であるように思われる。有機体という言葉が、生物、生命体を意味するように、たとえば人間の臓器と全体の関係を思い起こすとわかりやすい。これらはシステムともいわれ、「シームレス」「包括的」といった、医療連携体制や地域連携のあるべき状態を指し示す言葉も、同じ意味を志向していると考えられる。「医療サービスと介護サービスの有機的な連携」とは、単に"医療"と"介護・福祉"のマニュアル的分業ではない。利用者（患者、要介護者、家族）とは、「person as a whole：全体としての人」としての生活者であり、疾患、障害とそれに派生するさまざまな生活問題を抱えている。それらの"わずらい"に対して、多機関・多職種協働という連携システムにより支援するのであれば、疾患を起点とする医療連携のみで完結するのではなく、利用者の生活を基点とする連続性の中で支援が継続されなければならない。すなわち地域連携とは、利用者の生命・生活・人生を一体的に支えるサービス体制であり、その援助観には、"統合的な「生」への理解と支援"という医療福祉の視点が不可欠なのである。

2）地域医療連携と医療ソーシャルワーク

（1）医療連携から医療連携体制へ

　現在、医療連携体制は、すでに第3のフェーズに入ったといわれている。第1のフェーズが病診連携の推進を図る「前方連携」、第2のフェーズは病病連携を主とする後方連携、そして第3のフェーズは上述した法的な規定に基づいた医療機関だけではなく、保健・福祉・介護機関を含む多職種・多機関協働の地域包括ケアという段階である。

　こうした「地域（医療）連携体制」が、新たな医療提供体制の柱となる以前から、MSWはその仲介機能や送致機能といった技能から、サポート・ネットワーク形成を期待され、患者・家族個別の心理社会的情況に添った「連携（支

212　第IV部　地域連携と保健医療サービスの向上

援・調整）」を細やかに積み上げてきた。1990年（平成2年通知）（厚生省当時）の「医療ソーシャルワーカー業務指針」においても、受診受療援助、退院援助といった医療機関や福祉機関との連携に直接関わることが、その業務の大きな柱となっているように、第一線のMSWにとって、軸足はあくまで患者・家族というミクロ・レベルの臨床にあった。

　そもそも医療機関は現在の「地域完結型医療」に対し、長らく「自院完結型医療」のスタンスをとり、特に急性期医療機関では、個々の医療機関が高度化、多機能化を担い、外来患者の拡大から入院患者をマーケティングすることを経営戦略としていた。一方で"老人病院"と呼ばれる医療機関も現れ、高齢者の増加に伴う社会福祉施設の不足を代替する形で、長期入院患者を受け入れ、それらは社会的入院と呼ばれた。一部の病院では「点滴づけ、寝かせきり」という過剰診療とケアの不足があり、マスコミにより問題視された。そうした自院完結型医療の下での「医療連携」は、急性期病院、慢性期病院双方に経済的相互利得となる"追い出し"と"受け皿"という入院患者の数合わせ的転院調整も見受けられ、渉外という窓口的役割も存在した。効率性偏重と不十分な施設基盤整備の中で、患者・家族の望まない転院が進められ、自己決定が損なわれているとして、「転院」を社会問題として提議するMSWも出てきた。こうした問題に対してMSWとしての対応の論議がつくされないまま、時代は「医療機関の機能分化と地域医療連携」という施策に大きく舵をきっていく。

　現在の地域医療連携体制は、旧来の自院完結型医療下の退院支援と比較して、法で規定された「制度」という側面が色濃く出ており、経済的な誘導もあることから、経営戦略上の重要な柱となっている。MSWからすれば、医療・福祉資源の隙間あるいは不足に対して、ミクロレベルで埋め合わせすることを"連携（調整）"としていた時代（図14-1）から、障害者総合支援法や生活保護法など社会保障・社会福祉関連法を利用・適応させるのと同様に、「連携」そのものを制度の一つとして利用者（患者）のニーズに対応させる時代になっているのである。（図14-2）

（2）制度としての連携の問題点と医療ソーシャルワーカー

　制度化・法制化は、サービス供給の面で安定化、均一化が図られるが、反

図14-1　自院完結型医療下の「連携」

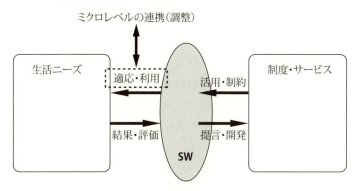

図14-2　制度としての地域医療連携

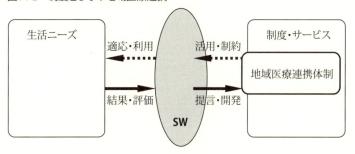

面、制度化された連携は、［急性期治療→回復期リハビリテーション→療養病床（慢性期治療）・在宅医療］という連携モデルに沿うことが期待されることにより、支援もパターン化しやすくなる。こうした制度化された連携は、MSWにとって、本来個別的であるはずの支援をマニュアル化に陥らせたり、入退院支援加算（2018年改定）や回復期リハビリテーション病棟の在宅復帰率など、医業収入に直結する業務への偏りなど、制度の制約、組織からの管理的介入等の影響も考えられる。一方で「治す医療から、支える医療へ」の理念的変化は、退院調整加算から退院支援加算、そして今回の入退院支援加算の流れを見る限り、入院日数による逓減制の廃止、虐待、未保険者や生活困窮者など、心理社会的問題を抱える患者への早期対応、退院時共同指導料算定におけ

214 第IV部 地域連携と保健医療サービスの向上

る社会福祉士の評価の拡充など、医療機関が医療福祉機能を発揮すべき方向性を、制度として示してきているともいえる。

3）開放性・接近性・全体的統合性としての医療福祉機能

これら地域医療連携施策の主たる目的は、病床削減による直接的な医療費削減効果と、機能分化という効率性による間接的な削減効果という一連の医療費抑制策といえる。したがって、医療連携体制整備は、医療機関自らが主体的・内発動機的な医療システムとして生成した仕組みではない。前述の「医療提供体制の改革の基本的方向」においても、「患者視点の尊重」と謳われてはいるが、「利用者主体」という社会福祉的視点を包含するにはいたっていない。

個々の医療機関が地域完結型医療を志向し、他の医療機関、保健、介護、福祉施設と相互干渉的関係をもつという機能をシステムとして内包する時に初めて、医療機関は地域包括ケア体制の中の地域資源となる。また、地域資源としての医療機関は、他機関と機能のすり合わせを必要とするために、インターフェイス（接触面）となる機能をもつセクションが不可欠となる。今や地域完結型医療を内包する地域連携体制の中で、医療機関はすべて地域に開かれていなければならない。ただし、この地域連携体制は、「制度」であるが故に、画一的、機械的な側面を持つ。「制度」は、自動的に人の困難さに手を差し伸べない。「制度」は人を介して、はじめて支援サービスとなる。地域医療連携は地域連携に内包される形で、地域包括ケアという一体化したサービスとして提供されることが期待されるが、システムとしての全体性、統合性を志向しながらも、個別性（一人ひとりが違うことを大事にされる）が尊重される実践提供の形が必要なのである。それは、最初から完成されたシステムとして存在するはずもなく、利用者は統合的「生」という存在であるということ、そして「利用者の生活の連続性」といったことへの理解を共通の価値・ビジョンとするように、絶えずそのシステムに働きかける機能が不可欠である。それはまさに「接近性」と「全体的統合性」という社会福祉の特質であり、その展開はソーシャルワーク機能である。現在の地域連携体制の中でこそ、医療機関はソーシャルワーク機能を発揮する必要があり、「医療福祉機関」として、利用者主体

に向けた地域包括ケアの地域資源として位置づけられなければならない。

2. 利用者の生活の連続性と地域連携

1）制度を支援サービスに仕上げる
──トランザクション（transaction：交互作用）の力

現代の医療システムは、制度設計を含む保険給付等財源の問題、マンパワーなど供給体制の問題、臓器移植や生殖医療、遺伝子治療など技術の高度化がもたらす恩恵とリスクなど、先行きが不透明で多面的な問題を抱えている。医療システムに関わる問題は、人の"いのち"に直接関わることだけに、制度のあり方や医療行為とその結果に対して、社会的コンセンサスが強く求められる。そして、その社会的コンセンサスとはさまざまな価値を、その多様性ゆえに問題はさらに複雑化する。また、自然科学の知見や技術の蓄積は専門性の高さとなって、こうした医療システムの高度化、複雑化は、医療を非日常化し、一般の人々に情報格差をもたらす。価値の多様性の中では、情報を受けるほど、自分にとってふさわしい医療が見えにくくなる。医療システムだけでなく介護システムもまた同様であり、複雑なケア・システムとルールからは、自ら具体的・現実的な自立支援を描くことは難しい。そうした制度システムが非日常である時、一般の人々にとって現代の医療・介護は、不安でわかりにくいものとなってしまう。利用者にとって病いの体験とは、生活の"わずらい"であり、日常と非日常とが同時に進む体験といえる。利用者は、そうした病いの体験から日常を取り戻し、あるいは再構築することで、主体的な生活の連続性が見えてくる。それを多機関・多職種協働という現在の地域連携体制という制度で支えるのであれば、支援者間の単なる分業ではなく、利用者の統合的「生」へ一体的支援となるよう医療福祉機能が制度（地域連携）に織り込められなければならない。制度に医療福祉機能を織り込み「支援サービス」に仕上げること、すなわちソーシャルワークの中核的実践機能である「トランザクション（transaction：交互作用）」をキーワードに、生活の連続性を支える地域連携について事例をもとに考察する。

216　第IV部　地域連携と保健医療サービスの向上

事例1　transaction（相互に立ち入る）
　　　：自己導尿訓練目的の転院（83歳女性）

<u>現　症</u>　肺炎にて入院。

<u>既往歴</u>　神経因性膀胱により自己導尿をしている。
　　　　　十数年前の交通事故後遺症により左手関節に可動制限あり。

<u>家族歴</u>　ひとり暮らし。サポートとする家族はいない。

<u>生活歴</u>　入院前は自立。介護保険サービス利用なし。

<u>経　過</u>　症状軽快し退院可能な状況であるが、入院前はできていた自己導尿の手技が、3回に1回程度しかうまく行うことができず、入院期間を延長しつつ指導継続していたが、1ヵ月以上が経過していた。しかし救急医療機関の少ない地域事情や入院待機者、DPCによる経営事情のために、自己導尿訓練だけでそれ以上の入院継続は難しいと判断され、MSWに調整依頼が出された。本人は一日も早く自宅に帰りたいと考えていたが、「もう少しなんだけどねぇ…」と手技の不確実性に悩んでいた。主治医、病棟看護師長も同様に悩んでおり、安易な転院ということではなく、在宅での何らかのサポートも含めた調整が検討されていたが、現実的に可能な資源はなく、在宅復帰に向けてもう少し自己導尿訓練を継続してもらえる病院がないだろうか、という相談であった。急性期医療機関の在院日数の問題、自己導尿訓練目的のみの入院受け入れ先の困難さ、療養病床での看護師配置基準の薄さによる自己導尿支援の困難さ、訪問看護による頻回訪問の困難さ等、在宅生活への復帰を妨げるいろいろな要因がMSWの脳裏を駆け巡り、カンファレンスでは「そんな病院ないですよ」と悲観的に応えてしまった。すると主治医から「ソーシャルワーカーにあきらめてほしくない」と返された。MSWが他職種から期待されるもの——MSWにとって「地域連携」が、出来合いの資源を“お見合い”させるだけの、あるいは“寄せ集める”だけの機能であるのならば介入する価値はない。支援者主導のケアプランではなく、利用者主体のサポートプランへ、そして計画実現に向けて創造的に支援をつなぐ「サポートブローカー」の役割が

求められている。現在の医療、介護体制の不足の中では、自己導尿手技の確実性なくして、この女性の在宅復帰という生活の連続性は永久に閉ざされる。MSW は日常の連携で懇意にしているケアミックス型医療機関・一般病棟看護師長に直接会いに行き、在宅復帰のための自己導尿訓練継続、介護保険等在宅サービス調整を含む在宅後方支援としての一般病床の役割を説き、入院受け入れについて事前協議した。その後、正規の連携手続きを経て、この女性はそのケアミックス型医療機関・一般病棟に入院、自己導尿訓練を進め、2ヵ月後在宅退院となった。

事例 2　transaction（利用者の主体性を尊重する）
：障害者支援施設での胃ろう造設後の受け入れ（54 歳男性）

<u>現　症</u>　誤嚥性肺炎により入院。

<u>既往歴</u>　交通事故により頭部外傷、四肢まひとなる。

<u>家族歴</u>　26 歳の息子あり。

<u>生活歴</u>　17 年前より身体障害者療護施設（現：障害者支援施設）に入所中である。

<u>経　過</u>　ここ数年来、経年の二次障害と考えられる誤嚥性肺炎を起こし、最近では頻回に入院を繰り返していた。栄養摂取量の問題もあり、胃ろう造設が提案され、本人、家族も了解の上、造設された。肺炎治療、胃ろう造設後の経過は順調で、主治医より施設側へ退院連絡がなされたが、施設側より「胃ろう造設の入所者はこれまで経験したことがなく、注入できる看護師も限られているので、受け入れできない」という回答があり、MSW へ療養病床への転院依頼となった。本人は、「施設へ戻れないとわかっていたら、胃ろうは造らなかった」と後悔し憤っていた。息子からも、施設側へ受け入れを電話で依頼してみたが同様の回答であり、療養病床への転院はやむを得ないが、やはり本人にとって安心できる場は、長年世話になっている施設であり、療養病床は本人にとって生活の場ではないと話された。MSW は、本人、息子の「施設に帰りたい」という強い意志を確認し、積極的に支援していくことを約束した。可能か不可能かは結果であ

218　第Ⅳ部　地域連携と保健医療サービスの向上

り、自分にとって大事な決断を、病院・施設間の当事者抜きの話し合いに任せるのではなく、自らが直接意思表示をし、気持ちを伝えていくことを提案した。介護タクシーを手配し、息子と同伴で男性は直接、施設側と話し合いをした。当初受け入れを拒否していた施設であったが、この直接の話し合いをきっかけに、施設の看護師を中心に前向きな検討が始められた。施設側から受け入れを前提に、施設看護師のシフトを組み直すこと、そのために1日3回の注入を朝夕の2回に変更すること、看護師、介護職員すべてが研修を受けるために3ヵ月の猶予がほしいとの条件が出された。本人、病院側も了承し、MSWは、施設職員の研修体制がとれるよう地域の療養病院の医師、看護師長と交渉し、一旦療養病院転院後6ヵ月を経て、元の身体障害者療護施設（現：障害者支援施設）へ復帰となった。

事例3　transaction（対話ということ）
　　　　：住宅型有料老人ホーム入居者の退院調整（95歳女性）

<u>現　症</u>　慢性心不全。ここ半年の間に3回の入院歴となっている。

<u>既往歴</u>　慢性心不全

<u>家族歴</u>　近隣に息子家族が居住。

<u>生活歴</u>　3年前より住宅型有料老人ホームに入所している。入院前は要介護1であるが、認知症もなく、週2回のデイサービスを利用し、屋内の移動、排泄等は自立していた。

<u>経　過</u>　比較的短期間の入院で軽快しているものの、年齢や心機能そのものを評価すると、病院主治医からは「末期の心不全状態であり、デイサービス等屋外に移動して運動することも難しい」と退院にあたって、施設ケアマネジャーに説明された。施設嘱託医は病院主治医のコメントから、在宅での安定した生活は困難と判断し、本人・家族に対して退居を勧め、療養病床への転院が提案された。息子からの要請で、息子夫婦、病院主治医、担当看護師、MSWと施設ケアマネジャー、施設看護師による合同カンファレンスが開かれた。家族は、「飲水制限など家族として、できるだけの努力をする。バイタルチェックや介護にプラスの人手がいるのであれ

ば、自費でもかまわない。この年齢で何が起きても天寿であり、本人の帰りたい気持ちを汲みとってやってほしい」と涙ながらに訴え、介護付き有料老人ホームでの看取り実践の新聞記事を持参し、力説された。施設側からは、看取りは困難であること、デイサービスなど外出も困難な状態ということであれば、住宅型有料老人ホームでは、1日中部屋に閉じこもりの状態になってしまい、施設職員も常時見守りができるわけではなく、責任がもてないと主張した。平行線のやり取りを聞いていたMSWは、まず家族に、有料老人ホームの「介護付き」と「住宅型」の違いを説明し、施設側の事情を伝えた。その上で施設側に対し、「本人の年齢、病状を考えれば、安全で満点な在宅ケアはあり得ない。マイナス点に注目すれば、どんなケースでも困難さが浮きたち、前向きな話し合いにはならない。「施設管理」という視点ではなく、ひとつの在宅ケアとして、この方のプラス点に注目し、在宅継続のために何ができるのか検討してほしい」と伝えた。また、病院主治医に対しても、住宅型有料老人ホームでの本人の生活といったことをイメージしてもらい、先入観的に一律デイサービスが難しいというのではなく、短時間デイでの簡単な体操程度であれば、利用可能という判断を引き出した。本人の身体的状況に対する家族、病院、施設の主張を、MSWは当事者の生活という視点から翻訳しなおし、対話につなげた。カンファレンスから1週間後、ホームに帰ることができた。

2）コミュニティケアとしての地域連携とゲートキーパー

　現在の地域連携とは、まさにコミュニティケアである。「多機関・多職種協働」と専門的支援者のあり方が注目されるが、そこには利用者や家族、隣人、友人など非専門職も含めた価値観や文化が既に存在しているはずである。そして、専門的支援者自身も、それぞれの考え方や価値観、所属する組織の風土により、異なる規範や文化をもっている。これらが　協働するには、時に垣根となるようなお互いの"文化"を理解しあい、「利用者の生活の連続性」を中心に、共通の"文化"を創造するためにどうするのか、ここではソーシャルワークの中核機能である「transaction（交互作用）」をキーワードとして、①

相互に立ち入る ②利用者の主体性を尊重する ③利用者の生活という視点から事象を翻訳し、対話する の3点を地域連携に関わる支援者の基本的姿勢としてあげた。制度としての「地域連携」は、支援がパターン化しやすい一面がある。一人ひとりちがう利用者の生活の連続性に、パターン化による単純な情報伝達（インプット→アウトプット）では、共通の支援"文化"は育たない。お互いの"文化"に立ち入り、相互干渉していく実践を積み上げること、そして、「一人ひとりにいわば、"ピンポイント"でその援助を繰り返しながら、その具体的な「事例」を通して生活基盤として何が必要かを地域社会に投げかける合意形成機能をどう持つかが課題」[4]なのである。

　実際の連携にあたって、相手機能と自院機能をすり合わせするということは、自院の看板を背負っていることであり、自院の他職種の方針や組織上の特性を踏まえて、ある程度の決裁権をもって「交互作用の場」に出てくるということである。現在の地域連携は、コミュニティケアの構築であり、コミュニティへの支援でもある。ギッターマンとジャーメイン（A.Gitterman & C.B.Germain）は、コミュニティ変革を支援する専門家としての技能に、「そのコミュニティに"身を乗り出し"、そのコミュニティでの鍵となるゲートキーパーと話をすること」[5]をあげている。「ゲートキーパー」とは、組織間コミュニケーションにおいて、コミュニケーション・チャンネルを通じて流れるメッセージを統制するようなコミュニケーション構造に位置する人のことをいう。地域資源としての各支援機関はコミュニティの構成員でもあり、機関を代表する地域連携担当者は、意図せずゲートキーパーとなる側面をもつ。ゲートキーパーはそのコミュニケーションの統制の仕方によって、すべての情報を公平に通過させたり、ある問題に正しく焦点を合わせ、それに関連する重要な情報のみ選択して通過させたり、個人の主観によって一方的に偏った情報をとり入れ、それを情報のすべてとして真実を変えて伝えるといった各種フィルター機能が可能である。つまり地域連携担当者がゲートキーパーとして、自院の生き残りだけにその統制が偏るとまさに門番となり、他機関との窓口である門は閉ざされてしまう。それでは医療機関同士、医療——介護機関のシームレスな連携は図れない。連携担当者はゲートキーパーであると同時に、地域全体で収益

をあげるような経済性の視点や、地域内でのケアの質や中立性についてバランス感覚が求められる。倫理的なバランス感覚を持ち、ケアと地域をつなぐ理論的背景やアウト・リーチなどのアプローチをもっているソーシャルワーカーが最も適している考えられる。ソーシャルワーク・ゲートキーパーは、組織内の調整を詰め（intra-mediate）、自院機能を熟知し且つ相手の機関機能とすり合わせをしていくプロセスや対話（inter-mediate）の中で、自院機能や相手機能を変化させるパワーを持つ。それらの変化は、利用者の暮らす地域と個別性の高い生活に焦点が合っていなければならない。（図14-3）

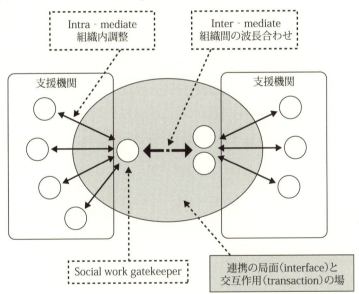

図14-3　Social Work GatekeeperとTransaction

3）地域医療福祉連携開発の視点と医療ソーシャルワーカーの関与

　利用者の統合的「生」を、その生活の連続性の中で支えるには、医療連携体制を内包し、地域包括ケアの実現に向けて、一体化した支援とする「地域連携」が必要であることを述べてきた。そのためには支援者が立場を超えて、共

通する理念、ビジョンを共有しておく必要があることは周知である。しかし職種共通となるIPE（多職種連携教育：Interprofessional Education）のような共通教育プログラムも発展段階の途中である現状では、日々の実践でどのように共有を図ったらよいのかが見えにくい。共有されるビジョンを医療福祉観というのであれば、それはMSWにとっては理解しやすくとも、多機関・多職種協働の世界では、単純なことではない。結局は"ピンポイント"の実践を細やかに積み重ねることで、その共有の視点ということに関する醸成を深めていくのであるが、事前に環境的にその土壌をつくりこんでおくことによっても、その共有を図ることができる。

　岸和田市では、市内17の病院の地域連携担当者で病病連携会議を組織し、年4回の会合、研修を行っている。多職種の集まりの中で、MSWが代表幹事を務めるが、研修会に医療福祉観をすり込むテーマを企画することができる。たとえば、不動産会社が病院に営業にくる時代にあって、有料老人ホーム見学を企画し、各種の高齢者用住宅や有料老人ホームの理解を深めるとともに、それらは「病院にとっての退院先」ではなく、「利用者（患者）にとっての生活場所」となることを啓発した。また、筆者が世話人として活動している市内在宅ホスピス医を中心に組織された「岸和田地域緩和ケアネットワーク研究会」のような医療系の研究会では、参加者が医療職中心になることが多く、外来での抗がん剤治療や在宅緩和ケアが一般的な広がりを見せているのに、福祉・介護職は蚊帳の外といった感がある。世話人としての立場から、地域のケアマネジャーや主任ヘルパー、コミュニティ・ソーシャルワーカーにも参加を強く呼びかけている。それは、癌という病いの体験から、生活の"わずらい"に直面している利用者（患者）に日々接しているのは彼らであり、医療とトランザクションしてほしいと考えるからである。院内では、MSWが所属する地域医療センターで、医師臨床研修に基づく「地域保健・医療」の研修医研修を行っている。1ヵ月の研修期間中、前半を地域病院見学や介護保険認定調査の同行を中心とする院内研修、後半を地域在宅ホスピス医での実地研修としている。その内、前半の院内研修プログラムを、MSWが企画担当している。医療連携体制の時代であるはずなのに、回復期リハビリテーション病棟や療養病床、緩和

ケア病棟を見たことがない研修医が多い。見たこともなく、経験もないところに「連携」し、治療継続を委ねるのである。地域医療機関に多大な協力をもらいながら見学研修を企画しているのは、研修医に治療継続の先、ひいては利用者（患者）の生活の連続性として連携を捉えてほしいからである。これらの活動は、利用者に直接関与するものではないが、医療には福祉・介護をトランザクションし、福祉・介護には医療をトランザクションするような仕掛けである。意図するのは、医療福祉観の醸成であり、そうしたビジョンを共有できる人材開発の促進にある。理論的には、ソーシャル・キャピタル（社会関係資本）の開発・促進ということであり、こうした視点を地域医療福祉連携に織り込めることもまた、MSW だからこそ関与できる実践である。

【注】

1　医療提供体制の改革に関する検討チーム中間まとめ「医療提供体制の改革の基本的方向」厚生労働省、2002 年

2　新村出編『広辞苑 第七版』岩波書店、2018 年

3　手島陸久編『退院計画』第 2 版　中央法規出版、1997 年、p. 46

4　太田貞司編『医療制度改革と地域ケア』光生館、2009 年、p. 3

5　A. Gitterman & C. B. Germain「The Life Model Of Social Work Practice」3ed Columbia University Press, 2008, p. 462

【参考文献】

B. R. Compton, B. Galaway, B. R. Cournoyer「Social Work Processes」(7th ed) BROOKS ／ COLE, 2002

佐藤俊一・竹内一夫編『医療福祉学概論』川島書店、1999 年

武藤正樹監修『一歩進んだ医療連携実践 Q&A』じほう、2009 年

田城孝雄編著『地域医療連携』SICUS (株)、2009 年

医療経済機構監修『医療白書』日本医療企画、2004 年

濱野一郎・野口定久・柴田謙治編『コミュニティワークの理論と実践を学ぶ』(株) みらい、2004 年

224　第Ⅳ部　地域連携と保健医療サービスの向上

青木佳之・宮原伸二・小田兼三編『コミュニティケア マネジメント』(株) 医歯
薬出版、2006 年

松浦尊麿著『保健・医療・福祉の連携による包括的地域ケアの実践』KINPODO、
2002 年

医療マネジメント学会監修『連携医療』No. 1 ～ No. 7　エルゼビア・ジャパン、
2005-2007 年

『地域連携ネットワーク』2009. 11・12 月号　日総研、2009 年

第15章 評価とサービスの質

1. 病院機能評価の目的とソーシャルワーク

　保健医療分野のソーシャルワークについての評価の一つに病院機能評価がある。多くの病院で受審し、医療機関に対しての第三者評価として行われている。しかし、本評価が病気を抱えた患者の生活の視点から行われているとは言いがたい面がある。また、その療養生活を支援する医療ソーシャルワーカー（以下、MSW とする）の業務のあり方に関する内容が網羅されてはいない。しかし、ソーシャルワークが評価の対象となっていることで、ソーシャルワークの質の向上に効果があると考えている。ここで病院機能評価を概観する。

1）病院機能評価のはじまり

　1960 年代より、アメリカを中心に病院機能評価が本格的に行われるようになった。世界の先進国においても病院機能評価が行われ、日本でも評価に関する検討が始まった。1976 年に、日本医師会の中に病院委員会が設置され、病院機能評価の手法についての検討が開始された。

　1985 年には、日本医師会と厚生省（現在の厚生労働省）の合同で病院機能評価研究会が設置され、同研究会は「病院機能評価マニュアル」を作成。1991年には、日本医師会が「病院機能標準化マニュアル」を発刊。1995 年には、「財団法人日本医療機能評価機構」が発足し、本格的に調査が開始される基盤づくりが行われ、1997 年より本調査がスタートした。

226 第IV部 地域連携と保健医療サービスの向上

2）病院機能評価制度の意義

病院機能評価制度は、国民が適切に質の高い医療を安心して受けられるために、その質を第三者機関が評価することである。病院を始めとする医療機関が提供する医療サービスは、医師、看護師、薬剤師、検査技師、MSW などの専門職の技術的、組織的連携によって担われているが、医療の対象である患者のニーズを踏まえて、質の高い医療を効率的に提供していくためには、医療機関がより一層の機能向上を図る必要がある。病院機能評価は 5 年に 1 回行われ、更新が必要である。2018 年 7 月には 2193 の病院が認定を受けているが、これは全国の病院の 26％である[1]。

3）病院機能評価の評価対象となる領域

病院機能評価は、「書面審査」と「訪問審査」により行われる。平成 15 年以降は第 10 章でも見てきたように、機能選別版評価項目（3rd G：Ver1.1）が適用されている。訪問審査はサーベイヤーと呼ばれる評価調査者が病院を訪問し、数日間にわたり実地調査を行う。これによってすべてが適切であれば認定となるが、1 項目でも不適切な面があれば、その部分の見直しや改善を行い再審査を受ける必要がある。

表15-1　機能選別版評価項目〈3rd G：Ver1.1〉

機能種別名	種別の説明
一般病院 1	・主として、日常生活圏域等の比較的狭い地域において地域医療を支える中小規模病院
一般病院 2	・主として、二次医療圏等の比較的広い地域において急性期医療を中心に地域医療を支える基幹的病院
リハビリテーション病院	・主として、リハビリテーション医療を担う病院
慢性期病院	・主として、療養病床等により慢性期医療を担う病院
精神科病院	・主として、精神科医療を担う病院
緩和ケア病院	・主として、緩和ケア病棟もしくはホスピスを有する病院

評価項目については、医療環境や社会の変化に応じて、数年ごとに改定されている。

4）医療ソーシャルワーカーと病院機能評価

MSWの主な業務は、1. 患者中心の医療の推進、2. 良質な医療の実践1、3. 良質な医療の実践2、4. 理念達成に向けた組織運営、の領域があり、特に1.2.4領域に評価項目が多岐にわたってあることに注目しておく必要がある。（表15-2）

表15-2　評価対象領域

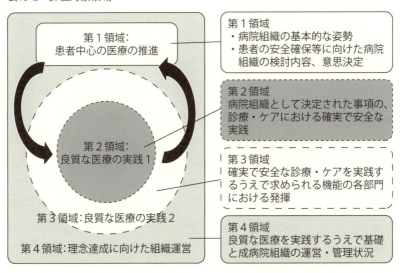

患者サービスに対するサーベイヤーの関心は高く、これまでの経験では何度も医療相談室を訪れ、評価項目に対して口頭や記録、実際の医療相談室の環境などを評価している。また、他職種との連携などが記録に記入されているかなど、細かい評価が行われる。

ソーシャルワーク活動における面接環境については、プライバシーの確保が重要視されている。しかし、筆者の勤務する病院や近隣のMSWのところでは

228　第Ⅳ部　地域連携と保健医療サービスの向上

面接室が一箇所のところが多く、プライバシーが十分守られている中での面接は難しいことがある。多くは院内の静かな待合室や会議室の片隅を使い、個々のMSWの工夫によって面接が行われている現状となっている。

　また、医療相談の項目ではソーシャルワークの「質」、すなわち援助の質についての調査項目がない。今日の先の見えない社会状況の中で貧困問題、虐待問題など複雑多岐にわたる相談に対して、その対応や研修などの量的な調査項目だけではサービスの評価とはならない。むしろ、アセスメント力や社会資源をどれだけ熟知して、関係機関と連携がとれているかなど実践力をどのように評価するかの調査項目も入れていく必要があると考える。

　一方、病院機能評価はMSWにとって、業務整理をする機会として捉えることができる。申請書類や病院のパンフレット等を新しいものに取り替えることで、最新の情報提供が可能となる。

　管理者にとっても、医療相談室の相談環境についてプライバシーの配慮など、適切な施設整備が必要であることを理解する機会となる。絵画や花などを飾り、心が和むような面接室を作っていくことが大切である。

2.　専門職の自己評価としてのモニタリングと利用者からの評価

1）専門職の自己評価の現状

（1）職場での定例ミーティング

　MSWは、同僚MSWと援助内容について話し合うことを日常的に行っている。特に複数配置のMSWのところでは、週に1回ミーティングの時間を設けているところが多い。また朝の業務開始後、毎日ミーティングを行っている病院もある。筆者の勤務する病院では医療相談室が組織改正され患者総合支援センターとなり、療養支援看護師と共に退院支援や療養上の医療福祉相談などを行っている。毎日、30分程度の時間をとり、現在抱えているケースの紹介や困難なケースなど、相互評価を行いながら意見を出し合っている。ケース紹介をすることで援助内容を再考し、援助の方法をよりよいものにしていくこ

とができる。

（2）医療スタッフ・地域の多職種とのカンファレンス

多くの病院では、MSW を含めた医療スタッフのカンファレンスが行われている。診療科別にカンファレンスが行われ、週に数時間を費やすことになる。参加メンバーは医師、看護師、薬剤師、理学療法士、作業療法士、言語療法士、栄養士及び MSW である。時には患者・家族がカンファレンスに参加し、治療方針や医療スタッフの支援に対しての直接評価を受けることもある。その時は難しい専門用語はあまり使用せず、患者・家族が理解しやすい言葉で行う。患者・家族も質問や意見を述べる時間が保障されている。カンファレンスは、それぞれの専門職が現在の医療行為や支援内容について評価し合い、今後の治療方針を決める重要な話し合いの場となっている。

また、診療報酬の算定に伴い、退院支援が促進されてきている。地域の開業医、訪問看護師、薬剤師、介護福祉士、介護支援専門員など多職種カンファレンスが盛んに行われるようになってきている。地域で暮らす患者の支援には、多職種連携が重要な役割を担っている。

（3）他院医療ソーシャルワーカーとの相談

多くの MSW は、近隣の MSW とケースにかかわる援助内容や援助の意味などを話し合い、援助内容の質の向上に努めている。この話し合いは日常的に得るものが多い。それぞれ病院の事情は異なるが、この話し合いがソーシャルワークの援助方法や援助に対する考え方などを深める大切な機会となっている。プライバシーや個人情報に留意しつつ院外に情報収集や相談ができることは、MSW の強みになっている。

次の例は、MSW 経験 3 年目の回復期に勤務するワーカーからの相談である。40 歳の男性が脳出血で高次脳機能障害となり、リハビリテーションを受けていた。元々ひきこもりの問題を抱えていたが、経過の中で、ひきこもりの背景に発達障害があることがわかってきた。作業療法士は発達障害センター等での支援が必要と考えていた。何度か家族に提案するも現状維持の日々が続き、リハビリテーションの効果がなくなっていたが、家族の発達障害に対する理解は乏しく、状況の変わらない日々が続いた。

リハビリスタッフはリハビリテーションの効果がないので、発達障害センターへの通所を強く望んでいたが、本人及び家族は思うように動かなかった。ほとんど外出することがない患者だが、リハビリテーションには定期的に通院していた。MSW は、このことだけでも患者にとっては大きな進歩であると考えていた。しかしリハビリテーションスタッフは、患者が発達障害センターに通所することで責任が終わると思い、MSW に相談に来ていた。

MSW はどのようにこの問題を考えたらよいか悩み、この内容を他院のMSW に相談してみた。地元でスーパーバイザーの役割を果たしている MSW からは、無理をしないで、患者の歩みのスピードに付き合ってみるようアドバイスをもらった。医療スタッフの焦りがこの事例にあるとの見立てであった。たしかに患者・家族の明確な反応があれば医療スタッフは安心するであろう。しかし、患者・家族の気持ちを「待つ」姿勢も大切である。待つとは一見曖昧な対応に思われたりもするが、この曖昧さの中に次のステップが存在するのではないだろうか。

このように事例を MSW が言語化することによって、ケースを再検討する機会となり、ケースとのかかわりをより見つめていくことが可能となる。

2）利用者からの評価
（1）利用者からの評価の現状

MSW の援助に対し、利用者からは直接的または間接的にいろいろな評価をもらっている。直接的には MSW 自身が感謝の言葉を言われたり、あるいは援助が家族の思いどおりにならなかったために苦情を言われたりすることもある。間接的には医療機関や介護保険施設等で「ご意見箱」を設置し、率直な意見を求めるよう努力している。寄せられた意見は施設内に掲示し公開している。

筆者の勤務する病院では、病院の設備面や医師の説明不足に対する苦情、看護師の言葉や態度に対する意見や感謝の気持ちなど多く寄せられている。MSW に対する意見は少ないが、相談に対する感謝の気持ちを言われる場合もある。

しかし、最近モンスターペーシェントと呼ばれる患者の対応を行うことがあ

った。MSW が行った説明を一方的に都合のいいように理解し、苦情だけでなく、攻撃的な言葉を投げてくる。このような場合は当然なことではあるが上司と相談し、複数の MSW や管理部門などを含めた多職種と連携し対応していくことが必要である。大切なことは一人で担当するのではなく、上司を含めた複数対応を行っていくことが必要である。

（2）利用者評価のあり方

利用者評価はソーシャルワークにおいても重要な視点である。しかし、重要な視点と言われながらも、現場では体系的に実施されているわけではない。また、利用者が現在の状態に満足していないと感じていながらも、病院の事情、医師の退院方針など患者の立場に立つとやりきれなくなってしまう実践をせざるを得ないこともある。利用者評価は病院の方針などもとり入れながら、患者・家族にどれだけ理解されているかの評価も含められなければならない。

3. ソーシャルワークサービスの質の確保と スーパービジョン

1）研修体制の現状と課題

（1）職場が行う研修

職場での研修はソーシャルワークに特化して行われているわけではない。1年間に 5、6 回、ターミナルケアの研修や地域連携クリティカルパスの研修、及び疾患の知識を深める研修などが行われ、近隣領域の研修として MSW も参加している。また、筆者の勤務する病院の役割として、ソーシャルワークに関する研修も年に 1、2 回企画実施している。この研修は院内というよりも、近県の MSW を対象に行っている。企画する段階から研修のねらいを明確にし、講師と話し合いながら実施していくプロセスは、研修を受けるだけではなく、実施することで現在のソーシャルワークの位置づけなどを考える機会となっている。

研修会に対するアンケートの実施は、次回の研修計画を立てる上で参考となる。研修会終了後、すぐに記載可能な内容とすることが必要である。アンケー

トの内容については、受講しての感想やグループディスカッション、運営方法の意見や、自由記載などが含まれている。

(2) 全国単位の職能団体が行う教育

筆者が所属する日本医療社会福祉協会では会員を対象とした研修が積極的に行われている。認定社会福祉士についても、保健医療分野においての専門知識と技術の習得を目指し、スーパービジョンを行える人材を養成している。

(3) 各県単位の職能団体が行う研修

筆者は地元の県で MSW の現任教育や質の向上に向けて、責任ある役割を担って活動をしている。現在の研修体制は3つの分野ごとに初任者研修、スーパービジョン研修、ソーシャルワーク研修と経験年数などを考慮して実施している。研修は、協会理事と会員から希望者を募り研修委員会を組織して担っている。研修委員会の役割は、研修の企画から実施までを行うことである。

研修委員は各研修をそれぞれ担当し、研修の司会やグループのリーダーなどを務め、研修の実施の中心的な役割を果している。たとえば、ソーシャルワーク研修の担当になれば、今課題となっている問題は何かなど、何度も集まって

表15-3 研修実施のための中堅者教育

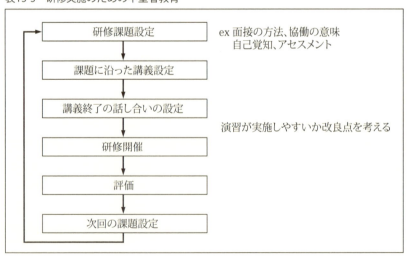

検討し、司会や講師選定などに関して議論を行っている。こうした研修の取り組みが中堅 MSW の教育の場として機能している。（表 15-3 参照）

　現在のところ研修委員が関心を持っているのは、「事例検討のあり方」である。事例検討は、実践者である私たちにとっては学びの多い研修である。しかし、中味を表わす適切なタイトルのつけ方や事例のどこに焦点を当てて話し合うか、明確にすべきことは何かなど難しい課題もある。

　現在の事例検討は、事前に司会者と事例提出者が数回の打合せを行ってから実施している。事例検討会の参加者は 6 〜 7 人のグループになり、事例に対する質問や意見を話し合う。グループ内では中堅者がリーダーの役割を担い、最後に司会者が全体をまとめる方法で行われる。事例検討会の議論の雰囲気は真剣なものである。リーダーとなる中堅者はさまざまな困難にぶつかりながら会を進行していく。

　グループリーダーはグループ内で事例をどのように見立て提案するかなど悩むことがよくある。事例から何を発見したか、どのような点について検討するか、重要な視点のコメントなど、難しいという声が聞かれる。また、参加する側も事例からなにを学んだかを伝え切れていないと思っていることもある。

　岩間伸之は事例検討の意義について、①事例を深める　②実践を追体験する　③処遇を向上させる　④援助原則を導き出す　⑤実践を評価する　⑥連携のための援助観や援助方針を形成する　⑦援助者を育てる　⑧組織を育てる、と指摘している。援助者を育てることは、事例提供者に対する司会者やメンバーの受容的な気づきに基づいた受容的な対応を生みだし、相互に支え合う関係を形成することから可能になる。

　さらに事例提出者に対する、司会者や参加者の受けとめる態度が、事例提出者の自己覚知になっていく。このような安定したかかわりの中でしか、自己覚知はできないのではないだろうか。

　したがって、MSW 同士がお互いの変容を信じられる関係が、専門職としてMSW が育つ視点であると考えることができる。

234　第Ⅳ部　地域連携と保健医療サービスの向上

2）現任研修のあり方
（1）ソーシャルワークの現任研修について

ソーシャルワークの対象である利用者は、社会の経済状況によって抱えている問題もその時々によって変わってくる。たとえば、最近では貧困の問題を抱えた患者・家族が多く相談に訪れるため、福祉事務所ではケースワーカーのケース対応数が多くなり、疲弊している状態である。現場では医療機関との連携がスムーズに行われず、対応に困ったMSWがどのように患者支援を行っていけばよいか悩むことが多い。このような問題に対してMSW同士が緊急に集まり、どのように考えたらよいか、現場の対応力向上、理解のための話し合いを小さな集団で随時行っている。

このことは、各地域でその時々の問題は違うが、定例の研修会だけでなく、身近に今解決しなければいけない問題に対し、すぐに対応できる柔軟性が求められていることを示している。

（2）現場の実践者の意見から

次に、研修内容について、現場のMSWにそのあり方について問うてみた。初任者研修、スーパービジョン研修、ソーシャルワーク研修など体系化した内容で、どのように実施していくかが課題となっているからである。

経験18年のMSWは、研修では自分の実践を再確認することに意味があり、自分が感じた実践での迷いや疑問を確認することで、自分の気持ちが軽くなっていくと話してくれた。

また、経験10年のMSWは、当事者から学ぶ研修はなによりも病気を抱えた辛さや生き方が伝わってくる。そのため、当事者の話を聴くことが必要であると感じており、MSWと利用者との関係の大切な視点であるパートナーシップについて学びたいと話してくれた。

最後に経験2年のMSWである。研修は講義形式で一方的に話を聞くより、グループディスカッションの方が同じ経験をしている仲間の経験を聞くことができるのでよい。日頃の実践の中で感じている漠然としたことを話すことによって、整理できるからいいとのことであった。

研修に求められていることは、実践的ではあるが基礎が大事であるというこ

とと言える。

（3）研修の意見をまとめる

①研修の場は自分の実践を確認する場である。

②経験を語る場が必要であり、他の MSW と仲間意識を育てる場でもある。

③事例など実践をことばにすることに意味がある。

④社会福祉の専門であるパートナーシップの考え方などソーシャルワーク関
　係について研修が必要である。

　事例研究では、実施の仕方などについて誰でも司会やコメントができるよう
になることが必要である。研修は知識や技術を得る機会だけでなく、MSW 自
身が語る「場」、実践を受けとめる「場」の存在であると多くの MSW が感じ
ていることがわかった。

（4）専門家を支える基礎からの学び

　現任者教育の学びは、教える側の MSW と教えられる側の MSW が、結果
として相互に学ぶことになる。実践から感じた問題や困難な出来事を、仲間の
MSW に問いかけることが出発点である。したがって前提として、その問いか
けを相互に共有し、考えていける関係を築いていくことが必要になる。それは
言語化することによって課題を明らかにしていく過程である。何となくわかっ
たつもりでいたことを新人 MSW に問われ、より明確な表現をし、自分自身
の体験を語ることも研修の重要な側面である。そういう意味において事例研究
は、実践に役立つ教育の場だと考えている。

　今後、事例研究等を通じて、実践の場から起きていることが研究の場へ、ま
た研究の場から実践の場へと循環することが必要である。実践の体験を言葉に
し、それらの事例から理論の構築や再構築につなげていければ最良のことであ
ろう。

　佐藤俊一は、「現場の実践者と研究者が協働して、現場の課題を臨床的方法
で概念化することも可能である」[2] と指摘している。このとき大切なことは「実
践現場のことばで、実践現場の志向や考えをことばにしていく」[3] ことだとし、
実践者と研究者の協働の可能性とあり方を指摘している。

　また、ソーシャルワークは、変容し続ける「人」を対象とする学問であり、

236　第Ⅳ部　地域連携と保健医療サービスの向上

対人援助を学んでいく中で、MSW自身の他者や集団にかかわる態度を発見していくことが大切になってくる。そうした基礎となる態度を佐藤は、「援助の基礎工事」が大切であると述べている。

「基礎工事は常に出発点にあるもので、どんなにベテランになって経験を積んでも、常にそこからしか始められないという意味で重要なことになる。逆に、基礎工事に価値を見いだせなかったり、自分のあり方が問われる作業を避けてしまうことは、自分の持っている専門的な知識や技術だけに専門家としてのよりどころ見つけていることになり、専門的であるという鎧をつけることによって、目の前にいる他者に対して防衛的姿勢を作り出してしまうのである」[4]と述べ、基礎工事を続けることの大切さを指摘している。

（5）現任研修のあり方

現任者教育のあり方として、実践者が自分の実践を明らかにしていくことが必要である。これまでの研修は専門性が重視されていた。専門家はより専門性を身につけることで、MSWの地位を確立することばかりに志向が向いていた。しかし、援助の基礎である聴くこと、受けとめることなど、基礎工事から常に専門工事を問い続けていくことが、研修のあり方として必要な視点であると考える。

そして、ここに介入する研究者は、実践者の体験をことばにしていくプロセスを支持することで、実践者が実践を伝える力を生みだす。これこそ、研究者と実践者の協働であり、現場をより活性化する力となっていく。いずれにしても、こうした基礎工事から専門工事へと問い続ける過程が、利用者に対し質の高い援助をもたらしていくことになる。

3）スーパービジョンの現状と課題
（1）スーパービジョンの背景

筆者は2年前より、ある病院のスーパービジョンを月に1回行っている。その病院は回復期リハビリテーション病棟、老人保健施設、居宅介護支援事業所を有している。経験8年目のMSWを筆頭に5年目、3年目、2年目、新人MSWと5人が勤務している。

責任者の MSW より、「院長から、MSW が若く、実践の質が育っていないと指摘された」と聞いたのが依頼されたきっかけであった。いかにソーシャルワークの質を向上させていくかは、MSW 自身だけでなく、管理者や周りのスタッフからも期待されているところである。

本来、スーパービジョンは、訓練されたスーパーバイザーがスーパーバイジーに助言等を行うが、人材が少ない地方において実施は難しい。しかし、現場ではスーパービジョンの必要性は高く、経験のある MSW が担っているのが現状である。

新人の MSW が多いのは全国的な状況だと思う。筆者の地元の県でも職能団体会員数の約 6 割が 5 年未満の MSW である。職能団体が行う新人教育では、新人 MSW のニーズに応え切れていない状況である。

(2) スーパービジョンの実際

参加メンバーで、どのような方法でスーパービジョンを実施するかを話し合った。スーパービジョンを行う前は定例のミーティングはなされていなかったので、週 1 回業務としてミーティングを実施し、その 1 回をスーパービジョンとして行うことにした。メンバーである MSW たちに、院長から、MSW の実践の質を向上させることを求められていること、参加者も MSW として同じように感じていることなど、ミーティングの意味を説明し、了解を得た。

次に現在抱えている問題やケースの対応について、一人一人話しをしてもらい、全体に返した。メンバーが質問したり、意見を伝えようとすることによって、自分自身のかかわりを明確化していった。

たとえば、2 年目の MSW は、外来看護師から、夫の介護について悩んでいる妻からの電話相談が回ってきた。一方的に話す妻は自分の大変さだけを訴えていたので、MSW は感情的に腹立たしくなっていた。その後、何度か電話がかかってきたが、そのうち他の MSW を出して欲しいと言われた。そのことを言われて、改めて自分の聴く態度について考えてみたいとのことであった。

また、3 年目の MSW は、回復期リハビリテーション病棟の看護師長の対応について悩んでいた。看護師長は入退院のことにしか関心がなく、退院に対しても指示的に患者を在宅にするよう働きかけている一面があった。また、

MSW が呼ばれずにカンファレンスを実施することもあった。在宅支援が必要な利用者にはケアマネジャーや訪問看護師など、多職種と協働することが大切であるが、家族負担を強いて退院をさせてしまうこともあった。そんな時、家族とサービス事業者との調整をどうしていくかで悩んでいるとのことであった。

　上記のことをスーパービジョンで話し合った結果、まず、カンファレンスに必ず参加すること、理解を示す看護スタッフと支援の方法について話し合うこと、患者家族の気持ちを MSW が代弁することが必要だと整理した。そして整理したことを実践し、次回に経過と新たな方法を話し合い、それを積み重ねていった。このような話し合いが MSW たちの気持ちを動かしたようで、その表情は生き生きとして、仕事に対する今の気持ちが感じられるようになった。個別のスーパービジョンは、当事者である MSW だけでなく、周りにも変化をもたらした。看護スタッフが患者や家族の気持ちを聴けるようになり、そのことより、カンファレンスの内容も変化し、患者の気持ちに合わせていく支援が話されるようになった。

（3）スーパービジョンの課題

　事例の対応や医療スタッフとの関係において、専門家であるMSWの位置づけを確立していくためには、患者・家族がMSWの援助に満足し、安心することが必要である。このことが結果的に医療スタッフの信頼の向上につながっていく。そういう意味でも、多くの医療機関で新人MSWが多いなか、個々のケースの対応力を高めるスーパービジョンを実施することが必要である。実践の体験を言語化し、ケースのポイントを見る力、すなわちアセスメント力を高めることに焦点を当てて、実施することが重要であると考える。

4. ソーシャルワーカーの質を支えていくこと

1）法的な支援

　医療の現場では、いわゆるモンスターペーシェントと呼ばれる利用者に出会うことがある。伝えたことに対し、一方的に中傷や苦情などを言われ、傷つく経験をする MSW は少なくない。MSW 自身の支援が必要となってきている。

たとえば職能団体で弁護士を依頼し、会員の利益を守る体制なども必要となってきている。

2）ソーシャルワーカー支援事業

職能団体には研修事業だけでなく、MSWを支援する事業を早急に構築することが求められている。筆者の地元の県では職能団体の内部で、経験のある数人のMSWがメールや電話等で相談を受け付けている。ホームページにも会員の書き込みが可能なスペースを用意している。MSW自身が問題を発信できるような「場」づくりからスタートしている。

5. ソーシャルワークサービス評価の課題

1）患者との話し合い

いくつかの病院では患者と話し合いの機会を持っている。病院に対する改善点や苦情などを直接話し合う機会を設けることは必要である。医療サービスは患者に評価されてサービスとなりえると考える。したがって、病院を利用する患者と病院側とが協働して、患者にとって利用しやすい病院を創っていくことが大切である。

2）苦情対応に対する研修の必要性

現在、苦情対応は管理部門や医療安全管理室、MSWなどで行われている。苦情は医療サービスの評価として患者から出されたものであるが、患者からの指摘や批判は専門家にとってはあまりいい気持ちはしない。佐藤は苦情の問題について「特に苦情解決においては、苦情の申し立てをすることはサービスの不満を感じているのだが『あえて問題を伝えようとしたり、教えようとしていることは期待の表われでもある』といえよう。したがって信頼していないと表明しているのではなく、信頼できるかを問いかけているのである。苦情をまともに受けとめるということは、利用者に誠実に対応することであり、専門職が相手を信頼することを表わすことになる。利用者とともに先のわからないこと

240　第Ⅳ部　地域連携と保健医療サービスの向上

を誠実に行動していくことが、まさしく真の専門職の対応となる」[5]と苦情を受けとめる基本的な態度を学ぶことがサービスの向上につながると指摘している。専門家が患者からのサービス評価を受けとめる時の態度が、まさに重要となってくる。そういう意味では専門家が対人援助に対する基本的な態度を学べる研修の場がますます必要になってくると考えている。

3）おわりに

　ソーシャルワークにおいて、患者・家族からのサービス評価については一般化に至っていない。サービス評価をするためのマニュアルなども開発されることが必要である。

　さらに、援助は MSW と患者・家族との相互関係の中で行われている。患者からの評価を受けとめていく態度が必要であり、そのことがお互いを尊敬できる関係を生みだすことになる。

【注】

1　財団法人日本医療機能評価機構　http://jcqhc.or.jp/html/index.htm
2　佐藤俊一『対人援助グループからの発見』中央法規出版、2001 年、p.51
3　同上書、p.51
4　同上書、p.45
5　佐藤俊一「サービスとしての発想と人生の質」幡山久美子編『臨床に必要な保健医療福祉』弘文堂、2007 年、p.10

【参考文献】

尾崎新『「現場」のちから』誠信書房、2002 年

F.P. バイスティック／尾崎新・福田俊子・原田和幸訳『ケースワークの原則［新訳版］』誠信書房、1996 年

鷲田清一『「聴く」ことの力　臨床哲学試論』TBS ブリタニカ、1999 年

加茂陽編『日常性とソーシャルワーク』世界思想社、2003 年

佐藤俊一・竹内一夫編『医療福祉学概論』川島書店、1999 年

佐藤俊一『対人援助の臨床福祉学』中央法規、2004 年

岸良範・佐藤俊一・平野かよ子『ケアへの出発』医学書院、2000 年

足立叡・佐藤俊一他『ソーシャル・ケースワーク－対人援助の臨床福祉学』
　中央法規出版、1999 年

足立叡『臨床社会福祉学の基礎研究』学文社、1996 年

早坂泰次郎『人間関係学序説』川島書店、1991 年

早坂泰次郎『＜関係性＞の人間学』川島書店、1998 年

岩間伸之『援助を深める事例研究の方法　対人援助のためのケースカンファレ
　ンス』ミネルヴァ書房、2000 年

植田章他『社会福祉方法原論』法律文化社、1997 年

ゾフィア・T・ブトゥリム／川田誉音訳『ソーシャルワークとは何か』川島書店、
　1986 年

人名・事項索引

[あ 行]

IPE（Interprofessional Education）222
アウト・リーチ　221
亜急性期病棟　119
浅賀ふさ　19
アドボケーター　160, 164
アルマナー　19, 20
医学管理料　64
医業　167, 168
生きる意味の発見　13
生きることの意味　i, 13, 15
医師　167-172
意思決定支援　138
医師法　167, 168
一回性　15
一般病床　78, 81, 83-85, 89, 90, 98, 217
EBM（Evidence Based Medicine）28, 65
医療安全支援センター　11
医療機関の経営　8, 21, 62, 73, 80
医療勤務環境改善支援センター　83
医療サービスと介護サービスの有機的な
　連携　211
医療事故調査制度　78, 83, 88
医療事故調査・支援センター　83, 89
医療情報の提供　86
医療制度改革大綱　28, 112
医療相談室　146, 156, 194, 227, 228
医療ソーシャルワーカー業務指針検討委
　員会　152
医療ソーシャルワーカーと病院機能評価
　227
医療提供の理念　79, 80

医療の対象としての身体　5
医療福祉の基本的な考え　ii, 4
医療福祉の視点　ii, 1, 5, 6, 8, 211
医療法　21, 22, 25-28, 47, 76-83, 86, 89,
　91-94, 100, 103, 168, 209, 210
　──の歴史　78
医療法人　79, 83, 91, 92, 191
医療保険制度　49-51, 103, 109, 111-113
医療連携体制　66, 82, 86, 89, 103,
　209-214, 2221, 222
インター・ディシプリナリーチーム　173
インターフェイス　214
院内連携　197
インフォームド・コンセント　6, 25, 27,
　28, 78, 135-138, 140-144, 146, 197
ヴァン・デン・ベルグ（J. H. van den Berg）
　33, 38
上野矗　38
エイズ診療拠点病院　95-97
HIV 感染症　96
MSW の業務の範囲　152
MSW の職務内容　24
MSW 連携シート　154
エンパワメント　162-164

[か 行]

ガーネット・ペルトン（Pelton, G.）　19
介護支援専門員（ケアマネジャー）
　67, 69, 71, 102, 173, 206, 229
介護保険サービス　69, 71, 216
介護保険制度　26, 69, 111, 112, 184
介護保険法　10, 21, 79, 111, 168, 173

介護療養型医療施設　70, 126
介護老人福祉施設　70, 72
介護老人保健施　65, 70, 72, 91, 93, 105, 126, 168
回復期医療でのチーム　129
回復期リハビリテーション病棟　16, 97, 99, 100, 104, 126, 128, 129, 153, 213, 222, 236, 237
かかりつけ医　6, 25, 26, 81, 106, 126, 198, 202
　　―― の機能　26
家族療養費　54
看護師　169-171
感情労働　148
がん診療連携拠点病院　95
感染症病床　81, 83, 85, 89
がん専門看護師　147
がん対策基本法　95
緩和ケア病棟　72, 97-99, 101, 226
企画力　180-182
基幹災害拠点病院　96
岸本葉子　14
基準病床数　78, 81
岸和田地域緩和ケアネットワーク研究会　222
基礎工事　236
ギッターマン（A. Gitterman）　220
基本診療料　61, 65
逆紹介　68, 106, 191, 202, 210
キャボット（Cabot, R. C.）　19
救急医療体制　95
救急救命センター　95
急性期病院の目的　128
共感力　180
凝縮された日常　37
協働のモデル　173

業務指針　151, 152, 155, 156, 158-160, 193, 210, 212
業務独占　167-170
業務の範囲　152, 155, 156, 159
業務の方法　155, 160
苦情解決　10, 11, 239
苦情対応　11, 131, 239
熊本脳卒中地域連携ネットワーク研究会　105
クリティカルパス　22, 65, 82, 87, 103, 154
経済的問題の解決、調整援助　152, 153, 155
継続できるシステムづくり　182
契約　21, 23, 25, 27, 28, 69
ゲートキーパー　219-221
結核病床　81, 83-85, 90
健康保険法　51, 72, 79, 80, 109, 110
言語聴覚士　100, 129, 172, 177, 193
顕在化されたニーズ　39
健診事業　110
高額療養費支給制度　109
高額療養費制度　56, 57
後期高齢者医療制度　50, 51, 53, 113
公共医療事業　24, 151
高次脳機能障害　16, 97, 100, 229
高次脳機能障害診断体制拠点病院　97
公認心理師法　172
公費負担医療制度　51, 113
後方連携　68, 197, 211
コーディネート機能　178-180, 182-185
コーディネート力　186, 187
ゴールドプラン　110, 111
国民医療法　79
国民皆保険　50, 51, 109, 111
国民健康保険団体連合会　9

国民健康保険法　51
国立高度専門医療センター　95
個別性　5, 214, 221
コミュニティケア　219, 220
コラボレーション　202
根拠に基づく医療　28, 65

[さ 行]

サーベイヤー　11, 226, 227
在院日数　66, 87, 103-105, 191, 194
　　　── の短縮　66, 68, 100, 125, 127,
　　　　　　　190, 192, 194, 196
災害拠点病院　95, 96
在宅医療　28, 64, 82, 87, 90, 94, 103,
　　153-155, 161, 210, 213
在宅サービス　71, 104, 143
在宅復帰率　101, 118, 119, 130, 213
在宅療養支援診療所　102, 200, 201
在宅療養支援病院　99, 102, 201
財団医療法人　92
作業療法士　85, 100, 129, 172, 176, 229
GHQ　24
自院完結型医療　212, 213
歯科医師　82, 85, 96, 116, 118, 127, 147,
　　168-172
歯科医師法　168
自己完結的な医療　81
自己決定権の尊重　21, 25, 27
自己決定の支援　158, 160
自己負担限度額　54, 55, 57
施設との連携　205
慈善医療　20, 23
事前情報シート　106
視能訓練士　172
清水利子　19

ジャーメイン（C.B.Germain）　202, 220
社会医療　88
社会医療法人　92
社会的責任　7, 16
社会的対人サービス　10
社会的入院　65, 68, 212
社会福祉基礎構造改革　21, 25-27
社会福祉法　10, 21
社会復帰援助　152-154
社会保険診療報酬支払基金　9
社会保障構造改革　21, 25
受診行動調査　128
受診受療援助　152, 155, 212
生涯研修制度　147, 148
障害者施設等一般病棟　99, 101
障害者施設等病棟　101
助産院　169
助産師　168-170
書面審査　226
自立支援　21, 27, 28, 70, 215
事例検討　233
新ゴールドプラン　111
人生から問われている　14
人生の質（Quality of Life）　i, 4, 8, 12,
　　13, 15, 210
診療の補助　91, 169-172
診療放射線技師　85, 91, 171
診療報酬　8, 61-63, 65-68, 73, 74, 80, 99,
　　100, 101, 103, 104, 111, 229
診療報酬改定　61, 65, 66, 71, 74, 99, 101,
　　102, 104, 109, 111, 118, 192, 194, 199,
　　200, 205
診療報酬制度　61, 73, 77, 93, 97, 118, 209
診療報酬点数表　63
スーパービジョン　231, 232, 236, 237, 238
　　　── の課題　238

スーパービジョン研修　232,234
生活障害　41-44
　　── の支援　41
生活モデル　23
精神病者救治会　20
精神病床　81,83-85,90
セカンド・オピニオン　27,28
責任ある態度　15
説明　135,138
潜在的ニーズ　39,43
選定療養　54,56,73
全米ソーシャルワーカー協会　28
前方連携　68,195,211
専門看護師　147
専門職の責任　15
喪失の体験　12
送致機能　211
ソーシャルアクション　161,162
ソーシャル・アシスタント　19,20
ソーシャルワーカー支援事業　239
ソーシャルワーク・ゲートキーパー　221
ソーシャルワークの現任研修　234
その他の病床　81,83,84

[た 行]

ターミナルケア　72,73,231
第1次救急医療体制　95
第2次救急医療体制　95
第3次救急医療体制　95
退院援助　152-155,157,159,164,212
退院支援　194,197,198,203,204,212,
　228,229
退院支援加算　66,67,192,213
退院時達成目標　105
退院調整加算　192,213

第三者評価機関　145
代諾　140
対話力　180,181
多機関・多職種協働　209,211,215,219,
　222
多職種協働　173,174,178
地域医療支援センター　83,91
地域医療支援病院　27,78,81,86,84,93,
　94,126
地域医療連携推進法人　78,83
地域医療連携の流れ　206
地域活動　153,155,193
地域完結型医療　66,210,212,214
地域完結型診療体制　104
地域支援技術　26
地域で完結する医療　80,82,89
地域包括ケアシステム　49,69,70,74,82,
　101,112,117,118,164,183,184,202
地域包括支援センター　118,183
地域包括ケア病棟　97-99,101,119,126,
　130,200
地域保健法　24
地域連携クリティカルパス　65,82,
　103-105,180,210,231
地域連携室　25,159,194,195,201,203,
　205
チーム医療　21,65,91,125,127,129,133,
　134
チーム志向的（team-oriented）な活動
　28
チームリーダー　27,129
チェンジ・エージェント　163,164
仲介機能　211
調剤薬局　93
通所介護　71,72
通所リハビリテーション　71,72

DPC (Diagnosis Procedure Combination)
65, 98, 99, 216
出来高払い　62
転院調整　198, 212
同意　135, 136-139, 146, 197
同意能力　138
統合的な「生」への理解と支援　211
特殊疾患病棟　97, 99
特定機能病院　27, 63, 65, 80, 86, 93, 95,
97, 98, 111, 126, 128
特定健康診査制度　3
特定入院料　61, 64, 97-99, 118
特掲診療料　61, 64, 65
ともにいる　15
トランザクション（transaction：交互作
用）　215, 222, 223
トランス・ディシプリナリーチーム　173

[な 行]

日本医療機能評価機構（財団法人）　11,
73, 145, 225
入院医療管理料　97, 98, 101, 111
入院基本料　63, 64, 68, 71, 97, 98, 99, 118
入院時食事療養費　54, 115
入院時生活療養費　54
入院費の逓減制　25
入退院支援加算　192, 213
入退院時の文書の提供　87
人間存在としての全体　44
人間の在り方　43
認定介護福祉士　148
認定看護師　147
認定資格　172
認定社会福祉士　148, 232

[は 行]

パターナリズム　7
必要病床数　68, 78, 80, 81
人と状況の全体関連性　23
病院機能評価　11, 145, 225-228
病院機能評価事業　145
病院機能分類　21
病院社会事業　19
病院の機能分化・分類　93, 118, 209,
212, 214
評価　10
評価療養　54, 56, 58
病床区分　81, 84, 118
病診連携　106, 191, 192, 203, 204, 210, 211
開かれた医療　28
福利（well-being）　22, 28, 30
プライバシーの確保　227
フランクル（V. Frankl）　13, 14
ブローカー機能　26, 179
平均在院日数　87, 98, 103, 192
へき地医療拠点病院　95, 96
包括払い　62, 63
訪問看護　72, 102, 115, 154, 160, 161, 216
訪問看護ステーション　102, 111, 156,
161, 200, 201, 203
訪問審査　226
ホームヘルパー　110, 204
保健医療サービス　i, ii, 3-5, 7-10, 12,
13, 15, 16, 87, 93, 119, 144, 145, 149, 172,
173, 195, 207
――の専門職　148, 151, 167
保健医療福祉専門職とのかかわり　204
保険外併用療養費　54, 56
保険給付の種類　53

人名・事項索引　247

保健師　169, 170
保健師助産師看護師法　91, 169, 170
保健所運営指針　24, 151
保健所法　24, 151
保険料　49, 52, 53, 111, 116, 117
ホリス（Hollis, F.）　23

[ま 行]

マルチ・ディシプリナリーチーム　173
慢性期医療でのチーム　130
見舞い客　33, 34
無医地区　96
名称独占　167-170, 172
メリー・スチュワート（Stewart, M.）　19
持つこと　3
モニタリング　158

[や 行]

薬剤師　85, 116, 118, 129, 147, 161, 168,
　226, 229
薬剤師法　168
病む体験　34, 37, 39
有機的な連携　210, 211

[ら 行]

理解　80, 138, 139, 146, 211

理学療法士　85, 100, 129, 161, 172, 176,
　229
リハビリテーション総合計画評価　100
利用者からの評価　230, 231
利用者主体　21, 27, 191-195, 202, 214, 216
利用者のエンパワメント　162
利用者の生活の連続性　214, 125, 219, 220
利用者の利益　1, 6, 7, 11, 77, 92, 125, 126
利用者評価　231
利用者理解　6, 33, 39, 43
療養型病床群　78, 80, 81, 83, 84, 85, 111
療養上の世話　169
療養生活上に伴う不安　153
療養の給付　52, 54, 57
療養病床　27, 54, 78, 81, 83-85, 89, 90, 98,
　105, 128, 205, 210, 213, 216-218, 222, 226
臨床研究中核病院　58, 79, 83, 86, 93, 94
臨床検査技師　91, 171
臨床研修　82
倫理綱領　133, 143
レット・ミー・ディサイド　6
連携コーディネーター　185
連携のポイント　106
老人医療費　51, 110, 111
老人保健福祉計画　111
老人保健法　51, 80, 83, 110, 111
労働者災害補償保険法　52
　―― による医療　52

編著者紹介

佐藤 俊一（さとう・しゅんいち）

　1952年　静岡県生まれ
　1977年　立教大学大学院社会学研究科修士課程修了
　現　在　淑徳大学 総合福祉学部 教授
　著　書　『ケアへの出発』医学書院（共著）
　　　　　『対人援助グループからの発見』中央法規出版
　　　　　『対人援助の臨床福祉学』中央法規出版
　　　　　『ケアの原点』学文社
　　　　　『ケアを生み出す力』川島書店
　　　　　『ケアの原点Ⅱ』学文社

竹内 一夫（たけうち・かずお）

　1944年　兵庫県生まれ
　1970年　関西学院大学大学院社会学研究科修士課程修了
　現　在　平安女学院大学名誉教授
　　　　　医療法人石田クリニック 医療ソーシャルワーカー・カウンセラー
　著　書　『保健・医療ソーシャルワーク』川島書店（共編著）
　　　　　『こどもの医療福祉相談』中央法規出版（共編著）
　　　　　『医療福祉の理論と展開』中央法規出版（共著）
　　　　　『人口減少時代の社会福祉学』ミネルヴァ書房（共編著）

村上 須賀子（むらかみ・すがこ）

　1945年　広島県生まれ
　2007年　吉備国際大学大学院にて博士号取得（論文博士）
　現　在　広島文化学園大学 人間健康学部スポーツ健康福祉学科 教授
　著　書　『新時代の医療ソーシャルワークの理論と実際』大学教育出版
　　　　　『在宅医療ソーシャルワーク』勁草書房（共編著）
　　　　　『医療福祉総合ガイドブック』2018（年度版）医学書院（共編著）
　　　　　『改訂2版実践的医療ソーシャルワーク論』金原出版（共編著）
　　　　　『医療ソーシャルワーカーの力』医学書院出版サービス（共編著）
　　　　　『変化を生みだすソーシャルワーク ―ヒロシマMSWの生活史から』大学教育出版

改訂版　新・医療福祉学概論

2018年8月30日　第1刷発行

編　者	佐　藤　俊　一 竹　内　一　夫 村　上　須賀子
発行者	中　村　裕　二
発行所	（有）川　島　書　店

〒165-0026
東京都中野区新井2-16-7
電話 03-3388-5065
（営業・編集）電話 048-286-9001
FAX 048-287-6070

©2018
Printed in Japan　　DTP 風草工房／印刷・製本 モリモト印刷株式会社

落丁・乱丁本はお取替いたします　　振替・00170-5-34102

＊定価はカバーに表示してあります

ISBN978-4-7610-0929-8 C3036

ケアを生み出す力

佐藤俊一 著

個々の援助者がケアを生み出すために必要な問いを投げかけ，相手をどう受けとめたかを表わす聴く態度から始まり，苦悩できること，気持が動いて行動できる感性を磨く，スムーズには流れない時間を共有する，といった基礎となることを徹底的に検証している。★四六・224頁 本体2,200円
ISBN 978-4-7610-0881-9

改訂 医療ソーシャルワーク実践50例

大谷昭・大本和子・笹岡眞弓・田中千枝子 編著

医療におけるソーシャルワークの有用性を示す典型的な実践50事例を選び出し，事例の要点を考察したもの。今回の改訂に当っては，介護保険や在宅ケア，あるいは現在の医療の持つ課題にかかわるソーシャルワークの実態を反映した事例を新たに収載している。★A5・264頁 本体3,200円
ISBN 978-4-7610-0852-9

新版 ソーシャルワークの業務マニュアル

大本和子・笹岡眞弓・高山恵理子 編著

「医療法」の改正，「介護保険法」の施行，またインターネットの普及，職場のIT化など，さまざまな環境の変化により，現今のソーシャルワーク業務は大きく変化し，内容も実態にそぐわない点が目につくようになったため，今回大幅な改訂を行なった。★A5・206頁 本体2,500円
ISBN 978-4-7610-0802-4

ソーシャルワーカー論研究

清水隆則 著

本書は，ソーシャルワーカー論の本質的課題を〈ソーシャルワーカーという人間存在の解明と形成〉としてとらえ，社会福祉的援助の制度や方法をソーシャルワーカーという存在の自己表現過程として位置づけ，さらに主体性の根源的なあり方への道を問おうとする。★A5・254頁 本体3,000円
ISBN 978-4-7610-0890-1

基礎から学ぶ 病院におけるソーシャルワークの理論と実践

富樫八郎 著

DPC医療時代のソーシャルワーク実践を志向して，ソーシャルワークの歴史・理論・技法の基礎，医療機関の経営・組織，患者の行動・心理，ソーシャルワーク実践の基礎・応用，ソーシャルワーク研究法，ストレスマネジメントなどからなる包括的な基本書。★B5・342頁 本体3,400円
ISBN 978-4-7610-0907-6

川 島 書 店

http://kawashima-pb.kazekusa.co.jp/（価格は税別 2017年12月現在）